国家出版基金项目
NATIONAL PUBLICATION FOUNDATION

非洲译丛

"十二五"国家重点出版物出版规划项目

生物燃料、土地掠夺和非洲的粮食安全

[津巴布韦]普罗斯珀·B. 马通迪
[挪威]　　谢尔·海威尼维克　　著
[瑞典]　　阿塔基尔特·贝耶内

孙志娜　译

民主与建设出版社

图书在版编目（CIP）数据

生物燃料、土地掠夺和非洲的粮食安全 /（津巴布韦）
马通迪，（挪威）海威尼维克，（瑞典）贝耶内著；孙志娜
译 . —北京：民主与建设出版社，2015.10
ISBN 978-7-5139-0859-7

Ⅰ.①生… Ⅱ.①马… ②海… ③贝… ④孙… Ⅲ.
①生物燃料—燃料工业—概况—非洲 Ⅳ.①F440.62

中国版本图书馆 CIP 数据核字（2015）第 246524 号

© 民主与建设出版社，2015

Biofuels,Land grabbing and food secutity in Africa
Copyright © Prosper B. Matondi , Kjell Havnevik and Atakilte Beyene 2011
Biofuels, Land Grabbing and Food Security in Africa Was first published in 2011 by Zed
Books Ltd, 7 Cynthia Street,London,N1
9JF, UK and room 400,175 Fifth Avenue, New York, NY 10010, USA
www.zedbooks.co.uk
Simplifted Chinese edtion copyright:2015 DEMOCRACY & CONSTRUCTION PRESS
All rights reserved.

版权登记号：01-2015-7285

生物燃料、土地掠夺和非洲的粮食安全

出 版 人　许久文
著　　者　（津巴布韦）普罗斯珀·B. 马通迪
　　　　　（挪威）谢尔·海威尼维克　（瑞典）阿塔基尔特·贝耶内
责任编辑　程　旭
整体设计　逸品文化
出版发行　民主与建设出版社有限责任公司
电　　话　（010）59419778　59417745
社　　址　北京市朝阳区阜通东大街融科望京中心 B 座 601 室
邮　　编　100102
印　　刷　北京明月印务有限责任公司
版　　次　2015 年 12 月第 1 版　2015 年 12 月第 1 次印刷
开　　本　880×1230 mm　　1/32
印　　张　12.25
字　　数　245 千字
书　　号　ISBN 978-7-5139-0859-7
定　　价　50.00 元

注：如有印、装质量问题，请与出版社联系。

中央财经大学中国海外发展研究中心资助

出版说明

　　中国与非洲相距遥远，但自古以来，两地人民就有了从间接到直接、从稀疏到紧密的联系，这种联系增进了两地人民的沟通与了解，为两地的发展不断发挥着作用。特别是 20 世纪中叶以来，因为共同的命运，中国和非洲都走上了反殖民主义革命与争取民族独立的道路，中非之间相互同情、相互支持，结下了深厚的友谊。迈入新世纪以来，随着我国经济的发展，中非经贸关系日益深入，及时了解非洲的政治、经济、法律、文化的情况当然也就具有十分重要的现实意义。

　　有感于此，我社组织翻译出版这套《非洲译丛》，所收书目比较全面地反映了非洲大陆的政经概貌以及过去我们很少涉及的一些重要国家的情况，涵盖多个语种，具有较强的系统性和学术性，意在填补我国对非洲研究的空白，对于相关学术单位和社会各界了解非洲，开展对非洲的研究与合作有所帮助。

　　译丛由北京大学、中央财经大学、浙江师范大学、湘潭大学等国内非洲研究的重镇以及国家开发银行、中非基金等单位组织，由非洲研究专家学者遴选近期国外有关非洲的政治、经济、法律等方面有较大影响、学术水准较高的论著，汇为一编，涵盖政治、经济、法律等七个方面的内容，共约 100 种图书。

对于出版大型丛书，我社经验颇乏，工作中肯定存在着一些不足，期待社会各界鼎力支持，共襄盛举，以期为中非合作做出贡献。

民主与建设出版社

2014 年 8 月

目　录

1

表格、图表、表框和地图

1

地图

首字母略词

AAG　行动援助——加纳

ARDA　农业和农村发展局（津巴布韦）

ARU　阿迪大学（达累斯萨拉姆）

BIPPAs　双边促进和保护协议

BRICS　巴西、俄国、印度、中国和南非

CAADP　非洲农业发展综合计划

CSR　企业社会责任

DRC　刚果民主共和国

DTZ　津巴布韦发展信托

EIA　能源信息管理局/环境影响评估

EU　欧盟

FAO　粮食及农业组织

FARA　非洲农业研究论坛

FDIs　外国直接投资

GHS　加纳新赛地

ICRISAT　国际半干旱热带作物研究所

IEA　国际能源机构

IFAD　国际农业发展基金会

IPCC　政府间气候变化专门委员会

MME　矿产能源部（埃塞俄比亚）

MNC　跨国公司

NEMC　国家环境管理委员会（坦桑尼亚）

NGOs　非政府组织

NOCZIM　津巴布韦国家石油公司

OECD　经济合作与发展组织

OPEC　石油输出国组织

PGU　全球发展政策

RAINS　区域咨询和信息网络系统（加纳）

RBZ　津巴布韦储蓄银行

RED　可再生能源指令

SEA　战略环境分析

SEI　斯德哥尔摩环境研究所

SEK　瑞典克朗

Sida　瑞典国际发展合作署

SOE　国有企业

SWF　主权财富基金

TAC　技术咨询委员会

TIC　坦桑尼亚投资中心

TNC　跨国公司

ToR　职权范围

UNCTAD　联合国贸易和发展会议

UNEP　联合国环境规划署

UN/SRRF 联合国食物权问题特别报告员

VLUP 村庄土地利用规划

WB 世界银行

WCED 世界环境与发展委员会

ZAPU-PF 津巴布韦非洲民族联盟——爱国阵线

ZBE 津巴布韦生物燃料有限公司

致　谢

本书是许多人共同努力的结晶。在过去十多年来，这些人一直从事非洲农业和农村问题研究。在这段时间里，许多非洲和欧洲的学者开始建立联系并且相聚分享一系列问题——农业、土地、环境、可持续性、机构、贫困、生物燃料发展等思想和经验。近年来，在哈拉雷（2006 年 11 月）举行的一次重要国际研讨会以及在瑞典和挪威举行的一些后续研讨会对该书有重大的帮助。生物燃料、粮食安全和土地掠夺已经逐渐成为全球主要的时事问题，同时也是本书的焦点。

在我们通过南北研究网络对这些问题进行研究时，得到了瑞典北欧非洲研究所（NAI），瑞典国际开发署资助的瑞典生计和自然资源治理跨学科研究网络（SERN）和哈拉雷鲁兹冯信托公司的大力支持。瑞典北欧非洲研究所和自然资源治理跨学科研究网络在帮助我们从各种研究论坛获取知识中发挥了重要的作用，这些论坛包括在斯德哥尔摩瑞典皇家林业和农业学院（KSLA）（2008 年 4 月），斯德哥尔摩大学（2009 年 5 月20 日）和乌普萨拉北欧非洲研究所（2009 年 9 月 17 日和 12月 4 日）等举办的哈拉雷讲习班和研讨会。

本书各章的作者，通过多学科和跨学科的研究方法，解决了有关生物燃料开发、粮食安全和土地掠夺的各种有争议问题。

编者感谢为本书的研究和出版提供的支持。我们尤其想感谢的是我们以前的同事，已故的诺托科索·内马鲁德韦，感谢奥皮拉·奥多，罗多弼·怀得堡，沃塔瓦·卡瓦莱，西蒙娜·诺姆多，皮特·罗本兹，琳达·恩斯特隆，梅琳达·冯姿·森德尔，德博拉·布赖森，贝蒂尔·奥登，阿嫚达·哈马，麦茨·哈斯马，戈伦·霍姆奎斯特，泰耶·奥斯加德，伊娃·托比森，卡里恩·诺伯格以及瑞典北欧非洲研究所的其他同事。在鲁兹冯信托公司，我们感谢艾瑟·帕拉泽，穆昆迪·穆塔萨，希拉·奇古洛，坦迪韦·穆西瓦，西拉·杰克和艾尔弗雷德·玛菲卡提供的支持。挪威阿尔德大学的同事也提供了难以量计的支持。我们感谢瑞典北欧非洲研究所的波基塔·贺曼·林德格伦，泽德出版社肯·巴洛对本书出版的支持以及克莱夫·利迪亚德出色的语言编辑。

自然资源治理跨学科研究网络和瑞典北欧非洲研究所的资金支持使筹备讲习班和研讨会以及出版本书成为可能。

序　言

　　在过去几十年里，非洲的发展模式经历了一场旋风式的建构、实施和评估。这些结果喜忧参半。毋庸置疑，非洲急需看到它的大多数人民生活水平的提高。问题是谁将带领非洲走出贫穷和痛苦，应该如何实现是值得我们探究的。在非洲，生物燃料的引入已经引起人们对它们的意义及其假定的收益是否有利于非洲的广泛争议。与此同时，为了获得生物燃料和粮食生产，最近两三年已经见证了前所未有的土地掠夺。

　　2008 年能源危机之后，围绕生物燃料出现了激烈的争论似乎也引发了世界粮食危机。当这些问题成为全球争论的焦点时，气候变化问题在全球金融体系（也是经济体系）陷入困境时也同时出现。我们作为研究者主要的当务之急是尝试理解这些繁杂的危机与非洲及当地人民的联系。我们的观点是非洲小农户的权利正在受到威胁，因为变化的方向没有唤起非洲可能最终受益的信心。同时，石油市场不稳定，因为它每天都保持着变动。为了应对全球危机，非洲出现一种冒险进入大规模农业的新倾向；但是，非洲生计的基础是小农户农业。

　　考虑到不断上升和不稳定的商品定价，非洲面临的问题是不平衡的。迫使非洲人将生物燃料、粮食和其他农产品向农业投资者开放的"隐形"压力正在形成新的关系。在本书里，我们证明在发源地（如中东、欧洲、美国、非洲和亚洲）这些问题是如何被提出的；对各种资源（粮食、能源、劳动、水、矿产和旅游等）的争夺；投资者（国家、主权基金和私有部门）的范围；战略利益（建立不同于母国的出口模式、寻找市场、纯利润动机）。很明显，正如本书中表明，土地掠夺已经成为一个重要的安全问题。

另一方面，在非洲存在不同的情况和模式：不明晰的交易，各种合同（土地租赁和公开的土地收购），国内上层集团的战略利益，补偿问题（在有些情况下缺乏）。因此，我们首次系统地分析出现在非洲的各种利益和问题。我们讲述新闻标题背后的故事，试图为影响非洲利益的行动方案提供信息。

在本书中，我们不单单公开讨论潜在问题，目的是为了更深入地了解非洲的环境和人民。同时，我们的工作不像土地掠夺拥护者认为的那样，是反对发展的。相反，我们质疑外部驱动的"双赢"范例，它看起来促进非洲的发展，而实际并非如此。我们也清楚，非洲需要的发展不仅要保护穷人，而且要吸引惠及所有非洲人民的先进技术和投资。我们希望这本书可以激励人们对这些问题更深入地研究和探讨，并且使以平衡外部投资和非洲内部发展为目标的政策制定过程成为焦点问题。

普罗斯珀·B. 马通迪，鲁兹冯：津巴布韦哈拉雷信托公司

谢尔·海威尼维克：瑞典乌普萨拉北欧非洲研究所和挪威克里斯蒂安桑阿哥德大学

阿塔基尔特·贝耶内：瑞典，斯德哥尔摩环境研究所

我们将此书献给我们的同事，已故的诺托科索·内马鲁德韦博士，乳名纳巴尼，她于 2010 年去世。我们更喜欢称她诺图，我们和她在过去十年一直从事有关非洲各种问题的研究。愿她的灵魂安息。

概述：生物燃料、粮食安全和非洲的土地掠夺

普罗斯珀·B. 马通迪,

谢尔·海威尼维克，阿塔基尔特·贝耶内

引 言

为获得不断增加的生物燃料以及确保粮食安全而进行的土地掠夺，正引起多边机构、援助者、非政府组织（NGOs）、土地积极分子、学者和媒体的关注。这个问题也成为网上论坛、电子和印刷媒体、区域和国际会议、研讨会的热点。在过去几年，气候变化、石油峰值和上涨的粮食价格使能源和粮食安全成为主要的全球政治问题。这激励人们寻找替代可再生能源，并且引发全球争相从各种农业原料中获得生物燃料，争取土地以提高粮食生产和粮食安全。这一发展在全球和非洲社会引起新的摩擦和紧张局势（博拉斯等，2010）。在受影响的非洲南部社区，非政府组织和南北地区相关研究学者中，抵制生物燃料和粮食出口引发的土地掠夺的激进分子与日俱增（见

1

2010 年 11 月 24～25 日的哈拉雷宣言）。抵制土地掠夺的活动正在影响着非洲内部和外部国家、阶级和社区之间的道德、经济和政治关系。

土地掠夺具有多种定义，它们反映了全球参与者的立场。术语"土地掠夺"已经获得了广泛认同，此外，还有诸多术语，例如，"绿色殖民"、"新土地殖民"、"气候殖民"和"水掠夺"（参见第 1 章和第 7 章）。在非洲，我们发现土地掠夺是一个更有用、更通俗的概念，它包括勘探、谈判、收购或租赁、协议和土地资源开发，尤其是通过出口到投资国和其他市场实现能源和粮食安全。不能依靠国内或地区商业、国家和其他利益阻止土地掠夺；但是，对于这些国内利益者，与外部利益者联盟成为主要趋势，通过持有当地公司少量的股份来规避法律或者其他法规。在这种情况下，当地人和生产者必须与外部和国内利益者做斗争。

因此，理解这个概念的意义需要联系非洲土地所有权治理机构的"未定性"特点以及自然资源的控制和获得。结果，不同参与者（包括国家）的角色、合法性和投资资金是有争议的。广义的土地掠夺与非洲土地及其上面收获的产物的变化控制权、使用权和所有权有关，包括在国内和出口市场对它们产生的影响。土地被外国人掠夺的实际过程从秘密协议下的直接"非法"收购到快速地订立约束合同，即使是合法的，但其特征是权利关系的强烈不对称性、冒险的并且获得的信息有限，尤其是在最容易受到交易影响的弱势小农户之间。

作为序言，本章综合考察生物燃料、粮食安全和非洲土地掠夺的各方面，此时正值全球经济衰退期非洲大陆争取获得投资之际。石油峰值和气候变化再次掀起寻找可替代燃料的热潮，并且产生有关气候变化和缓解措施的不同，互相竞争的话语。关于非洲在国际和全球发展的地位和角色产生了一些新的争论（并更新一些旧的争论）。争论不断扩大，评论家们指控"富裕国家正在购买贫穷国家的肥沃土地、水和阳光，并将粮食和燃料运回国，这是一种新殖民主义"（利希，2009）。

非洲的土地商业化面临多重压力——过去的和当前的——这些压力应该被区别对待并结合当前土地掠夺浪潮进行分析。大片地区的妥协——通常投资基础设施，提供服务和创造就业机会更广泛协议的一部分也是非洲经济增长和发展的一部分——激发本书的作者基于现有研究和对发生在非洲的事情的深刻观察呈现更深入的分析。一方面，我们研究并试图理解土地掠夺的特点和机制以及用来制订"正确"自愿指导方针的国际方案；另一方面，我们获知投资国、国际组织甚至国外研究社团对非洲、非洲农民和小农户的态度。我们认为：为了造福百姓，非洲的很多领域（经济、基础设施、机构和社会）需要投资。关键的问题是土地掠夺及相关的农业投资是有助于非洲的发展，受惠于民，还是它将导致非洲更大程度上的贫穷。

揭露非洲的土地掠夺

通过对现有大多数关于非洲土地掠夺的出版物的梳理，我们了解到大致内容是非洲的土地掠夺是全球化背景下商业化兴起的一个主要部分。普遍的看法是拥有强大的、以市场为基础经济的西方形成土地掠夺的基础，而东方也正觊觎从非洲土地

3

中获得一份羹。这个趋势的速度、强度和隐蔽性已经引起国际的关注和强烈抗议，但是当地也有不同程度的抗议。一阵密集的媒体报道说明了该趋势的大小，近期一份世界银行报告（2010：vi），表明2008年之前每年不足400万公顷的土地被收购，而到了2009年该值达到4500万公顷。至少70%的土地来源于非洲。然而，仅21%的交易是为某种活动进行的。2009年，报道的交易和实际活动的巨大差距（世界银行，2010）表明与土地掠夺有关的项目具有很长一段时间的酝酿期，而且这些项目（至少在早期阶段）可能会以失败而告终（见第6章）。但是，这不会影响当前的土地掠夺是一个重要的、加速的过程，需要从不同角度和视角深入理解的结论。世界银行保守估计，直到2030年每年有600万的新增土地将会被投入生产，并且"三分之二的扩张发生在撒哈拉以南非洲和拉丁美洲，而且大部分都是有潜力的耕地（世界银行2010，xi，xvi，表2）。在本书中，我们的目的是参考受到失败的新自由主义历史和20世纪80、90年代非洲议程影响的全球粮食和能源交换和生产系统，从非洲的视角考察土地掠夺。

在试图了解寻求非洲土地的原动力时，我们联想到渴望建立帝国的西方国家对非洲进行土地收购和殖民的黑暗历史。当前非洲的土地掠夺过程与这段历史相似，在范围上它包括非洲以外的人不断加强控制非洲土地资源、生态和水的收益。殖民历史遗留的问题和当前土地掠夺话语引起的关键问题之间呈现显著的相似性。土地收购的含义包括政治吸纳、经济变化以及社会变化和社会统治的重新定位。土地掠夺是对自由化的——并日益全球化的——农产品、燃料和金融系统引起的不安全和脆弱性的一种反映。另一方面，外国对非洲土地的投资迫使某些社会阶层成为经济系统的边缘。在非洲，土地是一种产生超常权利的资源，当前的土地掠夺加速了歧视和边缘化的过程，与殖民时期的混乱相似。

博拉斯等（2010：575）认为，理解土地掠夺的出发点是"谁拥有什么？谁做了什么？谁获得什么？他们利用剩余财富做了什么？"安努拉哈·米塔尔（2010：3）进一步补充：什么增长了？为谁？如何增长了？我们的观点是，财富和权利正在影响全球的生产和交换系统，正如当前非洲生物投资证明的一样。在过去十年里，西方国家在农业原料获得能源以及向西方和亚洲市场和国家提供粮食表现出越来越多的技术自信。现代技术与贫瘠非洲农业的简单技术形成对比。在此基础上，人们很容易认为非洲需要外国投资作为一种休克疗法使它的农业现代化并且加速它的发展。

为了争夺非洲的土地和生物燃料，非洲以外的国家称他们自己是正确科学和工程方法的持有者。这个观点受到大型单一栽培生产系统的困扰，其利用先进机器开发非洲的"自然"。东非保护国委员希尔·查尔斯·艾略特提出的贫瘠非洲观点重新定义了殖民地非洲的形象，他指出：

> 国家和种族的特征很大程度上来源于它们所处的环境，但是另一方面，人类利用规律并训服自然。欧洲、亚洲和北美的表面已经呈现了这种影响和规律，但是它仍适用于大部分南部美洲和非洲（引自玛肯琪1997：216～217）。

当前的土地掠夺被笼罩在对待未被开发、未被充分利用和无人居住的非洲土地的相似看法。它以细微的方式重复了非洲过去的殖民地化。现在更糟糕的是非洲愿意秘密地与外国利益都妥协谈判，并且通常与当地参与者相互勾结。值得注意的是多数非洲国家没有对土地转移过程制定合适的指导方针和政策，投资者利用这个空白以及宽松的土地管制，世界银行称之为"竞次"（a race to the bottom）来吸引投资者（世界银行2010：XV）。赞成弗朗茨·法农（1965：38 ~ 39）的如下描述：

> 在他与百姓接触之初，当地的知识分子过度强调细节，因此忘记殖民主义才是斗争的真正目标……另一方面，百姓从一开始就站在面包和土地博大包容的立场上：我们如何获得土地，吃到面包？公众固执的观点，看起来是微不足道的和有限的，最终是过程最有价值和最有效率的做法。

无意听到的非洲政策制定者的声音传达了他们对土地掠夺现象的不同理解。一些人实际上认为按照他们自己国家的人口规模存在"太多的土地"。他们并不认为放弃一部分土地给外国投资者是有问题的，理由是他们国家需要更多的农业投资（资金）而不是土地，这些土地假定没有得到充分利用。此时，与生物燃料有关的土地交易，不像殖民时期，非洲政策制定者的声音随时可以听到。但是，占领土地过程中使用的武器已经发生了变化：斗争发生在公司董事会和股票市场，而不是像前殖民和殖民时期的真正战争。土地掠夺似乎是正当的，帕玛尔（2010：5）列举非洲支持生物燃料和土地收购的一连串自私言论：

> 例如，莫桑比克的能源部长萨尔瓦多·南布雷特认为，"3600 万公顷的可耕地可以用于生物燃料而不会威胁到粮食生产，另外，4100 万公顷的边际土地适合种植麻风树"；赞比亚的农业部长布莱恩·奇图沃，吹嘘说："我们有 3000 万公顷的优质土地希望得到利用"；埃塞俄比亚的农业部长阿贝达·德克里沙认为，"被土地掠夺赶走的牧民'可以去其他地方'"。

然而，在非洲也有采取了谨慎的方法，考虑到许多政府将外国私人投资看作为经济发展的灵丹妙药（第 4 章）。在这个阶段，当底层政府官员做出响应时，人们意识到领导者的无所作为。另外，地区和非洲大陆机构关于土地掠夺政策没有一个特定的政策立场。很明显，如果土地掠夺被禁止，或者引导它维护农民和非洲小农户的利益，对于非洲的高层领导来说仍需考虑"被支配"的乐观。

西方殖民主义的叙述传达一个讯息，外国人拿走的多于他们给予非洲的，尤其是资源。然而在殖民时期，它是针对定居的百姓，现在是针对被大型单一栽培农场上的机器取代的非洲小农户。"移民"社会的一种新形势正在形成，它在数量上不占优势，但是，它利用财富和货币改变着非洲的土地空间。当地的问题坚持提倡生物燃料的论点。然而，本书提供的案例，除了加纳（第 8 章），证明创造就业机会、基础建设、更高的生活水平等承诺还没有兑现。在殖民时期，对非洲的这些"文明"承诺使殖民者获得独有的好处，其在非洲引起的结构性震动的冲突一直持续到今天。

6　　　　　　　## 非洲土地掠夺的驱动因素和特征

投资大规模土地收购的公司是它们自己国家（或有时是跨国的）复杂社会力量的产物；但是，非洲看到社会力量是由跨国公司、在压力下提供廉价粮食的政府、愿意通过可能损害其他国家和人民的批准政策达到富裕的政客等多元利益者所构成。被媒体认为在非洲进行土地掠夺公司，例如，D1 石油、大宇和瑞典酒精化集团，它们是复杂社会和政治网络的一部分，其背后的资本和力量影响以生物燃料和寻找粮食安全为例的全球政策范式。此时，很容易对它们在非洲的所作所为进行大致的描述，但是，一些描述的目的隐藏了而不是揭露了公司的真正本质（第 6 章）。此外，许多公司在北方经营时谨守正确的、公认的伦理道德价值观，以维护它们的威望和地位，而在南方，包括在非洲，它们通常认为这些没有那么必要。

非洲人很难了解私营生物燃料公司——不仅是因为它们的隐蔽性或者"隐性议程"，而且因为它们的意识形态和哲学取向是它们自己国家历史力量的产物。非洲与西方交往的 400 年已经形成一段资源掠夺的历史。在殖民时期，掠夺是私营公司的命令。帕玛尔（2010：1）描绘了这段历史：

1890 年，那些加入公司侵略先锋队人的动机是明确的：我们来这里的主要目的是不失时机地挣钱。

在殖民时期，私营公司对它们的目的直言不讳，而现在并非如此。非洲急需投资以及外国援助在很大程度上是失败的观点，似乎意味着外国公司应该自由进入非洲（第4章）。在殖民时期，欧洲政府不愿意花费大量的税收控制和管理热带土地（帕玛尔 2010：2）。然而，现在的政府担心发展援助的可持续性，心照不宣地鼓励私营公司投资非洲的土地。在此安排下，需要设想多重利益：缩减的外国援助、本国百姓缩减的税收以及向欧洲和亚洲市场提供粮食和能源。

但是，当我们研究正在非洲收购土地的私营公司时，我们会问它们是谁？它们在非洲正在做什么？公众对这些问题的理解似乎都是表面的并不加任何的批判。它们是在全球竞赛中掠夺非洲的真正先行者吗？在这场竞赛中新兴力量（中国，印度和巴西）开始在非洲寻求财富。投资位于非洲最前列的公司是保密的。在非洲很少人知道它们，它们和政府的联系以及它们对市场直接和间接的"控制"。本书中许多指责是因为不透明性形成的猜疑。这些公司利用了非洲好客和热情的文化。然而，它们不用承担任何的责任，它们的历史、经营、联系和联盟不受公众的监督。

西方国家的私营部门大部分都支持生物燃料，强调降低一国依赖石油获得的能源和气候收益。同时，一些政府支持生物燃料，因为它们认为能源安全和降低石油进口成本具有"战略意义"。一场推动洁净和可再生能源的大规模运动也被认为有利于直接降低温室气体排放。在发展中国家，人们认为能源

7

生产可能引起创收、创造就业机会、促进贸易和工业、将没有被全球市场竞争吸收的农作物转为国内用途。[①] 2007 年 9 月，总部在瓦加杜古的水利和环境工程国际学院的常务董事，保罗·吉尼，总结说：不管我们说什么，今天的生物燃料成为与石油价格高企有关的能源问题的一个实用解决方案（希恩，2008）。

关于非洲土地可利用性的误区

大规模的土地掠夺导致非洲土地的斗争和冲突再度成为一个研究热点（科图拉等，2008a；科图拉等，2009；世界银行，2010）。然而当前的研究侧重考察整个大陆和国家的趋势，总体分析剔除了许多内容和细微差别，忽视了微观现实。本书弥补了当前的研究空白，针对在非洲为获得生物燃料而进行的土地掠夺的复杂影响，提供了国家和微观层面案例。

如果错误地认为非洲大陆具有大量没有被利用或被充分利用的土地资源，那么非洲的土地问题不能被理解（科图拉等，2009；第 1 章）。土地是农业基础的问题，值得注意的是，尽管非洲大陆幅员辽阔，但适合于农业的已开发可耕地和可灌溉的土地数量有限。通常，普遍认为土地是非洲生计的中心，废除非洲的殖民条例是关于修正殖民主义遗留下来的歪曲的土地所有权模式。在一些国家，通过土地使用权改革、土地再分配

196　① 例如，非洲甘蔗出口产品，曾经受到欧盟 2006 年糖改革的沉重打击，现在具有国内和出口生物燃料市场的潜力。

和土地补偿解决非洲土地所有权失衡的努力，不能改善土地仍然偏向支持大商业利益的现状。这意味着农业支持（使用货币或投入的补贴）也向大型商业部门倾斜，而不是小农户（隆德，2001）。

支持生物燃料的一个关键观点认为，这种生产发生在边际的而不是优质的土地上（科图拉等，2008a；2008b）。在非洲，未植林的边际土地大约15 400万公顷（同上）。同时，不断增加的证明对"闲置"土地概念产生了疑惑。根据杜费等（2007），在许多情况下，被政府和大型私营企业认为"闲置"、"未被充分利用"、"边际的"或"被废弃"的土地，通过可耕地、放牧区以及具有各种生物多样化资源的生态系统，为穷人和弱势群体的生计提供一个极其重要的基础。在非洲的农业边际地区，家畜饲养成为农业经济的支柱（恩斯特龙，2009）。

尽管政策偏向（政策存在的地方）是在边际的土地上种植用于生产生物燃料的作物，但是非洲的许多土地交易与肥沃土地有关。"当今"土地问题的特征是：

脆弱土地资源的过度恶化以及上层集团通过排除大部分土地的以前使用者和权利拥有者来控制优质土地。实际上，非利润驱动的投资者可能瞄准边际的和恶化的土地。相反，他们可能瞄准肥沃土地，因为那样获得利润的概率比他们仅仅是"环境敏感"的情况大。例如，在埃塞俄比亚，土地交易的空间分布集中在更肥沃的土地和/或靠近市场的地区（科图拉等，2009）。

在坦桑尼亚的巴加莫约和鲁菲吉河地区（第6章），生产

8

生物燃料的甘蔗种植园打算从临近的鲁菲吉河中抽水。在巴加莫约地区，小农户正利用部分项目用地种植大米，其他部分被牧民用来放牧，即使土地以前的所有者是桑给巴尔岛的政府。在鲁菲吉河地区，部分规划的生物燃料种植园位于林区，森林保护区或用于种植粮食的农村土地（第6章）。在坦桑尼亚，据报道其他正在进行或规划的大片土地已经迫使当地农民背井离乡（非洲生物多样性网络，2007）。

当前非洲的挑战是贫穷和不断增加的冲突级别状况，主要是由于无法获得自然资源（包括农业用地、牧场和水）引起的。在后独立时期，当面临来自外国投资者为了土地的竞争利益（以及来自国内利益）时，许多非洲国家无法重新分配土地或者保护当地社区的权利。这些缺点导致非洲国家普遍不能实施有利于大多数百姓的可持续自然资源开发政策。

9　　　　在历史上"劳动力再生产"一直是非洲危机之一。例如，社会关系和农业组织形式以及它对生计影响的原素之一。在非洲土地掠夺背景下，这些似乎是相同生计风险的延续。外部对非洲土地不断加剧的竞争已经引起人们的注意。它与广义的商品生产集约化（在新自由主义结构调整计划下），广义的社会再生产危机和全球安全问题有关。这些改革正在改变农业生产的结构、土地占有和自然资源利用模式，并在许多情况下加剧冲突局势。

土地掠夺的四个驱动因素

1. 转型国家空前的经济增长。转型国家（印度、中国和巴西）前所未有的经济增长引起能源需求的快速增加（科伊尔，2007）。这些国家的消费者正在追求更高标准的生活，并加速赶上西方的福利标准。这种发展模式可持续吗？它对全球能源储备产生什么影响？另外，这对非洲意味着什么？它是增长速度最慢的大陆，但对于外部利益相关者而言它主要以生物燃料和粮食生产为目标。

更高（和更加变动）的全球商品价格，对生物燃料的需求，人口增长和城市化，全球化和整体经济发展意味着投资的重要性在未来将增强（冯·布劳恩和帕乔里，2006；非洲生物多样性网络，2007）。在许多情况下，大规模的土地收购突出人们重新对以种植园为基础的农业产生兴趣，人们对市场和贸易机制在保障获得基本商品供给有效性的怀疑也加剧了这个现象。此外，人们相信大规模的生产可以帮助现代化农业部门。正如霍兰德（2010）观察到的，农业燃料是全球有组织的生产、交换和消费系统的产物，其以错综复杂的方式在空间内部和外部提供不同的模式和联盟。按照这种方式，转型国家正与非洲建立复杂的经济和生产关系。但是，许多交易都是秘密进行的，并且也包括土地收购和非洲的人力进口（技术专家），目的是代表农业投资和投资者监督生产。

2. 粮食安全。生物燃料生产是在农村和城市粮食不确定的情况下被引入的。1992~2002 年，非洲营养不良的人的绝对数量增加了 20%（粮食及农业组织，2006；基达尼等，2006），并且自 2008 年伴随着金融危机和全球粮食价格的上升而进一步增加。全球十亿多人，大部分来自南方的农村，生活在粮食短缺的状态中（国际食物政策研究所，2008）。所需要

10

的是增加粮食生产和就业并降低消费者的粮食价格。为了提高土地肥力，水的可利用性和粮食产量，需要继续支持农业。但是，在非洲农业系统仍然未得到发展。鲁昆尼（2006）指出：

> 今天，非洲农民的环境仍然充满了危险。在非洲，典型的农民是一位有家庭的妇女拥有一亩或者不足一亩的低肥力土地，依靠不稳定的降雨，很少或几乎没有灌溉。如果农民想购买化肥，它的价格可能比欧洲或美国的更贵。她的庄稼面临的大量害虫、庄稼疾病和环境压力可能严重地困扰美国或欧洲的农民。现代设备，受到动态信息技术和更多资源的支持，对于欧洲人相对于非洲人来说是再平常不过的事。非洲平均的粮食产量和欧洲工业革命前的水平一样。尽管生产力有所增加或者产量有所改善，非洲的农民面临功能失调的市场，并且很难与欧洲和美洲的农民抗衡。

生物燃料一直影响着传统粮食作物的产量，并进一步提高世界粮食价格。（粮食及农业组织，2008：72）认为："生物燃料生产的快速增长主要通过它对粮食价格和收入的影响，影响着国家和家庭的粮食安全"。这将影响大多数发展中国家的穷人（第1章）。生物燃料生产也正在改变传统农业形势，形成单一栽培的种植模式。全球需要同心协力，在不影响农村和城市居民生计的情况下，以最好的方式解决生物燃料生产的问题。然而，到目前为止，大部分的建议和指导方针是自愿的性质，似乎对实践影响不大（第1章）。

传统上，小农户依赖他们的土地获取粮食生产（第5章）。人们可以很容易描述当前的状况，大部分贫穷的农民缺乏必要的资源（土地、贷款、基础设施和投入）并且很难养活他们自己，他们被引诱从事生物燃料作物种植。由于各种原因，大多数贫穷的农村家庭实际上是净的粮食消费者，而不是净的生产者。当粮食价格上涨，鉴于农村地区的粮食零售缺乏竞争力，这些家庭的境况由于有限的供给变得更糟。与此同时，政府缺乏农村发展规划，因此不能持续创造大量的收入。假设当小农户转向生物燃料，他们将可以获得粮食。

3. 全球石油峰值和可替代燃料能源来源。自从20世纪70年代，非洲经济经历了贸易的下降，因为它们的农产品出口不再具有竞争力。随着全球价格上涨，非洲正面临新一轮的石油危机。全球石油峰值趋势的分析，证明工业化国家进行生物燃料生产的错误。生物燃料生产肯定可以阻止石油价格的上升，并且可以使国家的能源安全略有提升。然而，换句话来说，生物燃料是否有助于缓解气候危机是大有问题的（至少可以说）。

生物燃料是可再生的、清洁燃烧，并且可以和汽油混合减少对石油的依赖或者用来发电。第3章证明石油峰值引起全球对可替代能源的兴趣高涨，其中生物燃料是核心。这种燃料被认为是叮再生能源的清洁来源，可以弥补石化能源的部分下降。但是，将生物燃料看做为净能源的供给者是有问题的。

尽管生物燃料只占全球能源消费的一小部分，但生物燃料生产的少量增加必然导致土地利用方式的显著变化，例如，不同土地利用方式转向生物燃料原料生产。因此，当大片的土地被用于种植生物燃料而不是粮食作物时，可以预见粮食不安全增强。这对农村穷人产生不对称的负面影响（姆桑吉，2007；朗格和森诺尔 2007；见第 1 章）。①

4. 气候和环境问题。当气候变化成为全球政治的突出问题时，生物燃料是寻找的替代能源来源。然而，生物燃料也带来风险，尤其是对于即将到来的全球变暖。科学研究揭示每种生物燃料植物的能源效率和对环境的影响具有显著的差别。更普遍地，来自生物燃料作物的乙醇生产对气候的净收益还未可知。随着越来越多的森林和灌木林地用于耕种，碳汇的主要来源将遭到破坏，并影响气候变化。非洲的森林可能是生物燃料投资者投资的主要区域，这进一步危及非洲为温室气体可以提供的碳汇。

12　　　　气候变化将引起全球温度的上升，许多地区的沙漠化面积增加。总地来说，非洲农业遭受全球变暖打击可能是最严重的，越来越多的人将面临饥饿的风险。在季节性气候模式、反常暴风雨和强烈的天气变化扰乱的情况下，非洲小农户精准而有序的粮食系统正经历着诸多困难。同时，气候变化将引发天气事故频发、气温上升和缺水增加。非洲农业系统——不管大小规模都——是非常脆弱的。从福利方面看，贫穷的农村社区可能受到气候变化的极大负面影响，因为它们的生存和生计直

---

① 例如，麻风树通常生长在大型单一栽培的种植园，尽管也有人认为它可以与其他粮食作物间作生长。为了解决这个限制，国际半干旱热带作物研究所（ICRISAT）一直在甜高粱进行试验，甜高粱产生生物乙醇，但是不会妨碍该谷物被食用；它也可以和其他它作物一起间作生长。

接依赖于它们周围脆弱的自然资源（克莱恩 2007；普劳斯和布朗霍尔茨·斯佩特，2007；贾尔斯，2007）。此外，倘若气候障碍导致农村购买力不可避免的下降，[①] 不稳定的产出可能也会危害农村的非农业生计。

生物燃料扩张引起的其他环境问题，包括引入入侵物种改变水的利用模式、生物燃料加工产生的潜在污染源以及由于单一栽培引起的当地生物多样化下降。当生物燃料生产依赖残留在地里补充土壤的作物残体时，土壤肥力受到不利影响。生物燃料生产可能也增加当地水供给的负荷，或者如果肥料价格上升阻碍使用有效的肥料导致的浪费，进而引起低产量并且用于粮食生产的土地未达到最佳用途。

本书推动生物政治学的问题，意味着生物物理学资源现在已经成为全球政策话语的中心。2009 年，哥本哈根气候变化大会确实增强了地缘政治学以及南方的作用和地位，因为北方似乎不愿意放弃过多的能源需求，它被置于一些特权的最前面。通常，非洲发现自己"进退维谷"，因为许多国家没有制定气候变化的政策机制。因此，当北方在现代治理话语中主张集体责任和纪律时（傅科等，2003），它建立在不平等的知识和技术进步基础上。这意味着南方将承担北方高能源消费引发问题的责任（第 3 章）。因而北方正在严重破坏着通向气候正义的道路。北方被认为将环境集体责任的道德作为市场放宽管制的一种隐性战略（第 2 章），在这种情况下通过生物燃料

---

① 例如，2000 年，莫桑比克突发的洪水导致 200 万人转移以及 350 000 人失业，这影响到 150 万人的生计（恩柯摩等，2006）。

实现。

生物燃料治理的霸权失调

因为诸多原因，非洲为了满足基本需求包括粮食、收入、基础建设、技术和投资已经努力了很多年。非洲面临的挑战对于不同的国家和人所呈现的形式也不同，无数问题和挑战的答案并不是唯一的。为了缓解部分挑战，非洲政府通常设法吸引外国直接投资（FDI），它被认为有助于农业的现代化（在某些的情况下确实如此）。但是，在当前的话语中，土地掠夺的优点似乎被对小农户生计的损害所抵消，导致后者的情况变得更糟。

13　　在大多数非洲国家，用于私人农村商业投资的监管制度框架不适应当前的趋势。由于大部分非洲国家还没有建立支持生物燃料扩张的制度和政策机制（第5章），小农户生产者在生物燃料扩张的作用被严重忽视（姆瓦米拉等，2008）。然而，在非洲，用于小农户不明确的土地政策和不充分的使用权在非洲政府为吸引农业燃料投资的努力中持续存在。关键的问题是，围绕土地权利、土地分配以及外国人在土地所有权和使用权的作用存在大量的争论。在第2章，威德加德认为，应该进一步了解北方在非洲土地的战略利益，它正通过生物燃料的扩张而出现。博阿马在加纳麻风树的案例研究中也强调了这个问题（第8章）。

这两章中关键的话语是如何平衡私人和公共利益以及在生物燃料治理过程中全球主义的作用或"经济治理方法"的使

用。越来越多的组织正在抵制伴随生物燃料和农业投资出现的一些反霸权言论。然而，在许多情况下，非洲政府不确定它们被告知的事，它们主要基于预防性原则同意生物燃料和农业投资。在非洲，久而久之，抵制生物燃料和土地掠夺已经引起人们的注意（例如，第6，7章）。在当地，小农户意识到他们不属于项目的一部分，或者他们被承诺的好处没有兑现。哈维克和哈兰（第6章）证明，抵制使瑞典酒精化工集团撤出坦桑尼亚。2010年1月27日，在英国下议院所有党派议会小组关于农业和粮食发展的一次会议上，罗宾·帕玛询问坦桑尼亚高级专员姆瓦奈迪·辛纳尔·马雅：

在粮食极不稳定的时期，如果在您的国家一个外国公司将粮食出口到本国该怎么办？

她回答：

我们绝不允许这样；实际上我们在此过程中制定了行为规范，阻止此类事件的发生。如果任何一家公司拒绝签字，它们将禁止经营。

14

在许多国家，国内经济压力似乎意味着它们在农业投资谈判时没有太多的选择，马通迪（第7章）描述的津巴布韦案例清楚地说明了这个轨迹。国内和全球经济压力给非洲政府带来一个残酷的难题。在未来，这将产生如何处理政治成本和痛苦的严肃问题。

本书也了解在销售生物燃料作为清洁能源时采用的全球治理和技术。书中以尖锐的方式讨论南北关系，北方的发明（机器和管理体制）被南方使用（用于非洲的土地和水资源），但奇怪的是北方获得了好处（通过出口产品）。为了获得粮食和生物燃料而进行的土地掠夺形式和机制的多样化和复杂化，在第 1，4 和 8 章表明这些联系是多种多样的。第 4 章，关于生物燃料和外商直接投资，说明北方和南方的关系结构，小农户要么是经济全球化的受害者要么是潜在的受益者。当外国投资者为了获得生物燃料进行收购土地时，他们常常获得大部分的好处，因为他们将外汇调回投资国。本书的案例研究表明，全球治理和生态治理方法绕开了国家控制领土和/或政治议程的概念。

小农户种植业的论述和瓶颈

非洲小农户农业在 25 年间经历了不同的境遇：一直以来投资不足并且生产率下降，但是一些国家也取得了成绩（哈维克等，2007）。世界发展报告（世界银行，2007）强调了非洲农户在全球市场努力保存竞争时面临的困境。尽管几十年来国内和以外部发展援助为基础的项目和战略设法解决贫穷问题，但是，非洲农村的贫困程度仍然高于世界其他地区。推动生物燃料的最大担心是非洲的小农户，他们是生产者的核心（至少占生活和工作在小家庭农场人口的 60% ~ 70%），将失去他们的土地。但是，令人费解的是，本应是穷人保护者的非洲国家可能默许外国投资者和政府进行这样的土地置换。外国投资者经济发展的承诺和农业技术创新为许多非洲国家政府的乐观提供了理由。

欧洲和亚洲的农业是技术和基础设施的代名词，许多非洲国家也希望看到这些。但是，当非洲发展到这个阶段，一个缺少技术基础和低文化水平国家的技术进步可能导致大多数非洲农村穷人最终成为旁观者，眼睁睁看着农产品从他们自己国家输出。20 世纪 70 年代非洲绿色革命的失败为生物燃料和土地掠夺议程的错误提供了佐证。小农户位于生产的最低端，很少有能力影响世界消费市场的控制和管理，在这个市场能源价格是给定的。让非洲领土上的生物质作物生产满足北方大量的需求在道德上是正确的吗？

但是，非洲急切需要提高粮食生产、创造就业、降低消费者价格（尽管粮食价格的绝对值很低，但是相对于收入很高）。这需要对农业进行持续的投资和支持。土地肥力下降以及缺水是提高农业生产力最重要的生物物理限制。非洲小农户面临诸多其他挑战，例如，土地和资金资源不足。另一方面，政府一直努力将农业摆在优先的地位，即使它为摆脱贫穷提供了最大的机会。近期虽然举行了大量的会议，[①] 但是至少划拨10%的非洲国家预算用于农业的协议还没有被普遍实施。倘若非洲小农户农业仍然处于市场和国家的边缘，为该部门增加资

15

---

① 在非盟和南部非洲发展共同体的农业和粮食安全宣言中都有一项条款，将国家预算的 10% 分配给农业发展。非盟宣言在 2003 年 7 月莫桑比克马普托签署，而南部非洲发展共同体在 2004 年 5 月，坦桑尼亚达累斯萨拉姆签署。

源的前景是渺茫的。然而，大部分由妇女主导的小农户产业，确实为非洲家庭提供了大量的粮食需求。在许多国家，小农场的其他特征还包括较低的技术创新水平，糟糕的市场定位和基础设施。那么，在面临这些挑战的情况下，小农户该如何生产生物燃料呢？

非洲农业一直沿着两条不同的轨道发展：小农户（主要采用适应当地自然资源基础的雨养栽培，）和在资本化种植园农业中的大规模单一耕作（迪费尔德等，2005；吉本和庞特，2005）。已有研究认为，小家庭农场比大规模农业更有效率（贝芮和克莱恩，1979；宾斯万格和麦克因泰，1987；布鲁斯和米格特·阿德霍拉1994；迪费尔德等，2005）。但是，当前的趋势，尤其是在生物燃料生产中，是支持推广大规模农场的。大规模单一栽培农场是这些机器取代穷人和弱势群体交易的最明显表现形式。阿奴拉达·米塔尔（2010）强烈地提出理由证明这种情况："我们拥有一个本末倒置的农业体制，单一栽培取代了多样化，对市场越来越高的依赖度取代自给自足"。支持在非洲发展大规模农业的观点再次流行（科利尔，2008）。非洲是最有可能目睹土地用途逐渐从作物栽培转变向生物燃料。土地用途的大规模变化将在不同的水平下发生，逐渐从一种作物向另一种作物转变，从畜牧土地向耕地转变。

16　　　　农村商业和全球价值链目前的趋势是通过分散的、小规模农民的努力，推动"有效的"大规模、资本化生物燃料生产。另一方面，如果有限的经济效率措施优于除福利之外的考虑，大部分非洲农民的公平和生计可能受到损害。

因此，低密度土地利用的地方将转换为高密度且昂贵用途的土地。随着与生物燃料生产相关的经济机会的改善，农业生产者可能从粮食或经济作物转向原料。

因为生物燃料产业需要规模经济，它将倾向于绕开小农户并增强粮食的不安全（姆桑吉，2007；润格和塞纳尔，2007）。例如，麻风树作物通常生长在大型、单一栽培的种植园内。生物燃料作物的经济价值可能也会增加土地的价值，相应地可能破坏政府的公共安置计划。但是，另一方面，这可能为原住民提供一个对土地重新产生兴趣和投资的机会。博阿马（第8章）表明，加纳北部的酋长如何将土地租给非洲生物燃料有限公司，并表达对麻风树的乐观，因为受影响社区的生计是脆弱的。特别是因为社区存在大量"未被利用"的土地，酋长希望项目可以改善生计，并且不会与以土地为基础的生计如农业和其他当地商业相竞争。但是，总地来说，当小规模农户怀疑他们可能会失去权力时，他们试图通过政治渠道为他们的土地资源争取更安全的个人或公共使用权。津巴布韦的案例表明，如果不事先谈判小农户的权利和潜在收益的话，他们不会同意农业投资（第7章）。

生物燃料在非洲的空间分布

本书的案例来自南部、东部和西部非洲。第4章从经济全球化对小农户农业影响的角度论述生物燃料和外商直接投资的关系。当外国投资者为了生产生物燃料收购土地时，他们通过将利润调回母国获得大部分的收益。当地政府和股东分得较少的好处，然而，他们为生产活动提供了土地和劳动。农民的土地权利也受到了损害，因为大多数公司获得的长期租赁可能最终转变为完全收购。第4章表明外商直接投资也可以促进农田基础设施的发展，例如，通过对灌溉的投资，可以为附近农村社区提供就业。

17　　埃塞俄比亚的案例（第5章）向我们介绍一种跨国公司和小农户在进行生物燃料生产时一直使用的方法。生物燃料生产在埃塞俄比亚是一种新现象；由于它是基于合同农业，对农民来说存在大量的优点和缺点。当前促进生物燃料政策和战略的主要缺点是它们的制定没有联系农村发展和农村地区的生计需要。农村能源供给缓解贫困的潜力，确保农村城市家庭能源安全的需要以及为促进一国生产过程创造的条件（制度、金融和技术）是生物燃料和能源政策需要考虑的主要因素。

　　另一方面，坦桑尼亚的案例（第6章）着重研究与巴加莫约地区生物燃料投资规划有关的环境和社会影响评估（ESIA）的内在矛盾。瑞典酒精化工集团，一家瑞典市属公司，尽管该公司声称采用了可持续发展方法，但仍然受到非政府组织和利益相关者的质疑。但是，瑞典酒精化工集团和各种利益相关者之间产生了矛盾。这部分是因为缺乏明确的坦桑尼亚政策或与生物燃料部门相关的法律框架（这是许多非洲国家的典型特征）。由于缺少法规和透明度，环境和社会影响评估过程中也出现治理问题。SEKAB已经开始其他大规模生物燃料投资规划，例如，在鲁菲吉河地区，但是面临着获取土地的问题以及坦桑尼亚和瑞典研究人员、非政府组织和其他利益相关者对其忽视环境问题的指责。瑞典酒精化工集团对项目规划投入2 500万美元后，最终从项目中撤出，但是对当地没有产生太多的影响。尽管如此，公司确实获得巴加莫约项目的投资许可，该项目被瑞典酒精化工集团在坦桑尼亚和莫桑比克活动的购买者所收购。瑞典酒精化工集团的经历以及它在坦桑尼亚的生物燃料投资规划揭示，在一个政府支持生物燃料生产，但土地归国家所有而由当地社区和村庄管理的国家，生物燃料扩张的复杂性。

津巴布韦的案例表明生物燃料的扩张促使世界第三大生物燃料加工厂的建立。该项投资只有当被充分利用时才是有益的；然而，自从它建立以来，由于麻风树的生产问题一直没有被充分利用。政府也不愿意将粮食作为工厂的燃料，因而导致投资无疾而终。与此同时，需要结合津巴布韦土地政策的特征来评判农业投资。津巴布韦土地的政治和历史重塑了土地再分配引起的冲突回忆，尤其是 2000 年以后。第 7 章证明小农户、生计和土地权利的问题是如何与津巴布韦的土地问题和形成过程相关的。它对一国过去十年一直模糊的政策和法律制定过程产生影响。

第 8 章，关于加纳北部，表明理解生物燃料对粮食安全的意义应当结合当地的情况，例如，土地利用模式、人口密度、当地生计以及生物燃原料的生物特征。在加纳的例子中，当地情况——低人口密度（"未被利用"土地的可利用性），生计的经济脆弱性，家庭共享的存在以及麻风树对贫瘠土地的适应性——创造了一个对粮食安全产生积极附加影响的有利环境。案例研究揭示，投资公司应该具有社会责任战略以及本地人参与的投资方法。加纳的案例不同于大部分国家，公司与当地的领导者相冲突。

18

结　论

本书考察了生物燃料生产对非洲经济、环境、农业和农村生计的各种影响。生物燃料生产和制造业同时与土地利用、土地掠夺和土地管理相互依赖。当发展中国家为了获得能源开始种植甘蔗和麻风树时，小农户受到威胁，他们可能在大规模种植园活动中失去土地。当大多数非洲国家的小农户对他们的土地不能享受书面法律权利时，生物燃料政治学随之出现，因为非洲的惯例和非洲国家引进的欧洲法律体制不吻合。围绕生物燃料的政治学被认为是一种权利博弈，上层集团代表农村小农户做出决定，这些小农户不能轻而易举地说出他们对在地区和国际体制内制定的双边协议、投资和贸易政策的担心。妇女小农户受到的影响最严重，因为她们由于受到政策的歧视、常常失去对土地的使用权。

19　　　随着跨国公司的到来并收购大量的土地，土地掠夺直接影响着小农户。谈判是不公平的，因为规模越大的公司倾向从投资中获得越多收益，而当地人从交易中获得的产量很少或者没有。非洲的许多政府对于如何在以生物燃料为中心的生物投资中权衡土地、生计和粮食的权利没有制定相应的政策或指导方针。通过发展生物燃料生产，非洲国家正在进入由新自由主义议程和北方驱动的生物经济新领域。然而，世界政策舞台是支离破碎的，没有合适的议程设定目标来说明气候变化和环境问题。当前的生物燃料生产很可能证明是一种错误，因为发达国家是生产出来的能源的使用者，这种能源对环境、生物多样化和小农户产生负面影响。此外，通过农业投资为外部利益者生产的粮食将进一步削弱非洲小农户对土地的控制和使用。受益者将是北方的投资国和公司以及新兴国家，尤其是中东和亚洲的国家，它们牺牲非洲小农户和国家的利益提高它们的能源和粮食安全。

第1章 为了获得能源和粮食对非洲土地进行的掠夺：对土地权、粮食安全和小农户的意义[①]

科杰尔·哈维克

引 言

20　　近年来，外国投资者收购土地生产粮食和制造生物燃料用的农业原料（例如，甘蔗和麻风树）的进程在全球范围内，尤其是撒哈拉以南非洲地区加速发展。在过去30年，由于非洲政府、国际金融机构和援助者的忽视，非洲大陆仍然处于极度贫穷的境地，小农户的农业条件恶化。过去几年，国际媒体报道了非洲持续大规模的土地掠夺，这与非洲大陆以外的政府和人民为提高他们的粮食和能源安全需要有关。许多被报道的土地交易——已经完成的、在进行中或中止的——数量惊人。

---

① 这是一篇更大论文的部分内容，首次出现在2009年7月9~10日南非比勒陀利亚举行的第4届政策对话非洲工作组会议。我非常感谢主办方、哥伦比亚大学的约瑟夫·斯蒂格利茨和阿克巴·诺曼的邀请。在会议上的评论和研讨启发了我对这些问题的进一步研究。

但是，目前有关更广阔的过程、参与者的具体情况、合同条款以及土地交易对母国、投资国、政府和人民影响等信息尚不清楚，需要系统的数据收集和评估。

不过，关于外国和投资者在非洲收购和租赁土地的动态过程的一些信息已经出现。近期有关大规模土地交易或租赁（大约每单位土地 1 000 公顷）特征和数量的研究为非洲土地的控制、所有权和利用的动态变化提供了一个初步的粗略估计。不少组织已经对大规模的非洲土地交易给予回应，包括受影响的非洲国家和全球的非政府组织，联合国（UN）研究与专门机构，例如，粮食及农业组织、国际农业发展基金会（IFAD）和联合国食物权问题特别报告员（UN/SRRF）（德·舒特，2009）。

大多数拥护、研究以及与人权有关的措施和活动，已经尝试通过田野调查搜集、组织和分析数据来了解这个过程的背景、驱动因素和结果。尽管这些措施许多是短期的，所使用的方法还有很多不确定性，但它们确实说明了在过去几年土地收购和租赁的过程在加速，并且人们也越来越担心这个过程产生的影响。人们对一些预计用来指导土地收购和租赁的提案、建议和原则的构想的担心是明显的，目的是保障非洲农民和社区的利益，对土地、粮食和体面生活的权利以及保护环境可持续性。

实际上，研究机构，例如，国际粮食政策研究机构（IFPRI）[1] 和国际环境与发展研究所（IIED），联合粮食及农业组织以及国际农业发展基金和联合国食物权特别报告员，均

21

————————

[1] 完整的海外土地投资清单可见国际食物政策研究所的网站 www. ifpri. org/pubs/bp/bpoi3. asp。

提出了指导土地收购和土地租赁过程的建议（冯·布劳恩和迈泽·迪克，2009；科图拉等，2009；德·舒特，2009）。尽管两者提出建议的数量和性质不同，但他们关于大规模土地收购和租赁过程形成了以下共识：

①谈判过程应该透明；

②应该保护当地社区的权利，包括习俗地拥有权；

③收益应该在当地社区和投资者之间均摊；

④应该确保环境可持续性；

⑤不能牺牲非洲国家和社区的粮食安全。

除了这些面向本地的建议，[①] 不断增加的土地集中和经营

---

① 在 2010 年 9 月，世界银行发表了一篇题为"提升全球对农田的关注：它可以产生可持续的和公平的福利吗？"的主题报告（世界银行，2010）。这份报告介绍了负责任的农业投资的七条原则，它们仅仅是上文提到 5 条"共识"原则的重复。唯一重要的增加条款是原则 5：有责任的农业投资。它规定："投资者确保项目遵守法律规定，反映业界最佳的实践，在经济上是可行的，产生持久的共同价值"（出处：X，表 1）。这份报告是由非盟、联合国粮农组织、国际农业发展基金、联合国贸易和发展会议、国际环境与发展学会、国际土地联盟、欧盟土地工作组和全球农业发展援助平台联合发布（出处：Viii）。然而，农民之路、粮食第一信息和行动网络、土地行动研究网络和 GRAIN，在 2010 年 4 月回应世界银行报告草案时发表一份声明，声称世界银行的准则试图营造一种错觉，土地掠夺不会对人民、社区、生态系统和气候带来灾难性的后果。这个错觉是虚假的并具有欺骗性。"相反，四种行为是必须的：保证土地归当地社区所有，大力支持生态系统和小农户种植，提升粮食主权；支持社区导向的粮食和农业系统（GRAIN 2010：2）。一份完整的有关土地掠夺的许多建议和原则概述可以参考安胡·恩加，特拉·尼古恩，"全球土地掠夺：问题和解决方案"论文，该论文在 2010 年 9 月提交 Pain Pour le Prochain.

规模对以下内容产生重要的影响小农户、大规模农场和非洲农民未来的生计之间的平衡；非洲人民生活和国内粮食供给相对于出口导向型农业的重要性；与农业生产、加工和分配过程中的垂直一体化有关的整体农村商业在非洲国家的作用（吉本和庞特，2005）。

驱动因素

2007 年和 2008 年期间，全球粮食价格迅速攀升。2003 ~ 2008 年全球玉米和小麦的价格翻倍（冯·布劳恩，2008）。据估计，2000 ~ 2007 年，对生物燃料的需求增加导致谷物价格的加权平均值上升 30%（同上）。最近一个实证研究表明，农业和能源商品期货市场的指数型基金投资的快速增加不是 2006 ~ 2009 年粮食价格波动的主要原因（欧文和山德斯，2010）。2007 年，有 0.18 亿吨谷物被用于工业用途，相对于 2008 年有 1 亿吨的谷物用于生物燃料和其他工业用途（查克拉博蒂，2008）。当前和长期粮食需要的一个相关因素正在改变着新兴国家的粮食消费模式，特别是日常饮食中肉类的增加。所需的食物转变意味着大量卡路里的损失：现在 40% 以上的全球谷物用于饲养牲畜，而不是直接供人类消费（奥尔等，2009）。尽管自 2008 年年中粮食价格已经开始下降，但在 2009 年年中仍比去年平均价格高 30% ~ 50%。2010 年，开始新一轮的粮食价格上涨。全球最贫穷国家（包括许多非洲国家）的粮食进口开支预计在 2010 年期间上升了 11%。粮食及农业组织报告显示，2010 年 11 月，糖价上涨达到了 30 年以来的最高水平，显著地推动了粮食价格的上升（粮食及农业组织，2010b）。

22 在高度依赖进口、或者在有限或下降自然条件下生产自己粮食的国家（例如，许多阿拉伯国家），对粮食安全的担心也是促进非洲土地收购和租赁的重要因素。这种担心也和土壤侵蚀、开矿和水资源枯竭等导致的整体农业和粮食生产恶化的条件有关。

粮食不像其他商品：没有它，人就不能生存。粮食缺乏（或供给有限或下降）可以立刻演变为大规模的游行示威，引起严重的政治动荡。在生产国，政治意蕴也是非常重要的，因为在粮食不安全增强的情况下对粮食出口很敏感。由于最近粮食价格的上涨以及土地向非粮食作物生产的持续转换，粮食安全已经成为一个严重的全球问题，需要政府优先考虑。

在重要的粮食生产国之间，全球范围内粮食供给变动的不确定也引起了一个保护主义观点：大量的人口需要养活。许多政府不再愿意相信国际贸易作为调整粮食价格和全球粮食分配的杠杆机制作用。因此，通过国家间协议、国有企业（SOE）进行的各类投资和租赁、主权财富基金（SWF），或与私营企业合作，各国都在不断努力确保粮食安全。对增强的粮食不安全以及与之相关的饥饿和政治不稳定的日益担忧，已经导致国有实体和机构对与粮食相关的投资和协议的快速增加。这也引起粮食和能源部门治理情况的较大变化。

近年来，不断上升的石油价格和对气候变化的担忧已经引起人们的兴趣迅速转向非石化燃料，例如，乙醇（从甘蔗和其他原料中获得）和生物柴油（从麻风树中获得）。政府对非石化燃料的消费目标，与不断上升的石油价格和石油峰值有关，迅速引起人们对生物燃料及其生产的兴趣，并且这种状态可能长期延续下去，因为人们感受到石化能源的稀缺。但是，当新的、第二代技术在商业上可行时，生物燃料（基于甘蔗、麻风树等）在农业中作用的不确定性将逐渐消失。在未来，许多非洲国家会将它们的大量土地面积转变为大规模的单一栽培农业原料，对地下水水位和生物多样化等产生影响。这是一个实现可持续农业粮食生产不容易逆转的过程。

全球正处于一个进退两难的境地：它需要减少温室气体排放，同时全球对能源的需求在不断上升。这个全球难题，加上国家和地区将国家能源安全放在政治的优先地位，导致人们的兴趣转向替代能源来源，包括生物燃料。欧盟承诺到 2020 年将它的温室气体排放减少到 1990 年的 20%。在 2009 年 7 月到 12 月期间，瑞典政府出任欧盟轮值主席国时，致力于将欧盟的这个目标提高到 30%，前提条件是世界主要经济体如美国和中国作出相似的承诺。这个过程正在建立稳固的全球市场促使替代能源部门的发展，包括非洲大规模的生物燃料发展。

但是，研究学者和倡导团体对替代能源生产（包括生物燃料）可持续性的担心日益增强，他们认真地考察"净能源"的贡献以及各种大规模生物燃料项目的环境和社会影响。2008 年，这导致欧盟签署 项推动使用可再生能源的命令①。在第 15 条款中，生物燃料和其他生物液体燃料的可持续标准规定，

23

---

① 欧洲议会和理事会对推广使用来自可再生能源的指示，2008/0016 (COD)。条款 15："生物燃料和其他生物液态的可持续标准"。　197

它们不能由从具有较高生物多样性价值的土地上，包括原始森林和其他林地——第 15 条款，3（a）——以及法律或相关权威部门指定作为自然保护用途的地区——第 15 条款，3（b）获得的原材料制成。

由于土地丰裕地区较高的土地和商品价格以及重要的出口潜力，非洲政府也看到农村发展和农业不断增长的潜力。近年来，全球再次掀起对农业作用和潜力的关注，导致对该部门援助承诺的增加。非洲政府也增加了它们对农业的预算分配，不过许多国家还没有达到非洲农业发展综合计划（CAADP）设定的目标，该目标于 2003 年 7 月在非洲联盟和非洲发展新合作伙伴的支持下发布，将 10% 的政府预算分配给农业。

24 非洲农业研究论坛（FARA）构成综合非洲农业发展项目秘书处的第四个支柱。2008 年初，在两月一次的布告栏中，蒙提·琼斯即非洲农业研究论坛的常务董事，强调非洲大规模生物燃料生产的机遇和挑战并存，他认为需要综合的研究计划深入解决这些问题（非洲农业研究论坛 A2007/2008：2）。2008 年 4 月，非洲农业研究论坛的一篇研讨论文阐述了非洲生物燃料生产机遇呈现的风险"必须处理"。另外，它认为"假如满足可持续标准，生物燃料市场为边际的、未被利用的或被废弃的土地发展带来机遇（非洲农业研究论坛，2008）。

不断上升的土地价值和上涨的农产品（粮食和生物燃料）价格是私营部门从事非洲农业的关键驱动因素。尽管土地价格的绝对值在上升，但是相对值仍然较低，这意味着许多公司之间——国内和国外——对农业和土地的竞争性收益寄予厚望。伴随这个过程，大型国际食品和连锁超市逐渐将它们的加工和销售延伸到商品和原材料的生产，驱使小农户离开他们的土地并且没有获得合适的补偿。食品和连锁超市的垂直一体化也是非洲土地收购和租赁的重要驱动因素。许多传统上进行加工和分销的农村商业为了降低风险也在直接的农业生产中推行一体化战略——罗荷公司近期在安哥拉、马里和马拉维的土地收购（科图拉等，2009：57）。以上提到的过程补充了——或者有时整合了——与粮食和能源安全有关的政府支持目标和措施。

关键的假设：非洲土地的可利用性

在对非洲土地收购和租赁不断增加关注和投资的背后，一个关键的假设是非洲存在大量未被利用或未被充分利用的土地。《全球农业生态评估》提供了全球和非洲农业潜力的最全面调查（费舍等，2002）。[①] 数据显示，全球农业土地储藏量的 80% 位于非洲和南美地区。20 世纪 90 年代中期的卫星图像显示，非洲大约有 8 亿公顷的可耕种土地，其中 25% 是耕地。研究显示，低估的土地用途为 10% ~ 20%。

根据科图拉等（2009：60），目前还不"清楚'轮作和休耕制度'是如何被包括"在《农业生态评估》中。为了使评

25

---

① 世界银行（2010：xvi，表 2）指出，在不同地区潜在的荒芜土地数量达到 4.46 亿公顷，其中 2.02 亿公顷位于撒哈拉以南非洲，1.23 亿公顷位于拉丁美洲和加勒比地区。总地来说，这相当于全球潜在的荒芜土地的 75%。世界银行在展示这些数字时，引用 G. 费希尔和 M. 沙（2010）提交给世界银行的一份报告"农场投资和粮食安全，统计附表"，拉克森堡、奥地利。

估更符合非洲的实际状况，科图拉等假定农业系统平均每块使用中的土地有 5 块休耕地。在近几十年，由于小农户土地面临的各种不断增加的压力，据我的评估，目前非洲农业系统中可耕地（2 亿公顷）与休耕地的比例不可能是科图拉等表明的 1:5。假定可耕地和休耕地的面积相同，这意味着非洲农业系统中在使用中的土地大约为 10 亿公顷，比 8 亿公顷估计的潜在可耕地面积多 2 亿公顷。最有可能的是，可耕地的面积高于《农业生态评估》的估计值（包括上面提到的低估），休耕地的面积低于科图拉的假设值。这意味着近期世界银行公布，撒哈拉以南非洲有 2.02 亿公顷的潜在可利用未耕种土地面积是合理的。但是，基于以下原因假设这些土地没有被利用或者没有被占用可能是错误的。

自从 20 世纪 90 年代中期，小农户和投资者进行的大规模粮食和生物燃料生产迅速扩张。以小农户为例，部分原因是由于 2000～2005 年非洲人口平均每年增长 2.5%。当宣称土地是可利用的、闲置的、没有在使用中等时，其他因素起到重要的作用：畜牧系统需要大面积的土地供牲畜吃草，村民利用土地获得柴火和药材。尽管一些休耕地确实存在，尤其是在低密度的农业系统，但自 20 世纪 90 年代中期，不断增加的土地压力导致休耕地和畜牧地的面积大幅度减少。考虑到农业对非洲经济的重要性，属于部落社区或者村民的 "没有被利用" 的土地通常被视为留给下一代。

在非洲政府和行政机构内部，为了吸引外国投资通常会急切地宣布土地是未被利用的或者未被占有，尽管在相同的土地上已经有多个权利要求。在国有土地体制的国家，例如，坦桑尼亚和埃塞俄比亚，土地管理被交给了村民，由于土地的错误划分，大规模的土地冲突可能会出现。在坦桑尼亚，70%的土地由11 000个村庄管辖。在这种情况下，大规模的生物燃料和粮食生产将必然会影响村庄土地。关于外国投资者如何通过33~99年的土地租期获得土地存在详细的法律程序。剩下的土地是各种类型的预留地（28%）和一般用地（2%），受到政府的直接管辖。在外国投资者倾向走捷径之前，即忽视国家的法律和农民的土地权利，政府急于提供土地供他们租赁或者收购（科图拉等，2009：62；本书中第6章坦桑尼亚案例）。

　　基于以上原因，考虑到农村土地权利要求的复杂性和多重性，政府需要谨慎地为大规模投资提供土地。最有可能的是，存在一定量未被利用的和未被占用的非洲土地可以用于大规模的土地投资。但是，为了避免冲突、疏远小农户，大型投资者进行土地识别时必须考虑以上因素。

　　对于一些人，包括政府、投资者和某些学者，疏远小农户土地的原因是因为小农户农业系统是无效率的，而大规模农业可以提供更好的土地利用和更高的生产效率（科利尔，2008）。但是，大量的研究发现小农户农业系统实际上更有效率，或通过为改善生产条件和市场准入提供的各种支持大幅度提高它们的生产率（柏恩里和简弗瑞，2009；迪费尔德，2005）。其他人报道了潜在小农户的"绿色革命"，在20世纪70年代受到一些非洲国家的政策激励的，被扼杀在萌芽状态中。

26

大规模土地收购和租赁的趋势

近期一些研究提供了全球范围内土地收购和租赁的定量评估和趋势分析。国际粮食政策研究机构的一份评估描述了2006年以来的趋势，声称在发展中国家有0.15亿～0.2亿公顷的农田受到外国投资者交易和/或磋商的影响（冯·布劳恩和迈泽·迪克2009；德·舒特2009：3）。这不包括最近一个0.1亿公顷的土地报价（路透社，2009年4月15日报道），据说是刚果民主共和国（DRC）提供给南部非洲的农民。根据联合国食物权特别报告员撒哈拉以南的主要目标国家包括刚果民主共和国、喀麦隆、埃塞俄比亚、马达加斯加、马里、索马里、苏丹、坦桑尼亚和津巴布韦（见第5章埃塞俄比亚的案例和第6章坦桑尼亚的案例）。

据报道中国在刚果民主共和国收购了280万公顷的土地用于种植油棕，[①] 利比亚在马里租赁了10万公顷的土地用于大米生产。与此同时，在苏丹，韩国收购了69万公顷的土地用于小麦种植，阿拉伯联合酋长国投资了40万多公顷的土地种植谷物和其他作物，埃及获得了相似的土地面积种植小麦。[②] 在马达加斯加，与韩国大宇物流公司关于租期为99年的130万公顷土地用于种植玉米和棕榈油的磋商被中止，原因是这个不受欢迎的交易在2009年政府倒台时起的作用（冯·布劳恩

---

① 《新西兰先驱报》，2009年5月14日。

② 出处同上，《经济学家》，2009年5月23日，德·舒特（2009）的报告。

和迈泽·迪克，2009）。在马达加斯加，一块 46.5 万公顷较大的土地租赁给了一家印度公司瓦伦国际用于种植大米并将其出口到印度（同上，科图拉等，2009）。沙特阿拉伯也正在企图租赁 50 万公顷的土地，瑞典酒精化工集团的一个子公司，一家瑞典乙醇公司，已经在坦桑尼亚规划了 40 万公顷土地用来种植生物燃料（见第 6 章案例）。①

　　由于保密和缺乏透明度，人们很难获得关于非洲土地交易内容的准确信息。因此，必须谨慎对待这些信息。科图拉等（2009）试图对 2004 年到 2009 年 3 月期间，5 个案例研究国家（埃塞俄比亚、加纳、马达加斯加、马里和苏丹），超过 1 000 公顷的土地收购和租赁进行一项系统的研究。并且，在坦桑尼亚和莫桑比克进行定量的田野调查。该项研究由伦敦的国际环境发展机构联合 7 个国家的合作伙伴进行。②

　　5 个案例研究国家的自然资源清单记载，大约 250 万公顷被批准的土地拨给农业投资，包括外国直接投资和国内投资，不管是私有还是国有（科图拉等，2009：49）。马达加斯加报告共有 80 万公顷，埃塞俄比亚大约 60 万公顷，苏丹大约 47 万公顷。在马达加斯加和加纳被批准的土地配置面积范围分别为 10 ~ 45 万公顷。与土地有关的投资承诺和投资项目金额大约为 9.2 亿美元。从 2004 年到 2009 年 3 月期间，批准的项目

① 科图拉等（2009：73），声称这片土地用于巴加莫约地区的甘蔗生产，而事实上它是鲁菲吉河地区第二大项目。

② 它受到粮农组织和国际农业发展基金会的资助。各种欧洲援助者，包括挪威发展合作机构（NORAD）和瑞典国际开发署，资助在坦桑尼亚和莫桑比克的田野调查。

27

数量：埃塞俄比亚为 157 个（投资承诺为 0.785 亿美元），苏丹为 11 个（4.4 亿美元），马里为 7 个（2.92 亿美元），马达加斯加为 6 个（0.8 亿美元），加纳为 3 个（0.3 亿美元）。但是，科图拉等说几乎所有这些数据都是不完整的。

关于四个国家（不包括苏丹）记录的投资承诺，大约 2.5 亿美元用于为国内市场提供粮食产品，0.44 亿美元用于供应出口。然而，所有与生物燃料相关的投资（1.17 亿美元）都是面向出口。因此，我们看到为国内市场提供粮食生产的投资远远超过供应出口的投资。这意味着考察国的粮食需要转变为实际的粮食需求，它是基础粮食生产部门增长的动力。

关于土地面积，供应国内市场的粮食为 23 万公顷，供应出口的粮食大于它的两倍——大约 52 万公顷——并且与能源相关的投资被分配了大约 110 万公顷。因此，在这四个国家（加纳、马达加斯加、埃塞俄比亚和马里），分配给生产生物燃料（只供应出口）的土地超过分配给生产粮食（国内供给和出口）的土地的 50%（基于科图拉等，2009：51，表 2.3 的计算）。这可能反映了一个事实，与能源相关的土地收购和租赁在面积方面比分配给粮食生产的土地更多，后者可能针对质量更好的土地。[①]

---

① 然而，真实的情况是甘蔗生产也需要持续的供水，它往往与灌溉系统有关。例如，瑞典国际开发署环境评估服务台（2009）"生物燃料——发展中国家的潜在挑战，"Upp-Sala。在 2009 年 5 月 28 日，国际地球之友发布一份报告，质疑麻风树不会与粮食生产争夺土地和水的观点（伯雷和格里菲思，2009）。它调查了英国生物燃料公司 D1Oils 关于麻风树的言论。

治理问题

在埃塞俄比亚和马达加斯加记录的所有投资和交易都是私有的，而马里的大部分投资是政府支持的，包括拨给总部在黎巴嫩的主权财富基金（有融资目标的国有基金，但是管理不同于其他国有基金）的土地（科图拉等，2009：49）。当对埃塞俄比亚、加纳、马达加斯加和马里的外国直接投资和国内投资的份额进行比较时，科图拉等发现大部分投资都涉及外国直接投资。但是，他们也发现国内个人和公司也在许多国家进行土地收购。埃塞俄比亚表明国内投资者占土地分配的 36.2 万公顷和 0.54 亿美元投资，外国直接投资占有 24 万公顷和 0.24 亿美元投资（科图拉等，2009）。

埃塞俄比亚和其他国家的发现表明，只有将国内投资者包括在内才能正确地理解大规模土地收购和租赁的背景。了解国内收购和租赁在多大比例的情况下，愿意和国外投资者合作是非常有意义的。国内上层集团或投资者的参与可能意味着，为了努力保留他们的权利，农村小农户面临着不仅外国投资者，而且国内投资者或一家合作企业的竞争。当外国投资者不允许在东道国拥有土地时，"合作企业"有重大意义，如埃塞俄比亚和坦桑尼亚的案例所示（见第 5 和第 6 章）。

国外和与东道国行政机构有联系的国内投资者之间合作，可能证明与 20 世纪 70 年代（以及 20 世纪 80 年代）非洲国家、国际组织和援助机构之间的联盟有相似的前景，它们都忽视了非洲小农户的利益（埃利斯，1982；哈维克，1987；吉本，1992）。假设小农户正日益面对国外和国内投资者在土地收购和租赁方面的合作，这意味着向当地社区和利益相关者咨询的较少并且合同缺乏透明度。莫桑比克的情况就是这样，即使该国存在一项严格的政策强调要咨询小农户。纳汉杜姆博和萨洛芒（2009）发现，国家的经济重点有力地激励当地政府促进投资者的利益高于当地社区。他们进一步提道："由于政策没有包括利润分享条款，当地的利益逐渐被削弱。另外，社区咨询过程的实际法律份量还不明确。"结果，"在投资者进行土地收购过程中社区咨询实际上相当有限"（纳汉杜姆博和萨洛芒，2009：72）（见第9章）。

科图拉等（2009：74）得出结论：

29　　　　　几乎没有迹象表明努力将重要的社会组织例如妇女或者用户团体例如牧民包括在内。受到间接影响的社区，例如那些迁出项目地区的人，到目前为止还没有被包括在内。在整个项目周期，咨询一般是一次性而不是持续的合作。

另外，"缺乏透明度是土地交易磋商和更广泛的政府间协议的一个主要挑战，私人交易可能与之相符"（同上：68）。科图拉等给出实证证据表明投资者/政府部门和当地社区之间存在较弱的或者不存在咨询，令人惊奇的是，他们没有将潜在的问题归咎于当地政府和公司不愿意做"正确的事"，而是归因于缺乏经验和指导方针形成更好的实践。世界银行（2010）关于生物燃料未来发展的设想也沿着相同的路线。但是，本书的研究结果表明，这不仅仅是政府和企业获得经验和接受指导的问题，而且也没有尊重农村生活和小农户的土地权利。在这种情况下，上面提到的为生物燃料扩张制定的自愿指导方针，可能在一定程度上促使新殖民主义的合法化。

越来越多的国家将粮食和能源问题放在政治安全优先级别的最高地位，这意味着当前的经济分析包括贸易分析，可能削弱解释经济增长和全球贸易的潜力，因为政治倾向弱化经济效率的问题。因此，理解与粮食和能源有关的土地收购和租赁过程，可能需要深入了解粮食、能源以及稀有自然资源的治理体系。

这个观点进一步受到越来越多双边投资协议（BITs）的支持，这些协议是外商直接投资在非洲粮食和能源生产的准则。根据科图拉等（2009）以及联合国贸易和发展会议（UNCTAD），当前与非洲国家签订的双边投资协议数量出现了激增（联合国贸易和发展会议，2008），从1995年的193项增加到2006年12月的687项。科图拉等（2009）报道的7个国家在2000~2009年签署了71项协议，在20世纪60年代是5项，20世纪90年代是42项。

尽管双边投资协议不同，但它们通常为一国在另一国的投资提供法律保护。双边投资协议概括了投资的定义，"包括农业和土地收购的投资"（科图拉等，2009：32）。新治理体系的整体结果可能意味着，通过在非洲进行大规模土地投资实现粮食和能源安全的国家，可以为它们的投资争取到更好的政治和经济保障。

上文提到的非洲单个国家的国家和国家/私人投资保障准　30

则，可能也有助于解释非洲的外商直接投资在过去几年迅速上升的原因——从 2005 年的 0.17 亿美元增加到 2006 年的 220 亿美元，2007 年的 300 亿美元（联合国贸易和发展会议，2008）。主权财富基金在海外的投资有类似的增加。根据联合国贸易和发展会议（2008），在过去 20 年该基金的海外投资约 400 亿美元，其中 75% 是在 2005～2007 年进行的。主权财富基金不断上升的控制地位引起人们对他们活动和影响的担心。近期，经济合作与发展组织和国际货币基金组织向东道国提供了对主权财富基金投资的引导指针，以便它们在自己国家的安全问题和主权财富基金持续的投资流之间保持一个良性平衡。

除了主权财富基金，国有企业也是大规模土地收购和租赁的重要参与者。国有企业是盈利企业，根据公司法规定注册，归国家全部或者大部分所有。这类公司通常和非国有或者私营企业合作。国有企业的重要性在不断增强，例如，所有重要的中国跨国公司都是国有的。而且，许多战略性私营企业也受到国家的影响，或者由于它们与国有企业或其他国有部门的联系有能力扩张。国有企业通常对外披露它们的经营信息十分有限，因此，模糊了它们的真实作用以及人们对与粮食和能源有关的大规模土地收购和租赁治理体系的理解。私营企业和国有企业之间存在正式和非正式的关系，当国家追求能源和粮食安全或者希望获得其他战略性的自然资源时，这种关系更为重要。

土地转让合同的性质和收益分配

了解土地转让的特征和收益分配的重要观点，可以通过详细考察规范这些土地转让的合同得到。然而，就非洲而言，识别出有关的土地权利以及合同参与方并不是一件简单的事情。这是因为非洲土地所有权的复杂性质，国家所有权、习惯所有制和私人土地所有权可能同时存在或相互交叉（图尔明和夸，2000；哈维克等，2007）。甚至在肯尼亚，20 世纪 60 年代早期出现的私人所有权和个人产权，由于缺乏恰当的记载、各种形式的土地掠夺以及对土地相互冲突和重叠的要求权，现有的体制是一片混乱。

据估计，在非洲最多 10% 的土地（可能更少）存在正式的土地所有权或使用权，并且位于这些土地大部分城市。国际援助者和金融机构，包括世界银行以及其他从外部观察非洲的人，几十年来一直论证并支持非洲土地的形成和私有化过程，他们将此作为提高农业生产效率和经济发展的前提条件。更深入的分析证明非洲土地所有权的私有化最好来自非洲农业商业化的发展过程（普拉托，1996）。甚至最近，世界银行对非洲土地问题的分析已经对习惯土地所有制的特征有所了解，它认为土地不仅属于经济，而且也属于社会和文化范畴（世界银行，2007）。

在那些土地归国家所有，或土地的管理通过复杂法律和法规交给农村社区和村庄的国家，确定被转让谁的土地权利在土地交易过程中是特别的。在坦桑尼亚、埃塞俄比亚和莫桑比

31

克，报道的土地转让——有时大量的公顷——正在增加。在这些国家，外国土地所有权可能被禁止或者被复杂化，导致一般为 33～99 年的长期租赁。合资公司的建立可能有助于这些交易的进行，国内合作伙伴在其中拥有股权。具有公用土地所有制的大部分非洲国家渴望建立一个"一站式"机构，为寻找土地的外国投资者和它们的合作伙伴提供服务。很明显，寻找大片土地的投资者也需要获得农村土地的使用权——这是一个很容易陷入混乱的复杂过程（科图拉等，2009：73～74；本书第 6 章）。

当国家代表或者与国外和国内投资者合作将土地"空出来"时，习惯土地所有权和社区（村庄）管理的土地制度很容易转变为不安全的土地所有制。即使习惯的和村庄土地受到法律的保护（例如，马里、坦桑尼亚、莫桑比克和乌干达），这也可能发生。国家和政府机构为它自己或投资者将土地"空出来"的一个关键方法是，声称土地是"荒地"（例如埃塞俄比亚）或者未被利用或未被充分利用，因此，通过投资可以提高生产效率和收入。为由国家和投资者签订的、以投资者为基础的土地收购和租赁提供这样的土地，经常会在当地引起土地冲突。因为投资者被认为不是合法的管理者或者土地所有者。对于所有的参与者，用合适的方式解决土地使用权的不确定性是一个核心问题。

据报道，各国之间及同一国内部对与当地土地权利相关的土地收购和租赁进行的补偿都有所不同。在国家对土地拥有最大权利的情况下，合同通常仅限于补偿收割和土地改善的损失。现金补偿通常不够家庭购买置换土地。围绕合同执行的问题可能也会妨碍补偿恢复受影响农村的生计。补偿一般由政府支付；但是因为预算和管理问题，投资者通常直接支付给受影响的当地土地权所有者和使用者。

实物补偿可能受到当地人的欢迎，因为它至少可以确保一些生计的安全。发展报（2008）报道一个例子，在马里在尼日尔办事处地区，受到大规模灌溉项目影响的每 800 户家庭，被提供 5 公顷（2 公顷是免费的，3 公顷在两年之内支付）的灌溉土地作为补偿。在科图拉等（2009）研究的 6 个国家（苏丹除外），实物补偿被发现允许使用。在考察的所有案例中，补偿是由投资者而不是政府支付。

在科图拉等的研究中，国内学者对四个国家（埃塞俄比亚、加纳、马达加斯加和马里）评估了补偿用以恢复生计的适用性（没有提供任何关于坦桑尼亚和莫桑比克的信息，但是由于它们拥有国有土地所有制，这两个国家应该与埃塞俄比亚一样，补偿据报道不足以恢复农村的生计，也可以参考第 6 章坦桑尼亚的例子）。即使在拥有大量私人土地所有权的加纳，补偿被发现仍是不充足的，因为土地评估委员会通常将最小土地价格引入补偿的计算中。只有马里和马达加斯加报告说具有充足的补偿，然而在马里排除了间接的权利所有者，而在马达加斯加还存在安置的问题（科图拉，2009：93）。

农村小农户和社区的收益也取决于投资项目、收购和租赁是如何被设计和管理的。根据国际粮食政策研究机构，包括合同种植和承保种植方案并且使现有的小农户和土地使用者参与的项目，可以为小农户和社区创造收益（冯·布劳恩和迈泽·迪克，2009：3）。联合国食物权特别报告员建议东道国

32

政府和投资者应该推广可以确保创造就业机会的劳动密集型种植方法（德·舒特，2009：14）。但是，谈到就业创造，巴西从甘蔗获得乙醇的劳动密集型、大规模生产经历表明无法保证合理的收入和生活水平，无法保证可以避免环境和健康问题（科马尔和古斯曼·费拉斯，2007）。瑞典酒精化工集团在坦桑尼亚鲁菲吉河地区规划的生物燃料投资中，将部分小农户合同农业列入靠近它的大规模经营活动。

环境可持续问题

33　　　在为了获得粮食和生物燃料生产进行大规模土地收购和租赁的背景下，环境可持续性问题是重要的。集约化、规模化的农业生产通常是建立在复杂的、多样化的小农户种植体制转向单一栽培，使用大量化肥和杀虫剂的基础上。复杂的农业系统，牧场和森林向单一栽培转变会引起动植物多样化的下降，农业生物多样化的下降以及地上和地表碳储量的减少。许多热带土地不适合集约化耕作，或者对于这种耕作它们缺少充足的水。尽管灌溉和化肥可以弥补这些不足，但它们通常引起涝灾、盐度和土壤侵蚀等可持续问题。

　　　根据国际粮食政策研究机构，如果外国和本国投资者受到短期利润的驱动，或者不了解他们生产所在地的农业生态环境，这类问题很可能会出现（冯·布劳恩和迈泽·迪克，2009）。在非洲有大量的大型农业项目（在殖民以及后殖民时期），它们开垦土地并进而破坏了土壤未来适合耕种的特性。不过，为了获得粮食或能源长达 33～99 年的外国（和本国）

土地租赁的长期愿景，随着时间的推移为规划和实施可持续生产提供了可能性。粮食和甘蔗生产均需要适当地获得水，这通常通过建立灌溉系统可以实现。但是，为大规模生产抽水通常会影响到水的其他使用者以及保护和维持良好、协调生态系统的环境流（哈维克，1993；霍格，2003）。

从河水和流域中为农业生产抽水可能与水电项目冲突，后者需要连续的、可预料的水流。在 20 世纪 60 年代和 70 年代，当非洲发展大型水电项目时没有考察其对生态的影响。由于关键能源的短缺，这类项目在许多国家需要被重新设计。在规划和实施这些项目之前，需要仔细调查大型农业和水电项目对水的需求、对社会和生态的影响以及它们可能存在的竞争关系。国际粮食政策研究机构认为需要：

> 进行仔细的环境影响评估，不仅需要考察对当地的影响，还需要考虑对区域外土壤、水、温室气体排放和生物多样化的影响。土地租赁合同也应该包括保护措施以确保使用可持续的方法（冯·布劳恩和迈泽·迪克，2009）。

联合国食物权特别报告员呼吁在完成土地收购和租赁谈判 34 之前需要进行更广泛的影响评估（德·舒特，2009：15）。这些评估需要从以下几个方面强调对粮食权利的影响：①当地就业和收入；②使用当地社区的生产资源；③基础设施中新技术和新投资的到来；④各种环境影响；⑤粮食的有权使用，可得性和充足性。尽管科图拉等（2009）没有对审查过的项目的环境影响提出任何看法（可能由于它们的经营时间较短），不过他们建议东道国的政府应该对所提议的投资的社会和环境影响进行最先进的评估。在环境方面，这些类似于国际粮食政策研究机构提出的建议。环境可持续问题，与瑞典酒精化工集团在坦桑尼亚规划活动的环境和社会影响评估存在较强的联系（见第6章）。

粮食安全

自2007年粮食价格快速攀升以来，粮食安全问题已经呈现出新的重要地位。但是，这不是新问题，自20世纪70年代以来该问题已经在国际论坛上被讨论并概念化。[①] 粮食安全的概念随着时间的推移已经发生了变化。在20世纪70年代，由于全球粮食生产的短缺和不断上升的价格，粮食安全问题与生产紧密相连。之后，阿玛蒂亚·森利用20世纪80年代初埃塞俄比亚的经历，表明粮食安全与总生产水平没有必然的联系，但与人们利用他们不同的权利获得粮食的能力有关。另外，食物营养充足的问题一直将粮食分配问题引向个人层面。当评估

---

① 有趣的是，在20世纪60年代独立时，许多非洲国家结合粮食生产（通过灌溉）和水电开发，为主要的多功能项目追求和/或启动计划。例如，在坦桑尼亚联合国粮农组织研究（1991），关于鲁菲吉河盆地初始勘查调查的报告，强调农业和水电开发的平衡。当日本（1968年日本对外贸易组织）和挪威（在1972年诺肯萨尔特和1980年哈士兰）发展援助出现时，项目的焦点全部转向水电开发（哈维克，1993：第8章）。类似的发展发生在坦桑尼亚为多功能发展制订计划，包括瓦米河盆地的农业灌溉。当瑞典和其他发展援助参与者参与时，项目最后成为基达图的单一功能水电项目，而不是瓦米盆地的多功能项目（奥曼，2007）。

粮食安全时，我们可能认为对粮食的文化认同感也发挥了作用。

现在，全球粮食生产如果公平分配的话可以为每个人过一种合理的生活提供足够的卡路里。在撒哈拉以南非洲，营养不良的人的数量从 1992～2002 年增加了 20%（粮食及农业组织，2006），而全球营养不良的人的绝对数量在下降。但是，全球的营养不良和饥饿正在上升。全球金融和经济危机发生后，粮食及农业组织评估（2009 年 6 月 19）表明，2009 年，10.2 亿的人口受到饥饿的影响，比 2008 年增加 11%。其中，2.65 亿人口生活在撒哈拉以南非洲。近期的评估表明挨饿的人口数量在 2010 年略微下降，但是没有恢复到危机前的水平。尽管全球充足的粮食如果公平分配的话可以养活每个人，但断言 2010 年末大约 10 亿人每晚饥饿入睡一点也不为过。这突出"获得"粮食的重要性，并且需要分析全球权力关系以理解促使全球不公正的因素。尽管粮食安全问题成为新的全球焦点和重点，但是为促使理解粮食主权的方向进行必要的权利分析并没有引起多数机构的重视，例如：粮食及农业组织。①

围绕粮食出口以及在撒哈拉以南非洲贫困国家的农业可用地——不管现在是否在使用——转向生产出口到投资国的能源（以农业原料为基础）的敏感性具有更广泛的背景。这个问题 35

---

① 联合国粮农组织最近改革其粮食安全委员会（CFS），与世界银行和其他机构一起，促进资源建议土地掠夺，但是没有分析有助于理解这些建议局限性的任何权利关系。尽管这些有限的分析，粮农组织致力于使改革的 CFS 成为"粮食和农业问题的全球治理的核心角色"（来自瑞典语的翻译）。见粮农组织（2010a）。

的敏感性也在至少 33 个国家粮食价格上涨引起的大范围社会动荡中显露出来（世界银行，2007）。

用于出口到投资者母国的农业粮食作物生产是近期大规模土地收购和租赁的一个主要驱动因素。另一方面，承接这些投资的大多数非洲国家也是粮食进口国家或粮食援助的接受者。例如，肯尼亚由于干旱和粮食绝收被迫宣布国家处于粮食短缺紧急状态，与此同时一场卡塔尔·肯尼亚交易引起了公众的关注，它涉及为了生产和出口粮食作物进行的土地转让——根据奥齐恩格·奥龙在科图拉等（2009：87）的报道。大宇公司正在磋商的、用于生产玉米和油棕的 130 万公顷土地租赁也是在类似的背景发生的，这次交易在 2009 年初推翻政府的政治战争中发挥了重要的作用（冯·布劳恩和迈泽·迪克，2009）。非洲政府和国际、国内投资者没有充分保护国家粮食安全的案例不胜枚举。他们提醒不仅要设法解决东道国的粮食安全问题，而且要调解东道国和投资国之间的粮食安全问题。这些问题需要真正的收益分配或者创建双赢的协议，许多国际投资者声称他们正在建立。

但是，由研究学者、非政府组织和国际机构提供的实证材料表明，为了实现双赢的结果，必须引入保障措施来确保协议中弱势群体——非洲农村地区的小农户和当地社区的收益增加。粮食和能源安全问题上升为许多国家政治议程的首位，引起了粮食和能源治理和投资体系发生了重大的变化。这个新局面为农业提供了一次土地重新估价的机会和诸多机遇，如果处理恰当可以产生潜在的收益。在非洲农村社区、东道国政府和非洲以外的国家、他们的合作企业、投资者之间双赢的背景下，确保这些收益对于所有参与方是一个巨大的挑战。

重新讨论建议

1. 谈判中的透明度。国际粮食政策研究机构和联合国食物权特别报告员建议达成投资协议的谈判应该透明地进行。这意味着本地土地所有者应被通知并参与土地交易期间的谈判，并且当土地收购和租赁影响当地土地所有者时，自由、优先和知情的同意应当作为标准保持。后者也是联合国食物权特别报告员和科图拉等（2009）提出的建议。但是，联合国食物权特别报告员对透明度进一步修饰，增加"完全透明"，这意味着获得土地和其他生产资源的当地社区可能会受到参与谈判的投资者的影响。保护原始的被边缘部落的权利也应该引起特别的关注。根据联合国食物权特别报告员，当决定是否签订一份投资协议时，东道国政府应该权衡协议的收益和机会成本，尤其是如果这些成本无益于当地人的长期需求和人权实现。科图拉等（2009）认为，不管它在法律上是否必要，本地咨询可能是项目实施的关键因素。但是，他们也建议接收国政府应该提出尖锐的问题，关于投资者有效管理大规模农业投资的能力。

上文的发现表明在有关土地收购和租赁的谈判中实现透明还需很长的路要走。这种情况在国家对土地拥有基本权利地方更是如此。在许多情况下，相反的情形可能更为普遍：当地社区和受影响的权利持有人既没有被通知，也没有被要求参与到谈判过程中。另一个问题是当地社区和小农户没有被充分告知法律和规章对他们权利的规定。与透明度相关的其他问题还包括政府机构和各级政府之间缺少协调，这可能导致投资者和社区之间的混乱和不确定性。在许多国家，为大规模的粮食或能源投资提供准则的政策和指导方针还不明晰或不存在，或即使存在也没有实施。在建立一个为外国投资者提供更优质服务的"一站式"部门之前，接收大规模土地投资的政府还有很多工作要做。

37   2. 当地社区的权利，包括习惯土地权利，应该受到保护。在撒哈拉以南非洲习惯土地权利很普遍，它反映了非洲农民与获得粮食、财物、地位和价值有关的基本文化特征和需求。习惯权利，通常与家庭、宗族和社区相关的各种权利同时存在，以重新分配和互惠原则为基础。通常它们没有书面形式。但是，许多拥有国有土地所有制的国家承认习惯土地所有制，甚至通过法律保护它们。联合国食物权特别报告员建议国家应该随时运用法律的手段保护当地社区的权利，详细说明土地用途改变或驱逐可能发生的条件以及应该遵循的程序。科图拉等（2009：109）和德·舒特（2009：14）建议国家也应该协助社区获得它们使用土地的集体登记。

但是，当前习惯土地所有制可能还不能明确地指出合同中的合法土地所有者。提供给投资者用于大规模粮食和能源生产的"使"土地"自由"的过程常常忽视一个事实：未被利用或未被充分利用的土地对社会或家庭很重要。缺乏清晰度——各种法律内部和法律之间——使小农户和社区很难了解他们的基本权利。保护包括习惯的土地权利在内的当地权利的最好方法是遵循透明度原则（见上文），建立与大规模土地收购和租赁相关的咨询和谈判。否则，随后出现的问题可能会完全改变或破坏投资，或者使投资者和当地土地所有者受挫。

国际粮食政策研究机构，联合国食物权特别报告员和科图拉等提出的建议均强调收益分摊。根据国际粮食政策研究机构，当地社区应该从外国农业投资中获益，而不是受损。它说租赁偏好一次性补偿，因为当土地被拿走时，租赁将创造持续的收入流。合同农业和承保种植方案被认为是更好的，因为它们允许小农户控制自己的土地，同时为投资者提供可靠的产品。国际粮食政策研究机构也强调如果补偿不是现成的需要明确的措施来实施它（冯·布劳恩和迈泽·迪克，2009：3）。联合国食物权特别报告员进一步建议投资合同和投资协议的收入应该用于当地人的收益和需求。投资者通过合同安排提供改进的技术、获得信用和预先规定的作物价格和数量，可能优于长期的土地租赁或土地收购（德·舒特，2009：14）。

科图拉等警告当地的期望收益可能超过实际的收益。不明确的合同条件和投资者过于乐观的承诺可能常常引起失望和冲突（见第5章）。因此，需要从一开始优先考虑确保土地收购和租赁成本和收益的明晰。这包括现实的评估，例如，有关创造工作的数量和类型以及诚实告知将进行什么样的投资（科图拉等，2009：104）。他们也强调50～90年的长期土地租赁是不可持续的，除非当地表达一定程度的满意度。创新的商业模式和承包种植方法可以解决一些难题。国际粮食政策研究机构建议世界水坝委员会的标准可以作为恢复人们同等生计标准的补偿的一个特殊例子（冯·布劳恩和迈泽·迪克，2009）。

上文中的实证结果表明土地收购和租赁之后收益分摊的真

38

实情况与被建议的情况相差甚远。在国有土地所有权为主的国家，受影响的家庭通常仅获得对庄稼和土地改善的补偿。甚至在有私人土地所有权的国家，合同的评估和实施也存在缺陷。更加严格、有约束力的国际法规——这些法规可以在东道国和投资国实施——被要求确保当地的土地权利持有者收到真正的补偿。建议中没有提到的一个问题是与技术变化相关的补偿，例如，第二代生物燃料技术的突破使当前的生物燃料技术变得多余。

3. 环境的可持续性。所有的建议都强调环境的可持续性。投资应该包括仔细的环境和社会影响评估和监控以保障正确的、可持续的农业生产活动（见第 6 章）。建议也力求避免温室气体的增加。联合国食物权特别报告员建议东道国应该探索低外部投入的——种植方法以对付环境挑战（冯·布劳恩和迈泽·迪克，2009：4；德·舒特，2009：14）。科图拉等建议接收国应该将可持续发展放在投资决策的中心位置。考虑到近期土地租赁许多具有长期的特性，如果需要保障农业的长期发展，战略性思想而不是临时、短期的决策是重要的。科图拉等（2009：106）在这方面建议外国投资要与国内资源包括小农户农业结合，进而形成长期的融合。

到目前为止，有关为获得粮食和生物燃料进行大规模土地收购和租赁的报道尚没有包括任何有关环境影响的记载。这主要由于这个过程的最新发展。但是，许多担心是建立在大规模农业生产过去大量经历的基础上，它们对环境产生相当大的负面影响，包括与水相关的影响、生物多样化丧失、土壤肥力丧失、大量使用化肥和杀虫剂的负面影响等。另外，与小农户和牧民边缘化和被排除相关的社会影响经常和大规模农业计划和投资一起报道。尽管主要方面可能会有所不同，但是与大规模粮食和生物燃料生产有关的环境可持续问题是真实的，并且需要引起所有参与方的重视。像过去追求最大化短期利润的许多项目一样，大型投资者很少关注长期生产和可持续性这时危险可能会发生。如果大规模土地收购和租赁是为了进行粮食生产，这种担心与为了获得生物燃料相比不太明显（因为上面提到的生物燃料生产的技术不确定）。

4. 不应该牺牲非洲国家和社区的粮食安全。2007年以来，全球粮食价格的上涨以及近期的金融危机（以及它对全球经济的影响）导致撒哈拉以南非洲的粮食安全面临挑战，全球范围内的情况更是如此。土地向生物燃料的转换也对粮食价格的上涨和粮食不安全的增强产生影响。如上文提到的，粮食及农业组织估计，2009年全球饥饿人口的数量已经上升到10.2亿人——创历史新高，比2008年增加11%。在2009年，世界2.65亿饥饿人口生活在非洲，同年，饥饿人口唯一没有增加的地区是拉丁美洲和加勒比海地区。尽管如此，近期的估计表明自2009年以来全球受饥饿影响的人口数量已经略有下降。到2015年饥饿人口下降50%（基于1990年全球8亿饥饿人口的水平）的千年发展目标远远没有实现——趋势甚至往相反的方向发展。这种发展可能强调未来需要从为全球发展设定一个"自上而下"目标的过程，转向更好地理解产生贫穷和饥饿的过程——包括权利关系。

联合国食物权特别报告员特别关心强调人类粮食权和获得粮食安全的建议（德·舒特，2009）。为了确保大规模土地收购和租赁不会增强当地人的粮食不安全（由于在农产品更高价格的情况下对国际市场或粮食援助依赖的增加），他们建议："投资协议应该包括一项条款，即一定最小比例生产的作物应该在国内市场销售"（德·舒特，2009：3）。国际粮食政策研究机构根据国家贸易政策为粮食安全制定了保护措施：当国家粮食安全处于危险状态时，应该优先满足国内供给。在国家面临严重的粮食危机期间，外国投资者不应该有权利出口（冯·布劳恩和迈泽·迪克，2009：4）。科图拉等建议不能过于强调粮食安全。然而，他们为各种利益相关者，包括投资者、接受国政府、发展援助机构和农村穷人团体，提出的诸多建议强调长期可持续性和粮食安全的总体视角。

一些结论性评论和问题

40　　1. 技术变化。技术变化有关的一个重要问题是生物燃料生产使用的第二代技术的可能性突破，它可以利用原材料而不是农业原料。例如，瑞典公司正在进行这样的努力，并因此获得了国际赞誉（见第 6 章）。第二代技术的一个商业突破，可能会使目前使用的第一代生物燃料生产技术逐渐削弱或变得多余。当这样的技术突破发生，新的原材料取代农业原料时，投资者该做些什么？那些在非洲控制大片土地的投资者，是仍然使用第一代生物技术继续他们的生产活动，还是撤资？新技术对东道国的经济和社区的社会经济福利产生什么影响？

　　与生物燃料生产有关的技术变化的影响是真实的，但它们可能与其他类型的生产和产品有关。这类问题需要仔细思考，因为它们对非洲长期、可持续的农业和农村发展具有重要的意义。非洲农业和农村发展的政策似乎忽视了这些长期的战略问题。本章提到的用于指导大规模收购和租赁非洲土地的政策，似乎也没有提及这些问题。到目前为止，非洲发展战略，由于可理解的原因，不得不应对主要的短期、严重的问题。现在需要做些什么？谁应该承担确保长期的、战略性问题，例如，与生物燃料生产技术突破相关的问题被妥善解决的责任？就非洲政府和机构而言，处理长期战略问题的一个正确方法也将有利于保护非洲小农户的发展空间。

2. 小农户的作用。当讨论为了获得粮食和能源而对非洲土地进行的大规模掠夺时，一些正在影响非洲小农户的趋势和过程应该引起注意。事实上，为规范非洲土地掠夺提出的许多建议是专门针对保护农民权利和生计的。粮食和能源安全的动态整体发展正在颠倒非洲的农业议程。与其承认非洲小农户过去是并且现在也是非洲农业的基本，倒不如说重点已经转向保护他们的权利和地位免遭外国、国际和国内投资者驱动的大规模投资项目的损害。与其强调小农户和社区对广阔非洲发展的长期潜在贡献，还不如在许多方面优先考虑一个福利主义方法——如何确保小农户和社区的生存。甚至《全球发展报告2008》对非洲小农户的作用也含糊其辞：[1]

农业发展的一个新视角重新定义了生产者、私人部门

---

[1] 由于过去世界银行支持非洲农业的关键评估和 2008 年世界发展报告（见哈维克等，2007）。

59

和国家的作用。小农户是生产的主要实施者，他们通常仍是最有效率的生产者，尤其是当得到他们的组织支持的时候。但是，当这些组织不能在生产和营销方面实现规模经济时，劳动密集型的商业种植可能是一种更好生产形式，有效、公平的劳动市场是降低农村贫穷的关键工具（世界银行，2007：8）。

不过，《全球发展报告2008》的编者随后更明确地指出关于非洲大规模和小农户农业的问题：

> 尽管大规模农业在非洲许多土地丰裕地区占有一席之地——如果它受市场而不是补贴的驱动，如果当前土地使用者的权利受到充分保护——放弃小农户公认的权利以实现非洲及其他地区的飞跃式增长、降低贫穷和解决饥饿危机，将是一个严重的错误。促进小农户农业不是"浪漫民粹主义"而是明智的经济政策（柏恩里和简弗瑞，2009）。

其他措施，例如，非洲的绿色革命联盟通过提供研究基金、能力发展和投入支持，正在帮助增强对非洲小农户的关注。基于这些新措施正确地理解嵌入非洲小农户农业的复杂性、局限性和可能性是一个挑战。

3. 与促进小农户农业有关的制度反思。为了获得大规模粮食和生物燃料生产而在非洲有力推动土地掠夺的同时，人们不断意识到非洲农业和土地不仅在生产，而且在财产、地位、团结，甚至非洲文化方面的作用。这开启了人们对农业生产、生计及其制度基础的更广泛理解。土地所有制的作用仍是讨论非洲农业多样化和改善农业生产效率条件的核心问题。长期以来，国际金融机构、援助者和许多经济学家一直提倡促进土地的私有产权，认为它对促进农业生产效率的增长是必不可少的。有人认为，它将为个人的理性经济行为开辟一个空间，为长期投资提供保障。它也将废除性别歧视的所有制。

但是，从另外一个角度看，从现行的、基于再分配和互惠原则的习惯土地所有制转向私人土地所有权，尽管微弱，可能遇到诸多问题，很容易引起冲突和不稳定的生产状况。在世代形成的重叠、复杂的产权制度背景下，土地裁决过程可能也会逐渐削弱土地所有者未来的合法性。阻碍农业生产效率提高的另一个主要障碍，是国家对土地所有权拥有根本的权利。这引起持续的、国家发起的制度变化和干涉并削弱了小农户的信任，导致小农户和社区土地权利的潜在不确定性。当涉及在与转让有关的大规模土地收购和租赁补偿当地土地权利所有者和社区时，这也是一个主要的障碍。

土地所有权的另一个解决方案可能是为结束国有土地所有制做准备，并将土地所有权和管理转让给农村小农户和社区。这不是一个新的办法，没有经过长期的斗争不可能实现变化。大约 20 年前，坦桑尼亚（1992）土地总统委员会提出过一个相似的建议。不过，这个办法在制定《1995 年坦桑尼亚土地政策》期间被排除，该过程受到政府机构的控制。后续的《土地法案》以及《1999 年村庄土地法案》也依然保留着国有土地所有制。

42

土地所有权转让给农村小农户和社区可能使从低层发展农村生产和生活成为可能，利用并以现有制度为基础来适应内部和外部压力和机遇。同时，私人所有制应该得到加强（在它们存在的地方，例如，加纳和肯尼亚）。依我来看，可以促进增长和降低贫困的长期可持续农业发展的形成，需要通过根据非洲农村自身的需求和所谓的机遇加强它们的当地社区和制度来实现。这个影响一国自身发展的空间是一个重要的——可能是最重要的——变化动力。根据我的观点，增强的自治权、当地的制度和稳定的土地权利和资格可以帮助创造这种空间。但是，关于非洲农业发展看法的转变只能来自增强的尊重以及有利于小农户和农村社区的变化权力关系。权利也与新治理结构密切相连，与大规模的粮食收购和租赁有关。

43　　4. 治理变化以及需要更广泛的分析方法。与粮食和能源安全以及大规模土地收购和租赁相关的新治理体系对理解该过程的驱动因素和结果方面提出了挑战。

粮食和能源安全上升为主要的政治问题，可能意味着理解非洲大规模收购和租赁的经济方面不得不让位于政治考虑和方面。但是，政治考虑在分析过程中不应该被包含于，或者从属于经济方面，类似于世界银行"政治经济"中的例子，而是应在解释性模型和看法中赋予一些自主权（奥卢寇什，1998）。这个方法可能也为理解非洲面临的长期战略性难题提供一个更好的根据。

宏观分析方法结合有关微观层面制度驱动的增强洞察力可以形成一个更全面的分析。这需要结合社会学和文化视角对经济分析进行拓展，因为非洲的农业生计似乎将经济的首要任务和合理性与农业生存问题联系或结合在一起。

后者包括了再分配和互惠因素和关系。这种更广泛分析需要进行一次真正的尝试，包括一项有关全球、国家和地方层面的权利关系以及它们之间是如何联系的调查。

第2章 生物燃料治理：关于论述和参与者融合的问题

玛丽·维登高

引 言

44　　今天，生物燃料通常被看作为提供了三种社会收益：能源安全、农村发展和环境保护而加以推广。这展现了它们的政治力量（劳伦斯，2010）。通过结合这三种主要的社会收益，生物燃料获得了几乎所有人的关注和支持，前提它是在正确的方式下完成。至于什么是"正确的方式"，是一个难题。本章将考察我们如何被引导思考那些"更正确"的方式。

　　本章的目的是为理解生物燃料治理提供一个透镜。本章从全球角度出发说明"全球生物燃料"的起源、绿色生物燃料的构成以及生物燃料作为一种"三赢"模式。之后，本章将进一步考察非洲的"生产现场"，本章中治理术（governmentalities）在字面上开始变得更具有"地方性"或者"相互融合"。本文并没有说明生物燃料的治理是线性的或指向某个方向。相反，它提供了一个治理透镜，允许一种融合的治理分析，即治理术。它的目的是描述生物燃料治理是什么而不是它应该是什么。

与生物燃料如何治理的问题尤其相关的一个担心是生物燃料可能根本不能治理。人们担心它们的影响太大、太难以想象、太出乎意料以至于不能治理。生物燃料会失控吗？为了阐明这个问题，本章整理了围绕富含石油的灌木麻风树治理的相关问题。麻风树在非洲生物燃料讨论中具有重要的地位。根据其他研究，人们可能会问为什么，或者问麻风树如何获得这么较高的地位，什么使它保持在这个位置。亨斯伯格（2010）表明，回答这些问题需要深入研究不同部门和范围内诸多参与者、动机和影响。本章通过撒哈拉以南非洲的例子向读者介绍这些互相融合的因素。说明基于文献综述，个人会议记录以及与代表全球南北私人、公共和民间团体部门的生物燃料利益相关者之间的非正式讨论。政府战略和政策草案用于说明参与者如何围绕生物燃料进行沟通，但应该承认的是这些阅读材料尚没有被政府采纳。

生物燃料和"走出去"的必要性

发现替代燃料来源并控制其生产、加工和销售日益增加的压力是全球范围内经济和政治行为的基本动力之一（扬等，2006）。这些压力导致了"全世界疯狂的活动"（博拉斯等，2010），特别是由于一个全球趋势，即为了替代燃料的生产和使用，各国采用混合目标、命令、免税、补贴和其他激励措施

45

（劳伦斯，2010）。欧盟以及全球的大部分能源政策，表明对大量生物燃料的稳定需求有助于激励生物燃料在欧盟和南方国家的发展（弗兰科等，2010）。对非洲新一轮的争夺与当前最"可行"替代燃料选择日益增长的需求有直接的关系——这些来源于植物材料的液体燃料，也被称为"第一代"或"农工生物燃料"。

虽然生物燃料开始是国家项目，但目前有一个明确的趋势是它正朝着全球生物燃料网络发展，其生产、贸易投资、消费、控制和治理都超出了国家的控制（摩尔，2007）。经济和政治上层集团之间达成一个共识：如果生物燃料能够为减缓气候变化、能源安全和农村发展做出显著贡献，那么它们的生产和消费需要进一步全球化（出处同上）。这意味着，尽管生物燃料依赖政府或类似国家的政治管制和支持，但它们正在成为全球流动的一个元素，来源、目的地或后果无关紧要，不受贸易协定或认证体系的条件约束。

根据此，库赫勒（2010）表明全球主要的参与者[1]对生物燃料的全球流动达成一个共识：即南方生产的生物燃料被北方消费。这个观点很简单。对大量生物燃料的旺盛能源需求，相应地会侵占大面积可耕地上的生产。这个逻辑假设国际市场基于生产发生在南方而消费发生在北方，因为大多数发展中国家拥有有利的生物物理条件和较低的土地和劳动力成本。库赫勒也提醒国际能源机构（IEA）直言不讳地指出，"由于温室气

198　　[1]　即国际能源机构、联合国粮农组织、联合国气候变化框架公约和联合国政府间气候变化专门委员（IPCC）。

体排放和石油进口依赖本质上是全球问题，因此需要从国际的角度考察这些问题（国际能源机构，2009）"。如果石油使用和温室气体减少的收益高于在国内完成，发达国家因此会"在生产更便宜的国家"投资生物燃料生产（库赫勒，2010）。

治理术：生物燃料治理的透镜

本章考察这种逻辑是如何被证明是"正确的"，占据主导地位的以及它如何被抵制和改变的。治理术是一个福柯式透镜，试图消除事情被完成或者更具体地说，事情被讨论、计算、测量时"合乎常情"和"理所当然"的特征（迪恩，1999）。"治理术"，或通过思想进行治理，是一个双关语，表明使用的权力技术转向现代社会的"软"治理模式，如治理通过思想和语言，通过援用特定的事实，通过试图影响行为，通过启发我们的欲望、愿望、利益和信仰，通过赋予责任以及通过自我管理和自律（迪恩，1999；傅科等，2003）。治理术作为一个理性的、有思想的活动与治理相似，在各类治理实践中询问有关思想、知识、技能、策略、计算方法和合理行为等问题（迪恩，1999）。这个透镜试图刻画具体的情况（通过描述构成权利的方法、机制、过程、工具、策略、技巧、技术和词汇）和在一定的方向指导治理的"终极目标"或愿景以及对建立一个特定社会必需的特殊身份（迪恩，1999）。

治理术的研究超越了国家控制的治理。治理术被定义为治理的一种特定形式，它由不同参与者、话语、合理化的形式、逻辑和技术规定相互融合组成（洛克伍德和戴维森，2010）。

46

正如本章所论证的，文章开始描述的全球治理术仅仅是管理生物燃料发展的一种思想状态形式。这种治理术可能在全球主义话语中比较流行。然而，在国家和地方背景下，生物燃料治理有所不同。有观点认为这是混合治理，"绿色粉刷"的新自由主义思想和地方主义、生态中心论等相互协调，在每种特定情况下围绕能源创建实践体制。治理术分析试图描述实际的或所谓"真正的"治理。这意味着它承认不同部门的依据，技术规则和愿景有所不同；政府立场的转变取决于观众；跨国公司或多或少会"使"它们的干预摆脱"本地化"或者担心，强调当地的理由或国家动机；当实践的地点从全球总部转移到当地办事处时，非政府组织的治理术发生变化；或者研究人员使用不同的框架或问一些特定的问题取决于他们来自哪里和他们是谁。当不同的治理术相互融合时，主要的解释是治理方法或实践不断发展。最后，治理术也允许一种超越主权领土概念的权利分析。

47　　　绿色治理术。生物燃料一直受到有时被称为新自由主义"绿色粉刷"的巨大推动，使新自由主义治理术拓展到绿色的或者是看起来是绿色的事物（诺伊曼，2004；华滋，2004）。"去石化"社会的愿景已经成为全球生物燃料的关键，特别是与为世界许多发展战略设定议程的生态现代化元话语有关。在绿色或生态治理术中，自然是可以理解的、可衡量的、可估价的，因而是可治理的。绿色治理术对生物燃料很重要，原因如下：第一，它所指的治理术承认环境问题是全球性的，其中气候变化是最紧迫的；第二，它指的治理术认为生物燃料是解决气候变化的一种合理方法——当前大多数国家将生物燃料作为努力缓解气候变化的一个关键策略（粮食及农业组织，2008）；第三，它指的治理术使众所周知的"土地掠夺"合法化，它被描述为一个政府支持的策略，通过外包生产来确保粮食安全和能源安全（麦克迈克尔，2010）。

生物燃料及其变化的原因

当尝试理解思想治理生物燃料时，重要的是要理清生物燃料发展的潜在原因。通过回顾生物燃料的历史，促进它们变化的原因清晰可见（乌尔马宁等，2009；劳伦斯，2010；奥巴马，2010）。起初，在20世纪世界大战和20世纪70年代石油危机期间，从农产品中获得的生物燃料（很大程度上），是解决石油短缺的一种方法，后来生物燃料成为处理农业过剩、低农产品价格和高农业补贴的一种方法，主要集中在巴西、美国和欧盟。因此，从土壤中生产石油的想法与农村的经济发展和就业相连。而且，受高油价和不稳定的石油供给驱动的能源安全，已经扩展到能源主权，国家安全（尤其是在美国）和能源贫乏（尤其是在非洲）等问题。生物燃料也只是最近被推广为解决环境问题的一种方法。尽管绿色话语起初是应对城市污染的一种地方性战略，随后它的重要性降低，因为生物燃料可以缓解全球范围内的气候变化。

生物燃料和拯救地球的必要性

1. 全球环境问题的构建。一旦科学家意识到全球变暖的　48

问题，它就成为一个必须被估量和被解决的问题。气候变化的原始含义伴随着全球环境、"行星意识"和通常被描述为"我们都在同一艘船上"或者"我们对问题和解决方法承担着相同的责任、命运和职责"的一个内在关联的概念化（巴里，1999）。这个概念是 1987 年提出的，当时世界环境与发展委员会介绍了全球环境恶化的证据（世界环境与发展委员会，1987）。布伦特兰报告得出结论，当前的发展模式在长期是不可持续的，为此该报告提出并推广"可持续发展"的概念。[①]

虽然布伦特兰给出的定义模糊且不明确，但它有助于为地球的未来构建一个"全球视野"（梅布拉图，1998；加尔塞斯和维安纳，2009）。这个绿色话语的核心存在一个假设："经济增长和生态问题的解决方法，原则上是相一致的"（哈耶尔，2009：82）。这意味着，现代化和经济增长为摆脱全球生态的挑战提供了最佳的选择，而不是使环境恶化，特别是通过分散的自由市场秩序，参与者可以自由选择他们自己的最优解决方案或者所谓的"绿色策略"（哈耶尔，1996；约克和罗莎，2003；巴卡斯特拉德和洛夫布兰德，2007）。布伦特兰报告提到的经济增长和环境保护之间相互强化的观点，强化了生态现代化作为一个双赢战略以及自由市场秩序和可持续发展相互协调的话语（巴卡斯特拉德和洛夫布兰德，2007）。核心思想是，在不发生任何重大结构调整或价值变化情况下，社会可以达到一种可持续的状态。这个思想对于社会是利用来自现行

---

① 定义发展既满足现代人的需求又不损害子孙后代为满足他们自己需求的能力。

市场体制内部的潜力，或简单地"绿色粉刷"商业（约克和罗莎，2003：274）。这种话语强调"绿色"技术和辅助措施在解决环境问题时的作用（哈耶尔·休伯，1996）。这种想法否定了需要社会变革的解决方法。相反它赞成与时间和地点联系不强的解决方法（波勒，2004）。

2. 生物燃料作为解决方法的构建。1991 年，政府间气候变化专门委员会（IPCC）宣布气候变化是一个由石化燃料燃烧引起的全球问题，它为"全球气候政治"以及随后全球政策建议采取"气候中性燃料"提供了一个科学论证的理由。（关于气候变化及其论述的更多信息，参考巴卡斯特拉德和洛夫布兰德，2007）。在这个生态现代化话语中，"清洁、无碳和无负担的燃料"非常适合。大量的报告通过利用生命周期分析和其他模型方法证明生物燃料是气候友好型。生物燃料也意味着车辆可以继续使用液体燃料，运输系统以此燃料为基础。特别是，全球生物燃料——像在全球采购和国际市场——可以提供一种原产地模糊的燃料，这意味着燃料可以在"其他地方"和"在视野之外"生产。

3. 绿色治理术的含义。为了拯救地球，一套新的管理真 49 理和知识（复数）出现，将对生活的管理延伸到对自然以及人类生活的整个地球和生物圈的管理（巴卡斯特拉德和洛夫布兰德，2007）。如果像傅科等（2003）建议的"必须保护社会"，生物燃料不管怎样都会成为应对气候变化的一个武器（坎特，2008）。我们可能说，在这样的治理术中，虽然生物燃料不是一个新生事物，但是它们的创新点在于它们为了"社会的利益"宣称有能力解决全球问题。根据怀特和达斯古普塔（2010），绿色话语为生物燃料的支持者提供不同的机会，使企业进行土地收购、森林转换，并使引进的有争议的生物技术更加受到公众的欢迎。根据绿色治理术，生物燃料是一个特殊的例子，它有别于非洲其他经济作物的治理。当生物燃料因为环保被推广时，它们获得了前所未有的全球动力。生物燃料获得的支持不仅来自于那些相信通过市场发展经济的参与者，而且来自充满热情的环保人士，他们紧跟潮流支持农工业生物燃料。

　　由于是环保的，生物燃料进入技术专家和科学家的治理领域：巴卡斯特拉德和洛夫布兰德（2007）指出，环保问题的治理术是一个科学驱动的、集中的多边谈判秩序，与全球范围内实施的自上而下监测和减排技术有关。这样的治理术反映一种观念："全球专家"应该帮助非洲为可持续燃料制定环境标准，由于环境标准是"全球"的，可以利用"专门知识"处理（维登高，2009a；维登高，2010 b）。支持生物燃料的论点特别指明了生物燃料可以在所谓的边际的、退化的或闲置的土地上生产。话语中土地的引入邀请了新的管理部门，如土地管理部门，绘制地图专家。技术的掌握，包括卫星图像，赋予专家通过电脑研究材料治理土地的"权利"，或者如弗兰科等（2010：674）所说，"专家可以规范治理，通过选择是为了当地粮食用途保护最好的农业土地，还是出于环境目的保护最具生物多样化、最"高碳储存"的土地。今天，使用卫星图像方法，通过忽视地面上正在发生的事情这样一个"整体观察"，发现当地用于生物燃料生产的土地可以被看作为供其他人消费（科图拉等，2009）。1 平方公里的分辨率可以被用来识别可用于生产生物燃料的地区，但当使用谷歌地图提供的更精细分辨率观察时，这些区域可能被广泛利用和居住（舒特等，2010）。马修斯（2007）举例证明了这个说法，声称通过在世界"边缘"部分，例如，非洲创造 18 个巴西，可以保障全球持续的运输需求。

"退化"或"边缘"土地的概念可以作为一种手段使过去的退化正常化，因此农工生物燃料单一栽培成为一种"改良"（弗兰科等，2010）。这种推理在 2009 年赞比亚的政策草案中出现（2009），它也认为，一旦这种土地被修复，可能一些土地用于粮食生产。弗兰科等（2010：673）认为，土地边缘化的增加主要是应对粮食和燃料的争论。

50

2008 年的复杂转变

新的参与者和主题的引入意味着新的逻辑，理论依据和愿景融入生物燃料治理。阿隆·利奥波德写道，通过将环境情节加入生物燃料的话语，支持生物燃料的联盟将它们的大门向一组新的民间团体参与者打开，"它们本质上是批判环境开发的"（2009：8）。他认为，人们对生物燃料的环境担心不足以说服政府撤回向生物燃料投入的大量资金和政治支持。2007 年和 2008 年粮食价格的急速上升以及随后非政府组织和政府间组织的批评，为围绕生物燃料更苛刻的讨论创造空间。弗兰科等（2010：674）也写道有关生物燃料在环境和社会方面可持续的叙述越合乎人意，这种叙述越容易受到攻击。理由是这种叙述所取决的条件会通过战略性研究和公众行动发生改变。

　　根据摩尔（2010：65），围绕生物燃料存在两个特别激烈的争论：它们与生物燃料的环境可持续性及其对粮食安全的影响有关，特别是在发展中国家的穷人之间。英国的加拉格尔报告也强调人们用担心生物燃料对上涨的粮食价格和加速的森林砍伐的影响质疑它对气候有利影响（加拉格尔，2008）。2008年，这些争论发生一个复杂的转变，生物燃料被指控为是促进全球价格上涨的主要原因。这种话语的转变意味着生物燃料从作为清洁、环保、可持续和无负担的燃料被推广变成一种弊大于利的技术。（国际行动援助，2008；FAO，2008；利奥波德，2009；乌尔马宁等，2009）。或者，更保守地说，生物燃料变得不那么像一种默认的可持续燃料，而更像是一种潜在的低碳能源来源。这样的转变也受到新知识的推动，主要为科学报告（例如，费季奥等，2008；瑟群格等，2008）。与碳储蓄有关的合适的会计核算技能变得更加详细。它们关于生物燃料如何生产开始包括许多限定条件，特别是如果土地必须被转换和被清除。大家一致认为生物燃料意味的不仅碳储蓄，还有如果森林被清除所产生的碳成本。间接的土地用途变化、碳债务、碳成本、碳储存、碳封存、每年的碳偿还率以及土地用途变化后偿还生物燃料碳债务所需的年份均成为生物词典的一部分。

　　2008年，加拉格尔报告通过建议持续的生物燃料生产也对生物话语做出了贡献——不过生物燃料只能在非农业用地上进行种植，目的是为了避免取代粮食作物的生产。换句话说，原料生产必须避免用于粮食生产的农业用地上进行。这个问题被政治化，并通过批判进一步传播，例如，全球农民网络——农民之路质问当许多人正在挨饿的时候，生产粮食来养活汽车的公平性（农民之路，2007）。这些争论将生物燃料话语扩展到土地、社会和环境公平的问题。生物燃料越来越被公认为以土地为基础的燃料，农业—工业燃料，或者简称"农业燃料"。麦克迈克尔（2010）认为，将生物燃料重新命名为"农业燃料"是由粮食系统危机引起的话语转变的一部分。下一节将讨论这种转变可以被看作为帮助参与者在非洲推广生物燃料。

三赢模式的构建

当试图理解思想治理生物燃料时，重要的是梳理全球生物燃料话语发生的快速变化——因为随着发展中国家对种植生物燃料批评的增加，要转变主要的治理术以顺应（或者战略上抵制或沉默）不断增加的担心。当前支持生物燃料的依据是一支分散的联盟收集的大部分以前的优点。生物燃料通常被推广为解决能源安全、环境保护和农村发展的一揽子方法。因此，生物燃料话语一定被认为获得了一次政治胜利（劳伦斯，2010）。生物燃料三个假定的社会收益已经扩散到公众，个人和民间社团参与者的许多修辞言语中，特别是在非洲。

当前，大多数与生物燃料相关的策略、政策、商业技术、援助计划和发展项目与这三个"三赢"模式类似（或双赢，这个表达更广为人知），尽管在侧重点上略有不同。博拉斯，麦克迈克尔和斯库恩斯（2010）指出，"双赢"的表达在全球生物燃料争论架构中占据主导地位。对于非洲，三赢包括农业发展、技术进步、减贫和社会经济公平（COMPETE，2009）。

52

这里的逻辑是生物燃料将"为非洲带来发展"，具体是在农村发展、就业创造和小农户的现金收入方面，或通过所谓的"溢出效应"在基础设施、农村电力、学校、诊所、种植园和加工厂的副业方面。对于非洲，全球生物燃料尤其被推广为它们有能力为农业带来发展。农业投资对于许多利益相关者尤其是非洲政府和农业部门来说似乎是合乎逻辑的。在治理方面，生物燃料因此主要被评述为促使农业现代化的一个引擎，并从农产品中增加出口收入的一种方法（莫桑比克共和国，2009；赞比亚共和国，2009）。

还有一种说法，生物燃料是有利于穷人的，或者像莫桑比克能源部长在国家生物燃料政策和战略序言中写道："我们不能简单地拒绝我们社区唯一的机会：它们通过参与生物燃料的生产和使用必须帮助它们自己消除贫困。（莫桑比克共和国，2009）。在赞比亚，以小农户的园艺种植为例，大规模农工业通过为小农户提供进入国际市场，获得专业知识和私人投资的机会为当地的社区带来收益（赞比亚共和国，2009）。在宏观层面上，政治家往往强调就业收益是生物能源生产的主要收益。赞比亚生物燃料政策草案参考世界银行的一项分析表明，如果仅用于传统能源投资的资金可以转向生物燃料，那么在非洲可以创造数以百万计的工作岗位。这种逻辑需要仔细分析。草案强调工作质量和工人福利是重要的发展问题，而且它利用国际社会责任标准中的社会准则通过为"可持续产品"进行标记或者认证体系，提供一个质量保证。个人对中国人的生物燃料行为的评语通常归结为没有为农村地区提供发展机会。例如，赞比亚北部地区委员认为，当地酋长不会将大量的土地交给中国人，因为中国投资提供很少的机会给当地人。

在非洲，生物燃料生产也成为吸引外国直接投资的一个机会。本书关于外国直接投资的章节，埃塞尔比亚和坦桑尼亚例子说明已经采取有利于外国直接投资流动的措施，尤其是私人部门获得土地的需求。在非洲讨论推动能源燃料发展中缓解气候变化发挥的作用是次要的。减少石化燃料使用的理由被作为缓解石化燃料较高进口成本的一个策略（莫桑比克共和国，2009）。根据 2009 年赞比亚生物燃料政策草案，在非洲越来越多的人意识到高度依赖进口石油燃料不利于大陆的经济发展。草案指出，撒哈拉以南非洲国家的经济是石油密集型的，因此宏观经济容易受到高油价导致的不利影响。气候变化有时被认为是一个契机，意味着通过例如清洁发展机制，获得碳基金的机会（维登高，2010b）。

社会成功的条件

达瓦涅和奈维尔（2010）指出，双赢修辞在可持续话语中占据主导地位，因此，对生物燃料的批判者来说很难挑战它的吸引力。换句话说，许多批评在双赢的范式中进行，双赢范式在全球范围内都起作用——但在发展或分配差异问题方面仍然是无效（朗赫勒，2009）。双赢、生态现代化与一种话语相连，这种话语取决于一个假设资金的无限流动和新自由主义是不可避免的全球主义——相信自由竞争与市场的效率并且认为这种效率使最大数量的人的长期收益最大化（胡格威特，2001：155）。

53

生态现代化的话语适合这种情况：随着时间的推移，可持续发展通过市场和技术自然而然地发生。

一个类似的假设是一个新自由主义国家，通过促进和刺激商业利益，将培育增长和创新，并且这是"消除贫困且在长期为大量人口提供更高生活水平的唯一方法"（哈维，2006：25）。在生物燃料方面，这类激励包括税收减免、充足的土地租赁、私有化或者放松对公共服务或资产的管制，例如，自然资源的管制。在这个信念系统中存在的原始积累和本质的根本转变，"成为不可避免的祸害，需要经历一个打破传统、迷信、宗教等的阶段通向一个更好的社会"（哈维，2006：74）。由于非洲"不愿意"（或用种族主义的话来说"无能"）"迎头赶上"，非洲再次成为一个"落后"的大陆。从这个角度看，非洲要发展只有一个选择（或者修辞上说是两个）：它可以跃入绿色技术（或等到历史轮到它）。此时，我们可以引用瑞典公司瑞典酒精化工集团及助理咨询师的观点：生物燃料可能不是理想的但是它们是唯一的发展机遇。

54　　在这种话语中，生物燃料是一种解决方法。生物燃料通过公平的南北生物协定将带来农业现代化和投资（马修斯，2007）。生物燃料市场对于非洲可以说代表一种机遇，"前提是可持续标准得到满足"以及任何风险"得到管理"（非洲农业研究证明，2008）。从这个意义上说，生态现代化忽视了全球社会和环境公平的问题。它不能使社会或环境条件的不平等原因历史化，它转向提倡低能源消耗的生活方式或者朝向讨论改善能源效率和成本效益解决方法的公平贸易。在生态现代化的话语中，宣称的社会收益主要局限于南方（内部）的环境有诸多原因：社会问题，例如，发展和贫穷处于南方政治议程的更高位置；假设市场以及有利于商业的规章和宽松管制确实奏效；这个话语产生的背景是西方国家和工业社会被认为是现代和进步的缩影；发展和分配问题被忽视以维持南北的现状（朗赫勒，2009）。

在非洲，社会收益侧重于农业增长、农村发展、减贫、农村电力、当地机会、技术转移和"公平"的市场（马修斯，2007；阿切特等 2010）。我们发现承包种植、经济作物种植或合同种植由于是环境友好型的，创造财富以及保障企业安全而被推广。第三个收益（或受益者）可以通过瑞典的生物燃料公司瑞典酒精化工集团的例子说明，该公司试图在坦桑尼亚建立负责任的公司（见第 6 章）。除了建立自己的甘蔗种植园，瑞典酒精化工集团在一个甘蔗小农户和承包种植方案下探索配套生产的前景。有趣的是瑞典酒精化工集团收到一条与三赢模式收益有关的建议，基于"明智的利己"原则当地政治、社会和经济战略性利益和愿望可以满足（CSDI 等，2008）。对于提供建议的顾问来说，特许经营网络可能是理想的，因为这样的发展"本质上需要合作伙伴之间赢/赢/赢的合作关系"。三赢模式被并收益和风险共存。公司的资产将包括农民自己的资产和"人力资本"（2008：23~24）。另一个理由是提供行为准则或"替代法律规则"：

　　在发展中国家，法律规则经常是无关紧要或高度妥协的，特别是在大部分低收入群体生活和工作的非正式经济。特许经营体系建立一个替代法律规则，它为企业成功提供了准则。那些无视规则的经销商会面临失去他们投资的风险，因此，在他们特许经营的社区，成为守法公民关乎他们的切身利益（2008：27）。

55　　这一观点引自埃利斯的论文（1993：146~147），与本书中贝耶内的分析异曲同工，即制定土地合同的目的是"在不均匀的发达市场以及信息稀缺的许多发展中国家的农村社会的背景下，降低交易成本"。在社会话语中引用的理由可以理解为是对信贷、保险、信息或者生产要素市场不完善的一种制度反映，如贝耶内提到的同时也是吸引低收入种植者进入现代、工农业部门的一种策略，使他们更好地从规模经济和地区、全球市场中受益。

参与者的融合

阿格瓦（2005）建议，为了理解任何形式的规则，有必要了解遵守它的人。如果参与者想从生物燃料中获得不同的东西，生物燃料治理会变得特别混乱。我们可能认为参与者、个人和他们的组织通过他们对方向响应的机构是可能治理的，并能够采用与主要参与者所追求的相反方式进行思考和行动（迪恩，1999；洛克伍德和戴维森，2010）。从这个角度来看，非洲的小规模农民可以作为"生物燃料的治理者"，因为他们将自己的逻辑，理论依据和愿景加入到生物燃料治理。一位小规模农民的治理术可以说与生物燃料公司、非政府组织、当地领导、政府、顾问、媒体等的治理术相互融合，这可被看作为在一个混合治理组合中由多个治理术构成的一种实践制。因此，代表不同治理术的不同团体"在现实中"，在一个特殊政策、国家议程或当地社区中共同存在。由于以土地为基础，生物燃料成为一个特殊的例子，部门与参与者被迫相互融合。

因为生物燃料问题是"跨部门的"——而且生物燃料在很多方面是合理的——它们意外地获得了广大参与者的关注。生物燃料已经被预见参与到公共、私人、民间社团和意识形态分歧的参与者中，通常加入到圆滑的、邪恶的和模棱两可的联盟（博拉斯等，2010；派伊，2010）；大量的说明描述了这个过程——例如，麻风树如何将英国石油公司与非洲小规模农民联系起来（《华尔街日报》，2009）；麻风树如何将通用汽车公司与美国和印度政府在一个意在表明麻风树是可行的项目中联系起来，（通用汽车，2010）；麻风树如何将生物燃料公司与生命技术和石油跨国公司联系起来（兰恩，2010）；或慈善机构和非政府组织如何与大学、当地能源巨头、生物燃料协会以及承包种植方案联系起来，例如，在赞比亚北部芒戈韦地区，我进行田野调查的地方。

公众和私人，地方、国家和全球以及生物燃料投资的实施者和管理者之间存在很多模糊（达瓦涅和奈维尔，2010）。换句话说，很难确定是谁管理谁，为了什么目的。生物燃料博弈者之间彼此相离甚远，但通过脆弱和平淡的关系相连（出处同上）。在这种情况下，资本家和南北之间的后殖民关系依然存在，但是增加了新的结构，包括南南关系和北—南—南形式，总部在北方的跨国资本与南南合作组成联盟（出处同上）。这意味着生物燃料发展受到多个并且有时竞争理由的

56

驱动。

相互交错的理由

由公民社会组织的全球运动（通常强调保护生物多样化、气候公平和自给农业的粮食安全）和农村社会运动和地方担心（关注土地权利、原料销售获得的现金收入、就业条件和基于生计战略多样性的粮食安全）之间存在一个常见的错位（博拉斯等 2010；派伊，2010）。农民可能想强调生物燃料的家庭用途和收入创造。项目领导人可能优先考虑价值附加，援助者可能重视潜在的减排和碳抵消。不同的目标在某种程度上可能是相似的，但它们也会产生冲突。土地交易和合同尤其充满着冲突。

私人机构利用合同保护投资的理由可能与一个小农户签署尽可能多的合同保护一个市场的理由相互交错。这也意味着对于一些人来说生产一种非食用农业燃料不会威胁粮食安全似乎是符合逻辑的。然而，对于小农户，种植代表多种用途和替代市场的作物更合乎常理。对于一些人来说为了获得生物燃料，通过清除新增土地来最小化风险似乎也是合理的，而不是将粮食转换为燃料生产。但是，来自如斯威士兰、肯尼亚和莫桑比克的当地话语提到一种偏好，或者一种需求，就小农户而言是用一行粮食交换一行生物燃料，因为土地是稀缺的，或因为在一块空地上投资一种新的、未知作物的风险大于在已经准备好的土地上种植它的风险（伯雷和格里菲思，2009；全国农民联盟和环境正义，2009；亨斯伯格，2010）。两种理由之间存在的一个差异可能与一个一般的政治生态规则相同。

宏观话语含蓄地假设优先考虑经济价值以及需要为国家的经济增长提供新的"清洁"能源，而当地话语重视家庭和社区的再生产，并采用不同的、更加多元的价值观（阿里萨·蒙托比奥等，2010）。

如果参与者具有相同的思想或者洞察力，生物燃料是否可以实现"一切"，还是单个的目标（更不用说三个）更容易实现？在这个权力博弈中，谁迎合谁？是否存在一个更正确的行为准则？

小农身份的形成

2008 年，《世界农业发展报告》明确提出新自由主义的愿景。"新农业"受到集约型价值链上私营企业家的控制，将生产者和消费者联系在一起（世界银行，2007：8）。在这一愿景中，小农户是守法的、经济理性的企业家。如果小农户无法"通过快速发展的全球农业供应价值链，在技术上提高自己进入高附加值产品的目标市场的能力"，世界银行建议他们将必须寻找脱离农业进入农村非农业部门，或者迁移到城市部门（怀特和达斯古普塔，2010：597）。全球生物燃料的话语也允许小农户成为农场工人。在全球范围提供粮食和燃料安全的农业出口平台的极端新自由主义愿景中，通过将粮食和农业燃料生产外包给国外，小农户得到不同形式的补偿（麦克迈克尔，

57

2010）。新自由主义结构以市场为基础的改革通常创造条件，全球私人利益者凭此有战略性地收购和管理自然资源，这些资源作为大规模投资组合一部分，在很大程度上与当地的地理特征无关（洛克伍德和戴维森，2010）。在这一愿景中，生物燃料由采用跨国行为准则的小农户生产，或者在"没有农民"的大规模系统中生产。相比之下，"当地"的愿景可以被描述受到维护当地廉政的道德准则的驱动，因为这得到当地社区的理解（洛克伍德和戴维森，2010：393）。为了生物燃料，"当地"话语将参与者视为"赋予当地特权控制资源的传统用户"，面临受限制的资本流动并要尊重传统模式（出处同上）。这一愿景通常依据一位小农户的身份，在社区层面，通常在维持生活的最低水平，提供粮食和能源主权。这些小规模农民养活了全球并降低了地球的温度（农民之路，2007）。在真正的互相融合中，小农户的身份可能介于两者之间。

复杂的方向

58　　各国治理生物燃料的方法是不同的，对于小规模的生物燃料生产者来说这种差异是明显的。例如，赞比亚麻风树的例子，被一个来自民间团体的组织描述为最初由市场参与者带头生产生物柴油（维登高，2010b）。当石化燃料的价格下降时，许多生物燃料公司逐步取消或暂停购买种子。例如，在赞比亚澳大利亚椭圆形生物燃料公司已经放弃了它在西部省份的合同农民；玛丽投资公司没有履行其购买协议；2009 年，英国石油公司离开了它与 D1 石油公司成立的合资企业（个人访谈，

2010；D1 石油公司，2009）。结果导致麻风树种子在赞比亚失去了市场。国际非政府组织最早介入来缓解这种局面，建立了一个人工市场，高价销售麻风树种子。当国际资助或动力耗尽时，当地的民间团体参与者介入，培养麻风树种子的能力，用于当地做饭、照明、制成地板亮光剂和肥皂。由此可见，生物燃料的发展方向已经从全球转向了地方。

文献表明，这是一个全球趋势；也就是说，全球麻风树天花乱坠的宣传已经转换为当地的一种机遇（阿切特等，2010年）。这意味着生物燃料的治理绝不能看作为是静态的。博拉斯等（2010：580）强调，为什么生物燃料综合设施"应该围绕北方、大都市和受全球资本控制的节点构建"没有先验的理由。作者认为，它在一定程度上是"公司条款"或者政治与经济过程以及影响生物燃料干预如何发生的生态条件之间相交叉的方式（出处同上：588）。因此这不是巧合的，试图理解生物燃料发展的分析家设法利用，例如，联盟、连锁、网络、集合、摩擦和混合物等概念，描述生物燃料如何在全球一地方动态环境中发展的（例如，霍兰德尔，2010；亨斯伯格，2010）。尽管这些概念具有不同的含义，但它们有一点是相同的，即生物燃料作为一种商品通过社会、政治和经济关系被构造，所采用的方式必须从整体理解，并位于更广泛通常是全球的过程（博拉斯等，2010）。

结　论

本章描述了有关生物燃料的主要话语以及与改变参与者和

利益相关者联盟的不同治理术有关的治理问题。今天，生物燃料可以说是通过全球私人参与者、国家（或类似国家）政府、国际组织、跨国非政府组织、当地团体和小农户愿景构成的复杂网络治理的。治理术必须相聚，但它们不能在一个公平竞争的环境下相聚。并且，它们也没有完全地沟通。通过思想的治理不是文字游戏，而是权力游戏。控制参与者如何看待生物燃料和他们自己部分地规定了生物燃料和社会将成为什么。如果非洲的大型种植园看上去是合理的、清晰的、系统的并明确地说明事情是什么或者它们应该是什么，那么这种模式可能开始占据主导地位。

59   我想以这个观点结尾，生物燃料并不是什么新鲜事物，但全球生物燃料是新事物。所以，关于治理全球生物燃料的任何方法都是建立在（几乎有效的）假设的基础之上的。我建议，应该接受它们是什么：假设，而不是事实。

第3章 石油峰值和气候变化：生物燃料生产的驱动因素

如尼·斯卡斯泰因

石油峰值

"石油峰值"是由地质学家马里恩·金·哈伯特（1903～ 60
1989 年）提出的。哈伯特，一直研究数学和物理，在壳牌石油公司的研究中心工作了 20 多年。1964 年，他从壳牌公司退休后，成为美国地质调查局高级研究地球物理学者（1964～1976 年），并在斯坦福大学（1963～1968 年）和加州大学伯克利分校（1973～1976 年）担任地质学和地球物理学教授。

1956 年，哈伯特首次提出了著名的石油产量正态分布曲线（哈伯特曲线），该曲线适用于单个油井、整个油田和整个国家。同年，哈伯特用他的模型预测美国石油产量在 1965～1970 年之间的某年达到峰值。实际上，美国在 1970 年达到了石油峰值，为 950 万桶/天。

在大多数情况下，哈伯特曲线的左边比右边更陡峭，表明由于油井的高压力，石油生产快速达到"峰值"后缓慢下降，油井压力的下降导致生产的逐渐减少。在 1988 年达到峰值的阿拉斯加州的生产，典型地遵循了这样的模式。但是，也有重要的几个例外。一个例子是墨西哥的石油生产，增长相对缓慢，2004 年峰值达到大约 300 ~ 400 万桶/天，然后在 2008 年年中急剧下降到少于 280 万桶/天。

1974 年，哈伯特预计如果按照目前的趋势，全球石油产量将在 1995 年和 2000 年之间达到峰值（哈伯特，1974）。这个预测显然是错误的。国际能源机构报道说，世界石油产量从 20 世纪 70 年代末约 6 500 万桶/天稳步增长到 2008 年 8 300 万桶/天（国际能源机构 2009：84）。不过，哈伯特并非完全错误。在 48 个世界最大的石油产油国中，33 个国家已经达到石油峰值，一些国家的产量已经经历了快速的下降。其中美国（石油峰值在 1970 年），印度尼西亚（1997 年），澳大利亚（2000 年），英国（1999 年），挪威（2001 年）和墨西哥（2004 年）。此外，阿曼苏丹国也过了石油峰值。强烈的迹象显示科威特也发生了类似的情况（弗拉特和荣格，2006：87 ~ 89）。另外重要的一点是，自从 1984 年每年发现的新"探明"的石油储量一直小于每年的产量——这种差距随时间的变化一直在增加。在 1958 ~ 1966 年期间，发现新的石油储备每年平均为 480 亿桶。在 1994 ~ 2004 年期间，新发现的量下降到不足每年 100 亿桶，它仅占该时期平均年产量 275 亿桶的 1/3。换句话说，自 20 世纪 80 年代中期，石油公司寻找到的石油量少于世界消费的量。[①]这个发展表明，石油开采的成本将在未来几十年强劲增长，结果导致石油价格的上涨。

一些研究，特别是石油峰值及天然气研究协会（ASPO）进行的，认为世界作为一个整体已经达到了石油峰值点。另一方面，国际能源机构估计全球石油产量在 2015 年增加到8 660桶/天，在 2030 年增加到 1.03 亿桶/天，然而美国能源信息管理局（EIA）甚至更为乐观，预测全球的石油产量在 2030 年达到约 1.07 亿桶/天。此外，国际能源机构预测石油输出国组织（OPEC）在全球石油产量的份额将从 2008 年的 44% 跃升至 2030 年的 52%（国际能源机构，2009：84～85；也可以参见美国能源信息管理局，2009：22）。

可能比生产预测更重要的是"探明储量"的估计。[②]以原油为例，对它的估计有所不同，从石油峰值及天然气研究协会

61

---

① 信息来自 ASPO 的主页，www.peakoil.net/. ASPO，研究石油峰值和天然气协会，是个研究石油峰值的独立组织，由 Colin J. Cambell 创立，他在石油行业工作了 40 多年。该协会发布了石油峰值公告/评论，这些可以从它的主页上下载。

② 美国能源信息署将"探明储量"定义为"在目前的技术和当前经济和操作条件下，在未来几年里地理和工程数据恢复到已知的储量。"（美国能源信息管理局 2009：31）。当然，开采"探明储量"的成本可能在未来大幅度上升。

的8 000亿桶到美国能源信息管理局的13 420亿桶不等。[①] 基于当前每年的产量,这意味着储采比(RPR)的范围在26年(石油峰值及天然气研究协会)到44年(美国能源信息管理局)之间。换句话说,即使最乐观的估计也表明全球石油储量将在本世纪中期耗尽。

在化石燃料中,天然气可以很容易替代石油,用于固定设备(家庭、工厂、热发电厂等)以及大部分交通部门,航空运输除外(到目前为止)。根据美国能源信息管理局估计,世界已探明储量的天然气达到6 250万亿立方英尺,当前产量水平的储采比是57年(EIA 2009:39,45)。然而,如果天然气取代大部分的石油生产,天然气的产量必须要扩大一倍多,这意味着储采比将相应下降。[②]

我们可以得出结论,就石油和天然气而言,石化时代的结束不会超过半个世纪,原因很简单,因为这些资源正在枯竭。此外,特别是石油的开采成本将在未来几十年里急剧增加(坎贝尔和拉和芮,1998)。按照当前的农业成本,采用"第

---

① 美国能源信息署报告"探明储量"大小的三种来源:英国石油(2007):12 390亿桶;石油和天然气杂志(2009):1 342亿桶;世界石油(2007):11 840亿桶。(见 www.eia.doe.90v/international/reserves.html)。然而,它似乎取决于最高的数字。根据美国能源信息署,56%的世界已探明石油储量位于中东,15%在北美,其大部分在加拿大的柏油地(美国能源信息管理局2009:31)。

② 2007年,世界石油产量达到40.93亿吨,而天然气约25.12亿吨石油当量(国际能源机构2009:74)。换句话说,为了取代当前的石油产量水平,天然气的生产每年可能必须增加2.6倍到66亿吨石油当量,导致RPR的天然气下降到23年。

一代技术"的生物燃料生产，以粮食作物如玉米、大豆、油菜、甘蔗和甜菜为基础，在经济上是可行的，相比于美国的石油价格大约 80 美元/桶，欧洲大约 115 美元/桶（塞克斯顿和齐尔伯曼，2010）。[①] 石油价格长期高于 115 美元/桶在不久的将来很有可能成为现实。因此，有理由认为增加"第一代"生物燃料生产的压力在未来十年里会更大。

　　唯一仍具有丰富储量的石化燃料是煤炭。在过去二十年里，世界可开采煤炭储存量估值逐渐从 1991 年的 11 450 亿吨下降到 2006 年的 9 290 亿吨。但是按照 2006 年的产量水平，储采比仍然高达 137 年（美国能源信息管理局 2009：59）。[②] 但是，燃烧所有这些煤炭将会对全球自然环境造成不可估量的破坏。

二氧化碳排放和气候变化

　　从 1885～2004 年，世界石油产量达到约 9 450 亿桶，产生的二氧化碳排放总量大约 3 300 亿吨（坎贝尔，2005：6）。我们已经知道已探明剩余储量从石油峰值及天然气研究协会的 8 000 亿桶到美国能源信息管理局的 13 400 亿桶不等。不管怎样，到目前为止燃烧的石油还不到全球石油总储备的一半，意味着——在现有技术下——全球与石油相关的 CO_2 排放从当

---

① 我很感谢大卫·齐尔伯曼在论文提交到这里期间向我提供这些临界值价格。

② 应当注意的是，世界 76% 估计的可开采煤炭储量仅集中在 6 个国家：美国、俄罗斯、中国、印度、澳大利亚和新西兰。

62

前的水平增长一倍还有很大的空间。燃烧 13 400 亿桶石油将导致大约4 700亿吨二氧化碳，而燃烧9 290亿吨可开采煤炭储量将产生的二氧化碳排放量超过 3 万亿吨。[①]

需要注意的是，大部分的二氧化碳排放发生在第二次世界大战以后，并集中在工业化国家（美国、西欧和日本）。它们翻了两番多——从 1946 ~ 1955 年年均 60 亿吨到 1997 ~ 2006 年年均 262 亿吨。[②] 在基准情形下，假设维持当前的政策和技术不变，国际能源组织认为全球与能源相关的二氧化碳排放量在 2020 年上升到 345 亿吨，2030 年达到 402 亿吨，这几乎是 1946 ~ 1955 年度数据的 7 倍。（IEA，2009：185）。

在过去 20 年，所谓的新兴经济体（特别是中国、俄罗斯、巴西和印度）和西方一起提高了二氧化碳排放量。这是由于迅速增加的煤炭和石油燃烧并且与快速的工业化和私人汽车的加速发展。[③] 中国是这种趋势的领头羊。在 20 世纪 80 年

[①] 当然，二氧化碳取决于所讨论燃料的碳含量。碳的原子重量是 12，氧气是 16。因此，二氧化碳的原子重量是 44，基于比例 44/12 = 3.667，并假设完全燃烧，1 千克碳将产生 3.667 千克的二氧化碳，而 1 千克的石油将产生约 2.8 千克，1 千克的天然气将产生 2 千克的二氧化碳。

[②] 化石燃料燃烧、水泥生产和天然气燃烧产生的排放计算的数据来自 http://cdiac.ornl.gov/tre n d s/e mis/meth-reg.html/。

[③] 该地区 9 亿辆的世界轻型汽车，每年增加 0.5 亿辆。中国的汽车产量，印度少部分显著的促进了世界轻型汽车每年的增长。在 2002 ~ 2006 年，中国的汽车产量增长了 45.8%。在 2006 年，中国生产 730 万辆汽车，超过日本成为世界第二大汽车市场，仅次于美国，见石油高峰评论，3（2）（2008）：6；《中国日报》网络版，2007 年 9 月 22 日，www.chinadaily.com.cn/china/；亚洲时代在线，2007 年 8 月 17 日，www.atimes.com/atimes/。

代，中国是亚洲最大的石油出口国，并且在 1993 年之前是石油自足。此后，该国的石油消费和石油净进口一直快速增加。石油消费增加了一倍多，从 1995 年的 330 万桶/天增加到 2006 年的 720 万桶/天，这意味着平均每年增长 7.3%。

2003 年，中国成为世界第二大石油消费国，仅次于美国。中国占世界石油消费总量的比值几乎增加了一倍，从 1995 年的 4.7% 上升到 2006 年的 8.6%，在 2006 年它进口的石油占它的石油消费总量的 47.2%（唐斯，2006：8~11）。[①] 国际能源机构预测 2006~2020 年期间，中国将占世界石油消费增长的 30%。此外，它估计 2030 年中国的净石油进口量将占该国石油消费总量的 80%（国际能源机构，2002；石油经济学家，2006）。

2003 年，美国（20.9%）和中国（17.3%）的二氧化碳排放量共计占世界总排放量的 38% 以上。如果这一趋势在 1997~2003 年期间保持不变，2030 年这两个国家将占全球二氧化碳排放量的一半。然而，不仅在美国和中国之间，而且在发达国家和欠发达国家之间，普遍存在一个重要的区别。美国的人均二氧化碳排放量比全球平均水平高 4.5 倍，而中国的人均排放仍低于平均水平。表 3.1 所示的所有"发达"经济体，人均二氧化碳排放量超过全球平均水平的两倍，对于 24 个最富国家（经济合作与发展组织），该比率是 2.93。另一方面，对于 54 个最贫穷的经济体，该比例低至 0.19。换句话说，24 个最富裕国家的人均二氧化碳排放量超过 54 个最贫穷国家的

---

① 也可以参考美国能源信息署：www.eia.doe.gov/emeu/cabs/China/。

15 倍。这意味着最富裕国家从最贫穷国家购买的二氧化碳配额是极其有限的。

表 3.1 2004 年不同国家（地区）占世界人口总数和二氧化碳排放总量的比

国家/地区	1. 人口占比	2. 二氧化碳排放占比	2/1 = 人均二氧化碳排放占比
美国	4.6	20.9	4.54
中国	20.2	17.3	0.86
俄国	2.2	5.3	2.41
印度	17.4	4.6	0.26
日本	2.0	4.3	2.15
德国	1.3	2.8	2.15
加拿大	0.5	2.2	4.40
英国	0.9	2.0	2.22
所有(137)欠发达国家	80.1	42.5	0.53
54 个欠发达国家并具有最低的人均国内生产总值	37.2	7.2	0.19
24 个最富裕的经济合作与发展组织国家	14.3	41.9	2.93

资料来源：联合国开发计划（2007：243~246，310~313）。

表 3.2 显示了由政府间气候变化专门委员会（IPCC）发布的 2001 年不同活动产生的全球二氧化碳排放。用于工业和家庭的公共电力、热力生产（34.8%，主要来自煤炭燃烧），制造业和建筑业（18.1%）以及所有类型的运输（23.9%）

所生产的二氧化碳排放量，合计占二氧化碳排放总量的比重为
78%。① 石油和石油产品燃烧占总排放的 60%，而煤炭燃烧，
尽管在全球范围内强劲增长，仅占 33.7%。

表 3.2　根据燃料类型不同活动下燃烧石化能源
产生的二氧化碳排放：2001 年全球数据

产生二氧化碳排放的活动	排放量（百万吨）	百分比（%）
公共电力、热力生产	8 236	34.8
汽车生产	963	4.1
能源开采*	1 228	5.2
制造业和建筑业	4 294	18.1
道路运输	4 208	17.8
其他运输	1 448	6.1
私人家庭的石化能源使用	1 902	8.0
其他部门	1 405	5.9
总计	23 684	100.0
煤炭燃烧	7 984	33.7
天然气燃烧	1 511	6.4
石油和石油产品燃烧	14 189	59.9
总计	23 684	100.0

注：＊包括煤、石油和天然气的开采以及与炼油和与能源开采相关的其
他活动。
资料来源：政府间气候变化小组（2005：56，81）。

政府间气候变化小组的数据显示，2005 年大气的二氧化

---

① 在美国，汽车、卡车和其他车辆造成了超过 25% 的温室气体（厄尔利和
麦基翁，2009：9）。

碳含量比 1750 年工业革命之前高出约 37%（政府间气候变化小组 2007a：138 ~ 140）。仅从 1995 ~ 2005 年，大气中的二氧化碳含量上升了 20%，主要是来自石油使用的增加。这是过去 200 年中最大的增加量（政府间气候变化小组，2007a：131；2007 b：5）。政府间气候变化小组估计，自 1850 年以来，化石燃料和水泥生产产生的二氧化碳排放对温室效应的增加贡献了大约 75%，剩下的 25% 来自森林砍伐、人为排放的甲烷（CH_4）和氮化合物。燃烧化石燃料产生的二氧化碳占每年温室效应的份额从 1970 年的 50% 上升到 1970 年的 57%（政府间气候变化小组，2007 b：2）。

65　　大量独立的研究证实了政府间气候变化小组的结论，例如，琼斯和曼恩（2004）撰写了一份仔细的回顾性研究。该研究的部分结论值得引用：

　　我们的回顾再次确认，20 世纪末北半球的温暖是前所未有的，可能在全球范围内至少约 2000 年（1800 年）的背景下。在过去 2000 年的任何一个世纪，20 世纪经历了最大的温度变化（0.60℃ ~ 0.90℃ 比任何其他任一世纪少约 +0.20℃）……在引起气候变动的潜在自然因素中，太阳和火山活动占据主导作用。然而，20 世纪末气候的急剧变暖无法解释；事实上，在该时期自然因素可能有利于轻微地降低温度。从因果关系的角度来看，只有人类活动的影响（主要是温室气体浓度的增加）可以解释 20 世纪末较高的全球温度记录（琼斯和曼恩，2004）。

重要的是，现在国际能源机构和政府间气候变化小组一起强调持续高水平的二氧化碳排放带来的灾难性气候效应。如上文提到的，国际能源机构的"基准情景"意味着政策和技术依然保持今天的水平。在 2009 年的报告中，国际能源机构的结论是：

> 基准情景……使全球大气中温室气体的浓度保持约为百万分之一千（超过现在约百万分之四百），意味着全球气温上升了约 60℃（到本世末）（国际能源机构 2009：167）。

全球气温升高 60℃ 的预期影响归纳如下：

- 海平面上升 3.7 米，50% 的沿海湿地消失，每年数个岛屿消失以及数以万计的人遭遇洪水。
- 营养不良、呼吸疾病和传染病增加，热浪、干旱和洪水造成的死亡率增加。
- 生态系统遭到破坏，世界上大约 40% 的物种灭绝和大范围的珊瑚死亡。
- 中低纬度地区干旱和冰川消失。
- 粮食短缺以及所有谷类作物的生产力下降。
- 高风险的危险反馈和不可逆转的环境破坏恶性循坏。

（国际能源机构 2009：192；政府间气候变化小组，2007a：344～410）。

生物燃料发展：一个解决方案或一条死胡同？

66

　　推动生物燃料生产的力量来自两派，他们通常代表相反的利益：关心本国能源安全的国家和担心二氧化碳排放引起环境破坏的环境保护主义者。就第一派而言，深信石油峰值、石油时代终结的来临以及油价在未来 20 年迅速攀升的预期引起了人们对生物燃料关注的增强。① 在那些高石油消费和净进口在总消费中的比重不断上升的国家更是这样。美国大力支持生物燃料很大程度上是由于担心迫在眉睫的石油价格上涨以及降低对进口石油的依赖给国家安全带来的好处。2007 年修订的《美国能源独立和安全法案》呼吁生物燃料的使用量从 2007 年的 70 亿加仑上升到 2022 年的 360 亿加仑（厄尔利和麦基翁，2009：3）。同样地，对于中国政府，在不久的将来 80% 的石油必须依靠进口不是特别有吸引力（克列夫特，2007）。

　　毋庸置疑，生物燃料生产可以有助于抑制油价上涨并略微改善国家的能源安全。另一方面，生物燃料——至少可以说——是否有助于缓解气候危机是非常值得怀疑的。在可耕地上生物燃料生产的大量增加不久将与粮食生产发生冲突，并将粮食价格推高到对世界大部分尤其是那些生活在发展中国家的

---

① 在 2006 年，世界各国通过补贴和配额估计花费 110 亿美元支持生物燃料生产（塞克斯顿和齐尔伯曼，2010：6）。

人口极其不利的水平。[①] 据估计，在美国每年仅能替代 10% 的石化燃料需求的生物燃料可能需要 43% 的美国玉米总收成（塞克斯顿和齐尔伯曼，2010：7）。另一项研究得出结论，转换的 1 280 万公顷土地换算一下可以产生 10% 的世界饲料谷物，"将减少世界 0.9% 肉的消费和 0.6% 乳制品的消费（液体牛奶当量）"（舍琴格等，2008：1 240）。

　　农业研究人员似乎达成一个共识：只有将森林和草原转换为新的耕地来替代谷物或耕地转换为生物燃料，生物燃料的产量才会显著增加。但是，地区和全球对不同生物燃料作物的研究表明土地用途的变化将导致二氧化碳排放的大幅度净增加，因为有机碳分解物存储在植物生物量中，包括根和土壤。土壤和植物生物量是陆地碳的两个最大的有效生物储存器，合计包含碳的上限为大气的 2.7 倍（法钟尼等，2008：1 236）。一份有关美国和巴西生物燃料生产研究的部分内容值得引用：

　　　　根据我们的方法，每公顷转换的土地产生平均 351 公吨温室气体排放（二氧化碳当量）……我们计算得出玉米酒精节省的温室气体将等于并进而"偿还" 167 年间土

---

① 总体情况来看，生物燃料仍然扮演着完全无关紧要的角色，侵占了世界微不足道的耕地。2008 年，生物燃料每天达到 80 万桶的石油当量，在世界石油产量中的份额不足 1%，大约为公路运输燃料消费的 1.7%。尽管如此，2008 年，生物燃料引起的粮食价格从 10% 上升到 50%。粮农组织主任将粮食危机归咎于生物燃料，世界各地的政界人士要求重新审核生物燃料推广政策（国际能源机构，2009：87～89；塞克斯顿和齐尔伯曼，2010：7）。

199

地用途变化产生的碳排放，这意味着直到那个时期末温室气体一直增加。在 30 年期间，算上土地用途的变化，来自玉米酒精的温室气体几乎是每千米驱车消耗汽油产生的近两倍（舍琴格等，2008：1 239）。

67　　换句话说，将以前未耕种的土地转换为粮食作物生产每公顷产生的温室气体排放大大超过了将以前可耕地转换为生物燃料生产每公顷每年温室气体减少的量。一份有关生物燃料生产和二氧化碳排放的全面研究也得出相同的结论。这份研究的假设之一是：

　　用火清理土地或树叶和细根分解时迅速释放（二氧化碳）之后，粗根和腐烂树枝以及木制品烂或燃烧时温室气体的排放有一个延长期。我们将这个过程前 50 年产生的二氧化碳称为土地转换的"碳债"（法钟尼等，2008：1 236）

研究的主要结论是：

　　在巴西、东南亚和美国，将热带雨林、泥炭地、热带草原或草原转换为生产以生物燃料为基础的粮食作物，产生一个"生物燃料碳债"，它释放的二氧化碳大于生物燃料通过取代石化燃料引起的温室气体年下降量的 17 ~ 420 倍……我们的研究结果表明，相对于石化燃料产生的排放，生物燃料生产通过清除富碳地区而产生的净效应将使二氧化碳排放增加几十年或数世纪（法钟尼等，2008：1 235，1 237）。

这是一个错误的观点：通过将自然森林或草地转换为耕地来替代将谷物和庄稼转换为生物燃料，可以避免气候危机。这个错误观念，被追求利润的公司滋长，会对发展中国家数以百万计的人造成严重的伤害和痛苦。以农作物为原料的"第一代"生物燃料技术，代表能源发展史上的一条死胡同。以其他类型的植物（例如，树木和农业废弃物）原料的"第二代"生物燃料技术，是否在成本（与石油相比）以及环境和社会可持续性方面获得成功还有待进一步观察。

第 4 章　在为获得生物燃料和粮食安全
　　　　而进行的土地掠夺的背景下，
　　　　非洲吸引外国直接投资

普罗斯珀·B. 马通迪帕希斯·穆托波①

引　言

68　　鉴于非洲发展过程中出现的新一波投资，与生物燃料和粮食生产有关的外国直接投资（FDIs）产生了政治、经济和道德问题。② 当非洲政府争取外国直接投资时，保护它们自己人民的政策保障一直被搁置或仅被模糊地对待。除了官方发展援助，非洲需要外国投资帮助它的人民摆脱贫困和落后。但是，

---

①　作者感谢希拉·奇库洛，普罗斯珀·B. 马通迪，斯伯特·坎巴杰，卡洛琳·塔卡维，西尔维亚·查旺达提供的研究支持。

②　发展的定义，我们知道托达罗（1993）实现经济增长的发展模型。有关非洲发展的讨论已经获得亚诗·坦登的大量关注。我们也将沃尔特·罗德尼著名的作品欧洲如何引起非洲的不发达（1964）作为跨国公司操作命令的政治的重要参考。

它需要公平的增长，因为非洲大陆在经济增长和大多数人的生活水平方面远远落后其他大陆。然而，当仔细考察时，生物燃料投资似乎伴随着增长偏向特定的地区，并且福利大部分流向资本投资的来源地。一个真正的危险是"繁荣岛屿"可能在生物燃料投资的目标地区附近出现，这些可能造成倾斜的增长和不均衡的财富分布，加剧冲突。

　　生物燃料需要的关键资源是土地，这在非洲历来是一个很有争议的话题。在本章，我们认为引进生物燃料的积极经济理由听起来值得称赞。但是，倘若它们需要大片土地，存在一个风险即生物燃料可能引发土地冲突，并对贸易关系产生深远的影响。第一，尽管土地是非洲的宝贵资源之一，但是非洲大多数国家没有健全的土地政策且土地使用权不稳定；第二，大多数非洲国家具有宽松的或根本不存在土地和资源权利相关的法律和管理框架。越来越多的人担心跨国公司（MNCs）① 可能利用宽松的法律和行政安排侵占土地，并且在它们获得使用权的过程中削弱当地居民的权利；第三，土地在非洲是生计和粮食安全的主要来源，并构成社会身份的一个基础。本章我们通过考察非洲国家在通过生物燃料争夺外国投资过程中的地位，批判性地探究这些问题。

---

①　这些大型企业集团拥有巨大的金融储备。它们通常投资于非洲和亚洲，并对自然资源禀赋很感兴趣。它们将利润带回国。

全球化和非洲的外国直接投资

69   1. 南北和南南的投资关系。在过去 10 年里，全球化过程加强了南北之间的关系。过去两到三年，在生物燃料投资的背景下，非洲农业格局为了应对全球化已经发生了变化。变化过程的更广泛特征是当地生产系统移向非洲一些最偏远地区的大规模、复杂生产系统。生物燃料领域的新融资——从主权基金到私有部门和政府资金——使这个变化过程成为可能。我们已经看到大型农场的发展以及当地农村社会的快速转变。尽管贸易取得了空前的扩张，但不是所有的非洲国家都能从中收益。许多国家咒骂全球化使他们的福利恶化。[①] 此外，通过外国直接投资呈现的全球化一直偏向某些国家和某部分的人。

大多数非洲国家继续依赖低附加值初级产品的出口。根据联合国贸易和发展会议（2007），欠发达国家一直遭受着不断恶化的贸易条件、高度动荡的世界价格以及下降的世界贸易份额。50 个欠发达国家大部分位于撒哈拉以南非洲并且依赖农产品，它们的出口份额从 1960 年的 2.5% 下降到 1995 年的 0.5%。尽管商品价格的改善帮助这些国家的出口份额在 2006 年提高到 0.8%，但是，此后它们一直维持在该水平（联合国贸易和发展会议，2007）。

[①]   在生物燃料热潮，我们认为全球化具有经济、社会和政治影响。约瑟夫·斯蒂格利茨（2002）指出，这主要是关于西方过度从第三世界中受益。

在一个争取投资者为特征的国际体制下，非洲一直在寻找资金来源。这种竞争已经引发了一个讨论，关于如何权衡需求"有效的"或者有意义的发展和通过生物燃料投资引起的出口导向型经济增长的影响。此外，有一些问题是关于非洲是否应该继续依靠带来诸如生物燃料形式的外国直接投资的滴入式发展。应该承认的是，尽管发生了广泛的贸易自由化，非洲国家仍没有实现显著的减贫，一些国家一直经历了负的经济增长。人们不太相信全球化带来的收益，因为许多国家仍然努力发展它们的经济。有一种思想学派认为当投资是流动的，收益的获得是以牺牲穷人、环境恶化和工人权利为代价的。这为民间团体大规模反对生物燃料的抗议活动奠定了基础。

　　非洲传统上获得的许多投资来自发达国家；然而，在过去的几年里，经济衰退和金融危机导致外国直接投资流较大的不稳定。近年来，非洲外国直接投资的主要来源地非常多样化，新兴国家如中国、韩国、巴西、沙特阿拉伯、马来西亚、卡塔尔和阿拉伯联合酋长国发挥了主导作用。"第二代"全球化正在以复杂的形式出现，由两种力量主导。第一，新全球化是根据公司的利益高于它们政府进行调整的过程。这提高了另外的全球制度和政策有时渗入发展中国家的可能性。第二，该阶段的一个特点是经济的多极化，南方在其中起着重要的作用。"第二代"全球化正在出现。中国、印度、巴西和南非现在成为国际协议和经济合作的主要力量，为它们自己和其他国家争取利益。南方的经济增长以及金砖集团（巴西、俄罗斯、印度、中国和南非）的出现意味着存在一个集团国家抵制单边主义，采用的方法是 20 国集团（G20）和 8 国集团（G8）已

70

经使用过的。全球民主格局平衡政策的构建提供了可能性。当一些发展中国家的经济影响力为其他发展中国家提供重要机遇时，这也将需要控制，因为它可能导致消极的关系。例如，许多国家正在以牺牲穷人为代价收购土地，并向非洲市场抛售廉价、非耐用的商品，这就创建了仇恨的理由。这意味着政策需要呈现多样性而不是一致性。

2. 非洲吸引外国直接投资的策略。各种投资工具，例如，投资中心、一站式投资组合、投资机构等的构建意味着非洲重视（并渴望利用）被提供的商业机会。大多数非洲国家为了给外国投资者营造一个有利的环境基础设计投资机构，因为它们没有监管机制。当投资者面临一系列障碍时，例如，不清晰的政策、投资审批延迟（在有些国家超过一年）、限制向外国技术专家发放许可证、对利润汇款的不清晰规定、限制出口等。现在，大多数政府提供快速追踪投资、税收减让、利润汇出便利、暂停工人罢工权利、工人从投资公司随时获得许可等便利措施。许多谈判发生在外交部，那里也为外国投资者设置一个专门的办公桌。然而，外交部不能控制与其他部门有关的活动——例如，在津巴布韦，土地部可能反对有关土地所有权问题的双边促进和保护协议（BIPPAs），而谈判部门可能支持它们。问题是这些部门有多大的能力可以适当地处理这类大小的投资。

71 在大多数情况下，签署双边促进和保护协议是为了保护外国投资者。如果采取合适的政策，部长级别的各种利益相关者之间的协调是关键。很少有国家将本国公民的权利放在投资者之前。许多国家，例如，津巴布韦和南非，具有本土化政策或积极的行动，进行任何投资活动的外国投资者必须在此条件下与当地合作。不过，这些政策通常被上层集团和权利人士利用。小农户通常是受损者，尽管如此他们仍必须提供更多其赖以生存的土地。一旦一国政府决定利用外国直接投资作为经济发展的基础，存在保护外国投资者先于当地居民的倾向。

生物燃料投资、经济增长和发展

1. 生物燃料投资在非洲的经济增长承诺。生物燃料被视为经济增长的潜在来源以及"清洁"能源（相对于石化燃料）的替代来源。通过多样化能源来源和技术降低石油进口的需求为增加生物燃料生产提供了动力。过度使用石化燃料导致的不稳定世界石油价格以及不断增加的全球变暖威胁促进了对乙醇的需求。为了应对经济增长，乙醇的世界产量预计在未来10～20年将大幅度上升，尤其是在新兴国家和发展中国家（EIA，2009）。增加的生物燃料被认为有潜力增强非洲国家的经济和能源平衡，同时降低温室气体排放。

支持者承诺的生物燃料需求对于非洲国家可能是非常大的，在那里70%的人口住在农村并靠农业维生。据说，在非洲的生物燃料投资可能会引起就业创造以及更强的农村经济，因为生物质的转换（发生在大型生物精炼厂）需要在生产区附近进行。尽管如此，本书的第1章和第6章表明预期的收益并不像承诺的那么简单。一些来自农村的非洲人将被公司雇佣成为工资劳动者，但更好的工作将被保留给外国技术专家。总而言之，创造的普通工作不能补偿土地的损失。但是，外国直接投资驱动的增长对经济增长具有积极和消极的影响,如表4.1所示。

72

表 4.1　由外国直接投资促进的各类增长类型

• 无情的增长:导致更大的不平等,富人变得更富,穷人变得更穷。在这类增长中,一些个人亿万富翁/百万富翁拥有的收入水平相当于数百万穷人的总收入。
• 无声的增长:经济增长优先于直接的人权、民主进程以及对现代社会至关重要的参与式治理;它导致一个经济体民主的削弱。
• 无根的增长:伴随着全球化刺激的经济增长以及进入工业化国家物质化的生活方式,出现的文化腐朽和价值、特性的丢失。
• 无希望的增长:由自然破坏引起,通过不当的开采行为、使用杀虫剂以及建设大坝和一系列其他不利于生态发展项目时不充分、不恰当的环境规划,导致对后代所需资源的过度开采。

资料来源:联合国开发计划(2007);肯尼迪(2007)。

新农村市场、农村地区的创收以及温室气体和空气污染的下降被视为寻找替代、清洁能源过程中一揽子交易的一部分。自 2004 年以来,大量的资金显著地、持续地被用于生物燃料产品的开发、加工、储存、分配和销售。能源作物常被认为是一种"经济作物",是自给农民的一个重要收入来源。联合国(2007)相信生物燃料将"产生高价值的副产品(因此有更大的财富创造)"。这些作物的引入可以通过基础设施和相关发展为农村经济创造价值。供应生物燃料的非粮食作物和"经济作物"有利于促进农民生产的多元化,并可以为它们提供收入,即使规模很小,采用的方法是以前供应纤维的作物使用的。联合国(2007)指出,政府愿意支持小规模的生物燃料生产商,因为:

政府通过培育小规模的生产常常获得更高的投资收益，这是因为社会福利开支需求的下降获得新的或更高报酬工作或业务的社区成员所产生的巨大经济乘数效应。

2. 生物燃料投资的就业承诺。假设外国直接投资可以创造就业。事实上外国直接投资将创造新就业。但是，它们的数量和质量通常不能保证整个社区大规模的转移。在 2007 年，农业为全球范围内 13 亿小农户和无土地的工人提供了工作，但是在农村地区仍存在严重的就业不足（世界银行，2007）。在非洲农村就业不足的问题一直持续到今天，它成为所有非洲政府预算过程中的一个核心问题。因此，大规模的农业投资常常促进基础设施的发展以及农场的就业创造。

外国人投资的许多农场往往是高度商业化并且具有较大的规模。这意味着需要高级专业种植技能，由于培训能力弱，非洲需要花时间来培养这种技能。通常情况下，专业技能是进口的，因此，非洲国家不能像那些支持生物燃料投资承诺的从高技能工作的创造中受益。投资者认为，他们对产品的质量要求非常高，以保障产品在国际市场上具有竞争力。这被认为相应地转换为更高的投资收益。在一些劳动密集型产业如花卉栽培或茶叶生产，外国子公司的就业创造在一些国家例如哥伦比亚、厄瓜多尔、埃塞俄比亚、肯尼亚和墨西哥非常明显。例如，在肯尼亚，跨国公司（TNCs）是插花产业主要的参与者，提供直接就业约55 000人（经济合作与发展组织，2008）。大部分承诺的就业是非熟练岗位；但是，对熟练劳动力的需求经常增加这意味着熟练工人是从国外引入的。因此，在新的安排

73

下，原住民由于缺乏技术只能获得低收入的工作。在项目中合作的国内上层集团通常没有资金、技术和管理技能，这有时大大降低了它们的谈判能力，原因是大规模的生物燃料投资前期需要大量的资源投入。

当原住民失去土地时，他们期望成为大型农场的工人；然而，监督工资以便他们改善农场员工福利的问题往往被忽视。[1] 有时工作条件和酬金使原住民比引入生物燃料企业之前变得更加脆弱。在一些情况下，军队保护大型生物燃料农场的收成时引起了被迫驱逐。这可能导致逮捕或者暴力袭击手无寸铁的当地百姓，如在巴拉圭发生的例子。此外，农村穷人经常被迫迁移到城市，给发展中国家已经破败的城市系统的城市和乡镇增加压力。

74　　3. 通过生物燃料发生的农业技术变革。有人认为非洲农业需要的技术创新和资金可能伴随着生物投资而出现。一些研究者认为为了种植生物燃料增加的用地需求可能部分地抵消了生产的技术改善、更高效的加工以及每单位面积上更高的原料产量。这提倡土地的集约化耕作，使用改进的作物品种（转基因）、肥料、化学制剂和灌溉。[2] 然而，农村社区容易受到极端天气事件例如干旱和洪水的影响，使非洲不抱有希望。此外，非洲是受气候变化影响最为严重的大陆，主要是因为那里

---

[1]　大多数有关生物燃料的研究忽视了劳动力，因此，我们从权利和生计方法表明它如何影响弱势群体——没有太多议价能力的劳动者。

[2]　许多非洲国家，如赞比亚和津巴布韦，反对进口转基因种子或未加工产品，出于预防的目的，保护本地的种子库。

的大部分人是靠天吃饭的。另一方面，生物燃料的支持者认为，非洲借助商业性农业生产引起的经济增长可以从缓解气候变化效应中受益。但是，大量土地清除的现实对环境造成深远的灾难性影响（拉贾格帕兰等，2007）。化石燃料引起的全球变暖带来的威胁可以说比生物燃料更大。但是，生物燃料对生物多样性产生了特有的、局部的不利影响，并导致一些物种可能灭绝。

原料的集约生产需要使用农药和化肥，以提高生产率。集约化意味着使用更多的有毒农药，这对动植物是破坏性的。集约化意味着地表和地下水将被过度使用，对野生动物和农作物产生损害。对于大多数作物，它们的生命可能受到不利的影响。植物如麻风树可以在干燥和边际的土地上快速繁殖，当它们被引入一个新环境时，这使它们成为一个潜在的入侵物种。传统的多年生和一年生作物无法与这些入侵植物竞争。而且，研究表明当本地的生物燃料物种（例如，禾草柳枝稷，也称为"柳枝稷"）侵占了不属于它们的栖息地时，它们可能成为入侵物种。

在外国直接投资旗帜下为获得生物燃料和粮食安全进行的土地掠夺

1. 土地收购以及开垦权的冲突。生物燃料生产需求的主要是土地以及用于灌溉持续供水（科图拉等，2008b）。此外，人们普遍认为撒哈拉以南非洲国家例如安哥拉、刚果民主共和国、苏丹、莫桑比克、加纳、坦桑尼亚、赞比亚和津巴布韦拥有大量未被利用或未被充分利用的土地储藏量，这些可能会转换为大规模的生物燃料生产。粮食及农业组织、国际环境与发展研究所和国际农业发展基金会（2009）提出，由于非洲的资源禀赋，自然资源成为外国直接投资流向该大陆的中心。在国际粮食政策研究机构对9个非洲国家进行的一份分析中，超过1 000万公顷的土地被提供给外国投资者（包括政府和私人部门）用于农业发展，面向生物燃料和粮食（冯·博朗和梅辛·蒂克，2009）。

75 　　最近几年，随着世界逐步转向促进生物燃料而不是石油燃料的一种新秩序，由外国投资者驱动的大规模土地收购不断出现在非洲。近年来，许多土地收购在媒体的关注下发生，在马达加斯加收购130万公顷失败的投标吸引了世界的媒体。但是，仍有大量的土地交易没有被媒体报道。非洲各国政府甚至制定政策来吸引外国投资进入它们的国家，但是关于这些外国直接投资是有利于非洲大多数穷人还是仅仅有利于少数政府上层集团和私人部门的既得利益，还存在相当多的争议。

　　根据政府间气候变化小组（2000），生产生物燃料的土地可利用性受到许多因素的影响，包括土地价值和土地提供的各项服务，从荒原到粮食生产、城市用地以及它的总体生物质生产率水平。詹彼得罗等（1997）根据每年每位公民使用的商业能源，估计了大规模生物燃料生产对土地的需求量。他们发现，许多发达国家没有足够的土地用于生产来自生物质和生物燃料的他们的所有能源需求。在发达国家，投入足够的土地用于生产生物燃料并且不影响它们的粮食生产是不可能的。因此，发达国家和新兴国家将注意力集中在撒哈拉以南非洲作为生物燃料生产的一个土地来源。

投资者进行的大规模土地收购和长期租赁（被称为"土地掠夺"）激发了大陆上的情绪，它看到 20 世纪 50 年代到 90 年代殖民主义的终结。在非洲依然能够感受到在殖民主义下非洲失去机会的愤怒，在津巴布韦、南非和纳米比亚等国家以推翻殖民土地掠夺为目的的土地改革证实了这一点。但是现在的土地收购，似乎反射了殖民时期非洲人的迁移，尽管形式不同，但均涉及金钱交易，有时通过对话而非武力进行。在非洲人们对"未被利用"土地的看法是基于史实的，因为它是大陆殖民地化的基础，就像强国使用武器迫使非洲人离开家园。现在，外国投资者设定一个假设——该假设由非洲的一次粮食和一次农业危机引起——大陆的农业需要外国投资。媒体在非洲农业危机的传播中发挥着关键作用。发达国家的政府有时通过指出非洲有充足的土地为土地掠夺辩解。科图拉等（2008b）列举出非洲国家如果批准大规模的生物燃料生产所遇到的一系列潜在的社会经济风险。土地冲突可能增加当地人口的搬迁或迁移目的是为投资者铺平道路。从长远来看，这种趋势会危害粮食安全，因为土地将被用于原料的商业生产。当小农户反对搬迁和强行驱逐时，冲突可能发生。

2. 在生物燃料导向的外国直接投资背景下，当地土地所有权的缺点。非洲各地的土地权利有所不同；但是对于大多数人来说，通常存在一个复杂的土地所有权安排，他们依赖政府或传统酋长对土地的管理。当政府拥有很多土地时，土地使用者不能享受任何权利，因为通常这种权利归总统所有，他作为一位保管人代表社区。当土地不受家庭和社区控制时，使用者权利更弱。相应地，就土地使用权来说，以当地政府和传统酋长为代表的社区的土地使用权存在于中央政府的突发奇想。在这种情况下，中央政府可以将村民使用的大片土地转换为公司的私有财产。争论的一个关键领域是补偿的金额，补偿必须支付的时间，评估的方法以及补偿当前使用而不包括未来使用和生计损失部分的倾向。在一些情况下，公司承诺的福利没有写入书面合同。

76   土地管理和社区的角色提供了法律的不确定性，因为中央政府通过当地机构控制土地，后者被赋予的权力超过前者。在这种情况下，跨国公司使用了各种方法贿赂当地政府，并为获得用于生物燃料生产的土地进行谈判。这意味如果土地使用者被迫离开他们的土地，他们很少或不能获得法定补偿。此外，如果土地使用者被赶出他们使用的土地，收到充足和公平补偿的可能性很有限。因此，当政府同意外国投资者可以拥有土地时，即使土地使用者在法庭上对决定提出异议，他们获胜的机会渺茫。而且，农村土地使用者往往没有律师的充分支持，这些律师通常来自城市，而私有跨国公司有能力雇佣律师在土地纠纷中代表他们。因此，社区最有可能失去他们世代使用的土地权利。

在寻求外国直接投资时，政府对那些拥有资金并保证边缘地区经济发展的跨国公司一直保持温和的立场。在大多数情况下，政府——通过当地的代理者（酋长和议会）——征用小农户使用的土地并直接将其分配给跨国公司。

科图拉等（2009）指出由拥有薄弱市场体系国家的市场力量引起的一种更复杂的直接联系，为满足日益增长的全球需求的生物燃料扩张往往提高土地的价值。但是，在大多数非洲国家，土地市场是有限的或非正式的，这意味着小农户参与的机会很有限。非洲的穷人每天依靠不到 1 美元生活，他们的生计选择基于土地上发现的自然资源的使用。如果小农户对土地的定价过高，超出了市场的水平（不管是销售还是租赁），他们仍容易受到伤害。这个因素可能也促进土地使用权沿着性别线发生变化，因为对高价值土地不断增强的控制可能从女人转向男人。

在非洲大部分地区，保护当地权利并考虑当地利益、生计 77 和福利的程序机制是不存在的。即使在少数国家法律要求向社区咨询，但是与社区谈判土地使用权的过程仍然不令人满意。在合同磋商过程中，透明度、审查和协调的缺乏为腐败和不能最大化公众利益的交易营造一个温床。不稳定的国有土地使用权、难懂的注册程序、定义模糊的生产使用要求、立法空白以及不足以弥补改善损失的补偿，例如，庄稼和树木（土地损失除外），均削弱当地人民的地位。

大多数合同有一个共同特点，它们非常简短，不像所涉及交易的真实经济情况。关键的问题如加强监督机制或者强制遵守投资者的承诺、制裁、最大化政府收入并澄清他们的分配，最大化当地利益的商业模式的推广，处理平衡母国和东道国粮食安全问题的模糊条款（科图拉等，2009）。在许多国家不存在指导决策者安排土地交易的政策机制（出处同上）。

3. 上层集团主导的土地交易。土地掠夺最大的威胁是缺乏指导土地收购的方针以及涉及政府和私人部门交易的精英性质。在大多数情况下，由于争夺外国直接投资，非洲政府努力磋商达成有利于它们自己人民的交易。① 跨国公司充分利用了政府通过磋商达成在整个项目期间对它们有利的交易渴望获得资金的事实。在大多数情况下，这意味着长期的、不受约束的租赁权或对土地的完全永久产权。这类租赁在本地居民耕作的地区也有提供（科图拉等，2009；阿尔恩特等，2008；图尔敏，2008）。世界银行（2010）呼吁在全球治理系统和国际法的背景下重新思考土地掠夺。土地是非洲人生计的核心。在当地，土地权利可能遭到强烈的质疑，这是大多数发展中国家的情况。结果是，当地的土地使用权可能非常复杂以及当地的社区可能保持观望态度，即使它们知道自己的权利。

78　　　为了促进了解生物燃料土地交易的问题和影响，需要仔细评估非洲当地的环境以及与地方利益相关者不包括上层集团签署的长期约定。上层集团通常谈判的交易主要有利于少数人利用关键的农业资源，例如，土地和水（绿色和平组织，2007）。在大多数情况下，它们作为中介机构负责当地的交易。在这些谈判中，上层集团通常在各政府部门之间迂回，所以，政府官员与这些中介而不是直接与外国投资者进行交易。这是因为资本股本被承诺给当地的上层集团，他们然后负责土地交易的谈判。在这种交易中，由于上层集团为了个人利益争相吸引外国直接投资，当地人的资源权利可能被取消。通常，非洲缺乏政治透明度和问责制，那里的统治集团利用它们的知识在为获得外国投资的谈判过程中排挤文盲和半文盲的百姓。

---

① 这是由于他们缺乏一种升值的资源，政策制定者在一定程度可以为他们人民的利益讨价还价。

在谈判期间，当地人被承诺生物燃料生产可以提供最好的机会。收益包括穷人的就业机会、获得服务和更好的基础设施（公路、电力和水等）、当地政府收入等。生物燃料的局限性很少提及，并强调收益超过成本。考虑到跨国公司提供的资金诱惑和机会，当地政府几乎没有讨价还价的能力，最终将土地出让给跨国公司。在这个背景下，中央政府官员——他们也盯着同样的收入——往往操纵地方当局同意出让土地，基于似是而非的观点：这不是土地收购，而是为了有利于更大公众利益经济发展的土地租赁。然而，在不久的未来，整个非洲大规模的土地交易可能对当地人民产生巨大的不利影响。因此，公众、个人和既得权利者之间急需一个平衡，以便创造一个双赢的局面确保尊重所有参与者的利益。

4. 外国直接投资导向的大规模生产系统的扭曲效应。在长期，原料生产对土地的需求将提高土地的价值。假若小农户缺乏安全感，这相应地会改变土地的使用权。根据阿莫阿诺（1999），该观点也得到科图拉和内维斯（2007）的支持，历史上经济作物的扩张以及与之相关的土地价值的增加导致以前共同拥有的土地权利更加个性化。它也导致土地权利更加商业化，以前土地权利在外部市场逻辑发挥作用。从本质上讲，那些更容易获得资金来源的人更容易获益或者获得土地使用权，而更贫穷或被边缘化的群体可能眼睁睁地看到他们的土地使用权被侵蚀。在地契和使用权没有恰当记录的地区风险特别高，这种情况发生在许多非洲国家。① 在一些没有正式土地法律为穷人提供保护的国家，这种土地掠夺将进一步使他们贫困，即使他们被承诺生物燃料将使他们受益。

79　　在至今为止的许多生物燃料投资中，跨国公司首选允许规模经济的大规模生产模式。以糖工厂为基础的大规模系统依赖高科技来提高产量，以抵消任何投入和产出定价的不稳定。这样的生产对环境产生负面影响，例如，降低土壤肥力，增加水污染。下游的影响，例如，湿地的消失，对生计的常见来源构成长期威胁。

假设生物燃料将通过例如合同农业的创新方法促进整个农业的发展。合同农业确实为熟练工人、资金和投入的流动提供一种潜在收益。在大多数非洲国家，由于制造业基础薄弱，农业投入的生产和供应是不稳定的。在这些情况下，投入可以用外国直接投资筹集的资金购买，以维护小生产商的利益，它们可能是主要种植园的承包商。小农户因此可以很容易地从承包商跨国公司获得现成的投入，这将对他们的粮食安全状况和整个地区的发展产生积极的影响。另一方面，这些联系面临着风险，例如，使农民高度依赖规模大、有实力的公司：如果（或当）投资撤出时，农民将不能自力更生而且增长将会逐渐削弱。

为了穷人利益创汇的假设可能不成立。创汇不足是非洲普

---

① 直到最近，许多国家已经开始土地登记的过程。纳米比亚、莫桑比克、坦桑尼亚、乌干达、卢旺达和其他国家现在正在利用管理信息系统实施土地登记。

遍存在的问题。外国直接投资如何以及多大程度上有助于创汇对发展中国家的增长前景非常重要。在大多数情况下，因为大多数产品用于出口，外国直接投资对于国际收支具有积极的影响。然而，由于大多数经济体没有能力为大规模经营提供投入，例如，化肥、农用化学品和杂交种子，这些只能依赖进口。投入的进口意味着获得的外汇净值是减少的，到最后不利于当地产业的增长。一国的政策框架也决定了公司的创汇水平。根据联合国贸易和发展会议（2009），鲜有证据说明外国直接投资对财政收入的贡献，这使得很难得出结论即贡献是否足够大到可以通过财政增长影响经济增长和发展。

5. 劝导小农户参与扭曲的市场。通过在援助领域普及的有助于减贫的市场联动，穷人被迫参与市场的倾向越加明显。（国际发展部，即将出版；丹麦国际开发署，2010；韦德曼公司，2010）。穷人越来越被鼓励通过生物燃料参与市场。假设市场可以采用它们为民营企业效力的方式为社区效力。毫无疑问，市场经济可以提供新的机会，但从一开始农村和集体企业就面临一个大困难。我们不能假设贫困社区必须在自由市场认识到的固有不平等条款下参与这个市场。支持他们参与市场的鼓励来源于残留的纯真，或者由于担心如果更多的穷人不能看到市场的好处，他们将反抗市场。穷人参与正式的经济总是从不对称位置发生。

主要的挑战是穷人由于缺乏信息和不熟悉市场规则被市场疏远。由于不能直接进入市场，他们只能通过中介进行。因为这种间接地进入是要付出对价的，他们的利润也被蚕食。而且，在传统上一直依赖农业作为主要（或唯一）经济活动形

80

式的社会，穷人常常缺乏能够让他们更加敏捷和响应市场的商业和管理技能。因此，生物燃料投资者带来他们自己的技能人才，因为他们没有时间培养当地的企业家——当全球市场对产品的需求很高时，他们需要一段快速的周转时间来补偿投资。

因为正规银行不会向没有可靠担保人支持的人贷款，当地社区的企业家发现他们很难获得贷款。这主要是因为他们的资产是不被承认的。绝望之下，他们被迫将物品抵押给那些出价最高且最便利的私人竞标者，或者顺服不平等的、贪婪的自由市场。证据表明这样的抵押是经济胁迫的结果，而不是自愿参与"自由市场"。生物燃料对于市场参与者是一种灵丹妙药这个熟悉的假设可能理由不充分。

生物燃料和小农户

81   1. 生物燃料投资以及对小农户粮食安全的影响。人们对生物燃料生产扩张及其对小农户影响的担忧主要集中在将农业土地从粮食生产转向生物燃料生产。（国际农业发展基金会2009；苏里和尼尔森，2009a）。常见的反对理由是：它发生在一个经常面临饥饿的大陆，特别是在撒哈拉以南非洲地区。生物燃料投资与世界和国内粮食的可得性以及定价有直接的联系。跨国公司为了获得生物燃料进行的土地掠夺与粮食不安全相关，因为用于粮食生产的土地被收购用于种植农业原料。世界各地对生物燃料的需求在很大程度上受到政策的影响，原料生产国关心外国直接投资，而投资者更关心确保他们的能源来源。欧佩克国际发展基金（2009）指出，政府采取的政策和支持措施，包括为生物燃料消费设定的时间限制目标，促进了人们对生物燃料的兴趣。出于这个原因，商业农业欣然接受有保证的长期政府支持的机会，并对投资做出反应，努力增加生产以满足市场对生物燃料原料的需求。这促使国家和世界市场提高价格购买当前第一代生物燃料原料，它们也是重要的粮食和饲料作物。生物燃料对粮食安全的影响是双重的：首先，它们对粮食价格的上升产生显著的影响；其次，它们鼓励土地集约化以适应种植园式的生产，生产原料以牺牲粮食作物为代价。第二种影响将导致弱势群体和个人被驱逐和边缘化，从而引起粮食不安全。

来自第一代原料增加的生物燃料生产将与粮食和木材生产竞争农业用地，除非还有多余的土地可以利用。然而，迄今为止的研究表明只有三个国家——布隆迪、乌干达和孟加拉国——有充足的土地生产生物燃料，并且不会对粮食生产产生负面影响（詹彼得罗等，1997）。从玉米、油籽和糖作物获得的生物燃料产品的全球扩张对粮食安全产生负面影响。根据农业科学技术理事会（2006），这些商品的价格将取决于它们作为生物燃料原料的价值，而不是取决于作为人类粮食或牲畜饲料的重要性。在占世界大部分生物燃料作物生产的国家（撒哈拉以南非洲地区），由于全球石油价格的不断上升，农民将被引诱继续生产生物燃料而不是粮食作物，这意味着他们的产品将卖得较高的价格，并获得更高的收入。然而，在大多数粮食进口国家中，城市和农村的穷人由于粮食的减少将为基础的主食支付更高的价格。问题是：生物燃料引发的农业商品市场的变化将采用何种方式影响粮食的净消费者？

那些处境危险的人包括 8 亿处于粮食得不到保障的人口，他们大多生活在农村并且收入在一定程度上依赖于农业，这些人每天的生活费不足 1 美元并将大部分收入用于粮食开支（齐格勒，2007）。而且，作者观察到另外 20～25 亿人，他们每天的生活费用为 1～2 美元也处于危险的境地，因为不断上升的商品价格可以迅速将他们拖入粮食得不到保障的状态。增加使用粮食和饲料作物生产燃料已经改变了（并继续这样做）一直支配全球农业市场的基本经济动力（埃尔奥贝德和哈特，2007）。

82　　　　基本观点是能源作物项目与粮食作物在很多方面存在着竞争（农业、农村投资、基础设施、水、肥料和熟练劳动力等），并进而引起粮食短缺和价格上涨。粮食安全涉及四个主要的方面：充足粮食的可得性；使用权；粮食供给的稳定性；利用（意思是人们利用可获得的粮食中的营养物质的能力）。所以，如果土地、水和其他资源被用来生产生物燃料而不是粮食，那么可得到的粮食可能下降。此外，如果使用粮食作物如玉米、大豆等生产生物燃料，那么这些商品的价格将会增加，导致穷人更难获得这些作物。代替增加耕种面积，而是有动力增加旨在提高生产率、节约用水和增强土地肥力的农业研究投资，通过可持续的方式增加整个农业的产出可以降低粮食、饲料和燃料生产之间的紧张状态。

尽管存在这些争论，需要平衡粮食保障政策和促进生物燃料生产的政策。受欧佩克国际发展基金（2009）委托进行的研究得出结论：通过从粮食和饲料作物转移走土地、水和其他资源，快速增长的第一代生物燃料生产正在威胁着人类充足粮食的可得性。根据欧佩克国际发展基金（2009），在 2002 年到 2007 年，由于多种因素，包括对生物燃料原料需求的增加以及农业燃料和肥料价格的上升，世界粮食价格上升了140%。由扩张的生物燃料生产引起的更高粮食价格将降低发展中国家的粮食消费（减少粮食的获得），这相应地导致营养不良的增加。确保百姓的粮食安全仍是每个政府的责任。因此，每个政府应该认真考虑由它制定的任何有关生物燃料扩张政策的影响。

2. 生物燃料对小农户生计的影响。如本章早前提到的，生物燃料被一些贫穷的农民视为保障他们生计和确保粮食安全的一个机会。为了使这些机会成为现实并确保粮食安全，所有战略性优先事项应该是支持穷人、支持自然、支持生计和支持妇女。然而，考虑到投资的目的是获利以及它们必须涉及将权利转移给以利润为中心的跨国公司，生物燃料投资如何满足这些需求仍是最大的问题（如表 4.2）。

表 4.2　一则有关加纳土地流失的短篇故事

这个故事是关于一个挪威生物燃料公司如何利用非洲传统的公用土地所有制,利用当前气候和经济压力夺走和毁坏加纳北部库索古的大片土地,意图建立"世界上最大的麻风树种植园"。绕过官方发展授权并利用追溯到殖民主义最黑暗日子的方法,这位投资者说服一字不识的酋长在合同上按上手印,放弃 3 800 公顷的土地,要求对这些土地享有法定所有权。

这个故事也是关于受到影响的社区如何意识到,承诺的工作和收入不可能实现,而且种植园意味着过度砍伐和收集森林产品例如乳木果获得收入的损失。当获知所有信息时,社区成功地将投资者赶走,但是在此之前 2 600 公顷的土地已经被砍伐。许多人现在已经失去了他们来自森林的收入,前途暗淡。

2007 年 11 月,来自加纳地区资信和信息网络系统(RAINS)的一个团队发现,在白伏塔河流域,靠近阿利佩村庄,离塔马利(加纳北部地区的一个首都城市)大约 30 千米的一大片土地上覆盖的大量植被被破坏。重型农业机械有条不紊地推倒树木,造成村庄南部几米开外的地区退化。这块土地上的植被已经全部被破坏。调查显示,这个地方是一个大型麻风树种植园的起点,该种植园由被称为非洲生物燃料的一家挪威生物燃料公司——挪威生物燃料的子公司建立(www. biofuel. no)。

在库索古(贡贾传统委员会库索古区的传统中心城市)的一次公开会议上,非洲生物燃料公司负责土地收购的主管菲恩·比贝格先生,说他不能明确地说明公司应该做出什么样的承诺:"承诺并不容易,因此,当我被要求做出承诺时,我需要非常小心。我不想被责骂不遵守诺言。

清理土地的发现让人们意识到,反对土地掠夺和社区权利被剥夺的战争不再仅仅发生在其他国家,而且也发生在加纳。通过与中央贡贾地区议会和环境保护署的合作,开发地上的工作被暂时停止。渴望收入的农村社区受到开发者的诱惑,后者在工作的幌子下向前者承诺一个"美好的未来",并认为他们现在勉强从"没有收益的土地"中艰难度日,如果他们为了发展放弃土地,他们会获得固定的收入。这个论点没有意识到非洲人对土地对社区意义的看法。尽管当初放弃土地获得工资的诱惑很大,但是它预示着一个不祥的未来,社区的主权、价值和自我意识由于诱惑的破碎而丢失。

收购土地的行动计划往往遵循以下过程。认识社区里一些有影响力的领导。他们被告知这个项目为社区带来的前景,并相信公司职位或金钱奖励的承诺。这些人确实在村庄做了必要的"跑腿工作",他们在那里传播了有关工作机会的信息。随后他们准备了一份文件,实际上是一份合同,将土地租赁给公司。万一出现问题,开发商可以通过强行实施"合同"或协议迫使索赔。当该过程的合法性没有被充分审核时,开发商有它们自己的方法;但是如果正确的审核发生,发现这些合同不具有法律约束力,因为它们没有经历正确的法律渠道。这是在阿利佩地区的特定情况下发生的。

来源:巴卡里·尼亚里,加纳地区资信和信息网络系统以及非洲生物多样化网络筹划指导委员会的副主席。

83   在一项调查和描述坦桑尼亚生物燃料发展模式的研究中,苏里和尼尔森(2009b)报道说,许多为了获得生物燃料进行的土地收购,正在瞄准那些用于以森林为基础的经济活动的土地，并且村民严重依赖这些土地。应该强调的是，需要这样土地的大规模生物燃料投资可能会给当地带来最常见的负面影响和不满，沃尔德·乔治斯和甘特茨（2008）一致认为，一项以大型商业农场为基础的国家生物燃料战略不可能实现农业发展、能源安全和农村收入的增加。相反，这种战略可能导致失去土地，农村贫困人口的增加以及非洲农民从小农户转变为新生物燃料商业农场上的工薪阶层。佩斯凯等（2007）指出，如果小农户参与大规模生物燃料生产，他们会遇到农场和农场外的一些挑战。这些挑战往往导致他们的权利被那些完全符合生物燃料生产投资类型的大型跨国投资者剥夺。

　　大多数国家的农业正在从自给自足转向商业性农业。这是现代化过程的一部分，使农业在世界市场上保持竞争力。应该注意的是，这个商业化过程在有或者没有外国直接投资的情况下都可以持续下去；但是通过帮助扩大生产并引进新的、有效的技术，外国直接投资有助于加速这个过程。外国直接投资的激增促进了东道国基础设施的发展，包括水资源的改善和可得性。这些大规模的经营可能会产生负面影响：它们可能会挤掉农民的生意，例如，对就业和农村社会产生不利的影响。它们可能因此否定了那些更多人生活在农村地区国家的经济增长和发展。

　　土地用途变化可能包括从一种作物转换为另一种，从牧场转换为农田，从未被利用的土地转换为可被利用的农田，或从低强度管理（例如，轮换种植）转换为高强度管理。随着生物燃料生产相关的经济机会的改善，农业生产者可能从粮食或经济作物转向原料，并从森林和保护区转向生物燃料作物

（科图拉等，2008b）。这通常是因为这样的土地没有被充分利用。这也是因为假设生物燃料作物比现有的土地用途形式在经济上更可行。但是，乙醇生产的历史提示有关土地用途朝着商品商业化变化产生的不利影响。这样一段历史为质疑生物燃料生产的作用和影响提供了一个基础。

根据艾德（2008）：

巴西的历史是这样的：私人所有者（大庄园）的大规模土地持有量在早期是由驱逐并公开杀戮大部分当地人口造成的，随后在种植园广泛使用奴隶，后来使用严重被剥削的廉价劳动力。没有大庄园结构，巴西的甘蔗生产不可能按照现在的方式发展。

85　　这样的一段历史为质疑生物燃料生产的作用和影响提供了一个基础。尽管今天可能存在不需要利用廉价劳动力的"高效"技术生产系统，但当大多数的小农户转变为大公司的承包者时，人们仍存在担心。当他们将传统的土地转换为生物燃料作物生产时，他们无法获得技术并且可能撇开安全和环境问题。在这个要求生产、工厂加工、运输和分销一套完整组织结构的生产过程中，小农户发挥的作用有限。在这种情况下，种植园式的生产也比小农户农业活动更具吸引力。

通常那些拥有充足资金的人将冒险行事并从大型生产中获利最多。

保护非洲小农户的土地面积和生计

86　　保护小农户在生物燃料生产投资中的权利问题可以通过一

系列行动解决。但是，最重要的行动者是政府，因为在生物燃料生产投资发生的地方，它们有责任拒绝、接受或者设定条件。当政府和领导没有看到社区受益时，政府有责任拒绝有损穷人权利的投资。通常如果要保护当地社区的权利，投资应该首先接受社会和环境影响的评估，并且政府应该在这个评估中发挥积极的作用。政府通过制定制度也可以影响土地所有者和投资者之间谈判的结果。国际权威机构和地区团体也发挥作用，因为它们可以规定和限制各国政府允许或否决投资的空间。

要求将村庄土地转让给私有企业的大规模生物燃料投资，在评估成本和收益的分配时遇到公平、透明度和困难的问题。这种类型的生物燃料投资可能会造成当地最常见的负面影响和不满。尽管从生物燃料可以获得许多有利于当地经济的机会，但是小农户需要清楚地明白大型项目的风险，尤其是权利的丧失。投资起着关键的作用，因为它同时创造收入、扩大生产能力，并与增长过程中其他因素例如，技术进步、技能获得和制度深化具有很强的互补性。然而，创新投资的发生不是自发的，它可能遇到结构性和制度性障碍。

尽管从生物燃料生产的外国直接投资获得的竞争性收益预期仍是一个巨大的、诱人的吸引力，非洲必须为谈判双赢的政策框架做好准备。这是指一套促进可持续经济增长并支持（而不是疏远）小农户的监管机制（例如，持续的生产认证计划）。各国政府应该跟踪调查流向生物燃料生产的外国直接投资，以防止给小农户的权利、生计、生态系统和环境带来不良后果。

87　　　　为了吸引给非洲带来良好收益的外国直接投资，需要努力改善投资环境包括降低税率和投资收益的特许使用金。应努力制定区域和多边政策来支持外国直接投资的流动。促进地区和地区间的外国直接投资（不同于流向单一国家的外国直接投资）可以为更有效的地区响应提供回旋的余地。这可以为不损害当地人的外国直接投资创造和改善机会。与此同时，清除投资障碍，提倡合资企业并协调国内投资规范是使投资进入非洲的关键因素（联合国贸易和发展会议，2006）。确保生物燃料政策避免歧视当地企业从土地资源中受益是政府的责任。当社区失去它们的土地权利时，应该有公平的补偿、畅通的资本转移和争议解决机制。

当引进生物燃料时，双赢的结果可能具有更大程度的协作以及问题和风险意识。因此，需要提高村民意识改善有关生物燃料问题的计划。这需要村民、地区议会、投资者和民间团体组织之间的创新和合作以及中央政府和金融机构的灵活性。为了保障小农户的权利得到保护，应该有（至少）关于土地收购的政策指导方针，对受影响的人进行补偿的明确规定和长期的生活保障。

在这种情况下，承包和合同生物燃料生产的推广似乎对土地使用权产生最小的直接负面影响，并为当地的生计提供了一种折中的模式。在这种情况下，本地居民仍控制他们自己的环境，并且当他们的生计受到不利影响时有机会选择退出。苏里和尼尔森（2009b）得出结论，在坦桑尼亚那些完全将生物燃料作物生产承包和包办给小农户的企业不会对当地的土地使用权产生任何负面影响，并且从当地生计的角度通常代表最好的生物燃料生产模式。这些公司为农村社区的农业多样化提供了机会，包括在相对边缘土地上的社区。在此背景下，这样的模式应该得到广泛的支持和推广。

但是，值得注意的是不同模式的适用性取决于当地的环境，例如，人口密集或者当地的农业生产能力。许多模式可以在私人、公共和民间社会团体之间形成集体创新，激励私人投资生物燃料。因此，组织小农户加入合作社或商业协会以增加他们进入市场的机会应该被推进。像麻风树这样的作物可以为当地农民提供提高从非生产性或边缘的土地上获得收入的新机会，并且农民合作社的成立可以提高进入市场的机会。村庄可以形成股权为基础的合资企业，它可以潜在地激励私人投资并允许投资者和当地社区在更大程度上的合作。

商品协会方便了向小农户提供技术支持。如果承包商农民是技术能手并且生产出优质产品，这增加了它们谈判有利条件的能力。相应地，政府有责任培训穷人的生产技能，以提高他们的技能和生存能力。政府应该投资时间制定制度赋予当地社区对自有资源包括土地做出决定的权力。因为它们建立了生产者协会，小农户应该参与跨国公司的管理。小农户代表应该被包括在董事会和管理层，作为一个积极的决策者对自己的人民负责。通过这种方式，政府可以确保收益流向以前的土地所有者。但是这样的安排非常困难，因为收益通常被上层集团和政党占有，小农户以失败告终。

88

结 论

生物燃料的引进及其目标瞄准土地考验着南北关系，甚至南南关系。非洲由于拥有重要的土地资源似乎处于一种强势地位，但是非洲人民可能因生物燃料投资失去他们的生计。在更广泛的国际话语中，如果生物燃料生产拥有一个有保证的未来，必须找到协调对方利益相关者需求的方法。外国投资者为他们的投资寻求保障；而非洲的利益不是货币而是生物燃料投资威胁下的社会制度。

仔细考虑谈判过程中的参与、咨询和许可问题是至关重要的。证据表明，由于生物燃料投资通过市场倾向支持私有财产和商业化，忽视那些被这些过程剥削的、变得更加脆弱群体的利益的趋势不断增强。为了纠正这个不平衡，需要国家积极的干预，进而使整个经济增长和发展符合穷人的利益。这些干预可能意味着确保权利得到保障。在许多国家，存在的主要问题是当地人利用国内法律引导发展选择并捍卫自己土地权利的条款的无力性。在其他国家，这类权利在理论上更安全，但是人们仍对投资公司是否遵纪守法和自愿良好做事担忧（科图拉等，2009，引自科尔切斯特和费拉里的观察资料，2007）。

生物燃料根植于全球趋势，因为大部分收益不是属于非洲的。因此，各类大集团通过生物燃料似乎使殖民主义重现非洲成为现实，因为它们为非洲以外的市场寻找产品供应链。不受约束的市场化通过外国直接投资被引入到脆弱的社会，仿佛非洲人的生计并不重要。此外，非洲不同经济阶层之间深刻的不平等的作用是确保吸收有权利的人，留下大多数脆弱的人。一般来说，当推动外商直接投资不进行任何形式的管理和监管时，它歪曲了当地市场，并引起政府可能无法控制的社会动乱。① 因此，国家干预对引导以外国直接投资主导的生物投资朝向有利于穷人和弱势群体是必需的。

---

① 国际贸易市场受到在政治和经济有势力者的影响，在本例中是跨国公司和东道国政府。

第 5 章　埃塞俄比亚以小农户为主导转向生物燃料生产

阿塔基尔特·贝耶内

引　言

90　　当前，生产第一代液体生物燃料（主要指分别来自甘蔗和麻风树的乙醇和生物柴油）正成为全球农业市场的一个朝阳产业（粮食及农业组织，2007；联合国，2007）。[①] 该行业在可再生能源行业中排名第三，仅次于风能和太阳能（瓦姆科亚，2007；生物燃料文摘，2009）。驱动其发展的主要因素是全球的能源不安全和需求、降低对石化燃料依赖的需求、减少温室气体排放的气候目标以及生物燃料生产国尤其是发展中国家有利于农业发展的机会。除此之外，其他进程，例如，国家和跨国农工业的全球化和流动，加快了生物燃料生产的发展

[①]　其他作物包括半红树植物水黄皮（一种用于生产生物燃料和工业化学品的植物）和棕榈树。

以及不同参与者的融合。外国对非洲生物燃料生产的兴趣主要受到非洲农村较低的土地和劳动成本的驱动（科图拉等，2008a；2008b）。

这些过程导致非洲各地和其他地方出现的生物燃料的生产模式呈现不同的形式。这些模式，例如，大型种植园——生物燃料公司控制生产和加工的各个方面；合同农民、承保商和独立的供应商——生物燃料公司与当地农民签订合同混合模式——大型种植园和小规模农民联合生产（苏里和尼尔森，2009a）。

本章集中研究在埃塞俄比亚小农户进行的合同生物燃料生产。合同生物燃料生产预计是生物燃料（尤其是生物柴油）生产关系的主要形式，原因如下：首先，合同农业可能是在供生物燃料加工农工业使用的原料生产中占用大量农村土地和劳动要素最可行的一种方式；其次，在人口密度高且土地稀缺的地区（例如，埃塞俄比亚高地），合同农业可能是新农业产品例如生物燃料发展的唯一方式；最后，合同农业被认为是实现发展目标的一种方式。生物燃料的扩张产生了很高的期望，促进成千上万的小农户的发展需求得以满足。非洲的新举措，例如，非洲农业发展综合计划（CAADP，2002），强调合同农业作为投资的优先领域有可能使小农户从事高附加值农业并延伸到各级市场（伊顿和谢泼德，2001）。

然而，合同农业的结果取决于多种因素，包括劳动（技能、工资）、农业结构（例如，产权制度、农村企业等），政治经济（如劳动权利、保护和执行法规），技术（如合适技术的可利用性和可获得性）以及贸易关系（柯尔斯顿和萨特里

91

厄斯，2002；怀特，1997；布克·汉森和马库森，1982）。除了这些一般条件，生物燃料原料合同农业还包括更多问题，例如，能源政治，环保和清洁话语的发展，气候变化和减少温室气体的紧迫性。

生物燃料在埃塞俄比亚的推广：概述

驱动生物燃料生产的力量主要是来源于全球需求和私人部门，而不是当地或农村需要（阿米古等，2008；本书第 1 和第 2 章）。经济自由化、全球化和外国直接投资以及主权基金和国有企业作用的加强已经都成为全球进程，它们的重点是增加投资资本收益的同时，也提高各自国家的能源和粮食安全。许多非洲国家也将生物燃料生产看做为使它们的农业现代化以及增加出口收入的引擎；每个国家对小农户福利的关心程度不同。

在埃塞俄比亚，生物燃料生产是一种新的发展计划。在 2007 年 8 月，联邦政府矿产能源部首次提出了一个生物燃料开发和使用战略（矿产能源部，2008）。按任何标准来衡量，生物燃料当前处于一个非常早期的阶段，到目前为止大部分的活动一直集中在土地分配和种植园。与此不同的是国有糖产业，尤其是芬恰糖工厂，该厂自 1999 年每年从糖浆中生产了 800 万升的乙醇。其他工厂梅撒拉和温吉糖工厂，正在以相同的过程生产乙醇。

总地来说，生物燃料开发和使用战略是简要的，忽视强调一些关键部分，例如，小规模生物燃料生产的法律和制度、劳动政策、生物燃料的本土化，环境影响评估机制等。尽管如此，它包括计划从麻风树、棕榈油和蓖麻籽中提取生物柴油，从甘蔗中提取乙醇。该战略主要侧重吸引外国和国内投资，为生物燃料投资者提供激励和信息以及土地资源的分配。

投资者进行的大型生物燃料商业生产是重要的能源项目。它的目标是在农民的宅地周围、农场（与粮食作物间作种植）和边缘（退化的和未被利用的）土地上让他们参与生物燃料作物的种植。该战略强调麻风树和蓖麻籽作为生物柴油生产的主要原料的重要性。甘蔗也是乙醇生产的主要原料。该战略也为乙醇汽油混合燃料设定了目标：到 2007 年 5%，2012 年 10%，2013 年 15%，2014 年 20%，2015 年 25%（安德森和贝莱，2008；全非洲新闻，2010）。

埃塞俄比亚用于生产生物柴油原料的可用潜在土地总量约 23 305 890 公顷。这些面积包括在小农户农业系统中"未被利用的"和退化的土地以及低人口密度和低洼地区。制造乙醇的甘蔗所用可灌溉土地大约 700 000 公顷。这个区域主要位于较大的江河流域沿岸，例如，阿法尔地区的阿瓦什河，那里有充足的水源。乙醇年产量将从 2007 年的 800 万升增加到 2010/11 年的 1.3 亿升，单单生产乙醇的潜力估计每年 10 亿升（梅斯柯，2007）。

在过去几年里，埃塞俄比亚已经看到农工业发展对土地需求的大量增加。它吸引了大量的外国投资（联合国贸易和发展会议，2009），该国是外商直接投资于非洲土地为数不多的主要接收国之一。根据国家矿产能源部的部长，截止到 2010 年 8 月共有 82 个注册生物燃料投资者，其中 16 个正在经营

93

（见表5.1）。被分配用于生物燃料的总土地面积（耕种，被指定或磋商中）为15～200万公顷。最近，农业部表示国家在未来5年计划租赁300万公顷的农田用于农业，包括生物燃料。

92

表5.1　埃塞俄比亚主要的农业土地租赁

公司	所有权	授权量（公顷）	磋商中（公顷）	总计（公顷）
卡鲁图里全球有线公司	印度	300 000		300 000
沙特星农业发展农场	埃塞俄比亚	139 000	361 000	500 000
圣纳蒂农业农场公司	印度	10 000		10 000
阿菲电力可再生能源	乌干达	50 000		50 000
埃塞俄比亚农业和平生物	埃塞俄比亚	49 000		49 000
苏博生物燃料	英国	80 000	245 000	325 000
贝科生物燃料	美国和以色列	35 000		35 000
霍夫农业有限公司	以色列	40 000	400 000	440 000
弗罗拉生物电力	德国	13 700	200 000	213 700
国家生物柴油公司（NBC）	德国和美国		90 000	90 000
LHB	以色列	100 000		100 000
安巴塞尔	埃塞俄比亚	10 000	20 000	30 000
哈里逊农场	埃塞俄比亚	250 000		250 000
弗里 E1 绿色电力	意大利	30 000		30 000
马来西亚公司	马来西亚	31 000		31 000

来源：安德森和贝莱（2008）；www. bloomberg. com/news/2010 - 10 - 26/ethiopia-plans-to-rent-out-belgium-sized-land-area-to-produce-cash-crops. html；www. ena. gov. et/EnglishNews/2009/May/ogMayog/86ggg. htm；www. grain. o rg/seedling_ files/seed - 07 - 07 - en. pdf；贝·菲卡杜·瓦莱利格，埃塞俄比亚生物燃料投资现状综合报告，未发表的田间评估报告，2010 年 9 月斯德哥尔摩。

　　用于生产甘蔗和油籽（例如，蓖麻子和麻风树）的种植
园在规模和结构上有所不同。大型种植园单一栽培由公司经
营，土地通过土地租赁安排由政府按照地皮成本直接提供给公
司。每年的成本范围从边缘地区的 11 埃塞俄比亚比尔（6.89
美元）/公顷，到毗邻亚的斯亚贝巴肥沃的埃塞俄比亚大裂谷
的2 000比尔/公顷。另一方面，存在各种类型的小型生物燃料
种植园，例如，树篱、小块土地或间作作物。小型种植园由拥
有大量土地和劳动力资源的小农户经营。特别是生物柴油作物
预计由小农户农业部门生产。在这个领域，承包方案和合同农
业受到鼓励。

　　政府政策从经济和发展的角度明确地支持促进生物燃料。　94
能源安全和进口石油的部分替代（同时节省硬通货）是主要
的政策目标（矿产能源部，2008）。石油仅占总能源消费的
7.4%。然而，埃塞俄比亚是一个石油净进口国，需求从 2001
年的 110 万吨上升到 2008 年的 190 万吨。同期，石油进口额
增加大约 500%，从 2.7 亿美元上升到 160 亿美元。2008 年，
进口石油的成本首次超过每年的出口收入，导致贸易逆差
（拉克夫和希费劳，2008）。货币失衡是仅次于生物燃料的主
要驱动因素之一。

　　促进埃塞俄比亚生物燃料发展的另一个潜在因素是家庭能
源消费。埃塞俄比亚的能源系统高度依赖固体生物质（木材、
农作物残渣等），其占总能源消费量的91%（梅布拉图和塔米
尔，2002）。依赖固体生物质是森林砍伐和其他环境影响的主
要原因。动物粪便和农作物残渣作为燃料对土壤养分具有不利
影响，并影响农业生产率。用生物燃料取代固体生物质可以显

著地降低这些负面影响。然而，生物燃料的当前趋势并没有认真地强调这个问题。

总的来说，吸引私人部门对埃塞俄比亚能源部门投资的主要因素是该国优惠的投资政策（例如，获得土地、税收减免、能源混合政策）和适合生物燃料作物种植的环境条件。该国也被视为具有大量"未被利用的"土地和水资源以及"廉价"和"丰富"的劳动力资源。尽管如此，广泛的政府支持体制，可能创造一个人为动力推动生物燃料并引发过高的期望。在未来几年，可行的、可持续的商业生物燃料生产系统需要被证明是成功的。为了促进这一点，生物燃料需要更大的政策保证。这将在以下部分讨论。

生物燃料的不确定和承诺

近年来，生物燃料对发展和环境目标的影响一直被广为讨论。一些人认为生物燃料生产与粮食生产形成竞争，加剧了饥饿并消弱发展中国家的社会和政治稳定性（例如，冯·布劳恩和迈泽·迪克，2009；国际粮食政策研究机构，2008）。2007 年末，粮食作物的价格节节攀升。这部分是由于许多发展中国家生物燃料的扩张引起的，而许多发达国家，受到石化燃料危机的严重影响，大量地补贴生物燃料生产并将粮食作物转换为生物燃料。正如皮门特尔和他的同事指出，食品价格（美国牛肉、鸡肉、猪肉、鸡蛋、面包、谷物和牛奶的价格）上涨 10% ~30% 的部分原因与生物燃料的扩张有关（皮门特尔等，2009）。在埃塞俄比亚，2007 年谷物价格大幅上涨之后，政府对主要谷物如玉米、高粱、小麦和"画眉草"（当地的一种主要谷物）实施了一个出口禁令以缓解食物短缺。这个禁令在 2010 年 7 月被取消（投资者关系信息网络，2010）。

这个双重危机被解释为一种因果关系：能源危机引起一场粮食危机。粮食作物和农村资源分配都转向生物燃料被认为会起反作用的并且在政治上是不公平的，而且对发展中国家产生严重的后果，那里生活着全球大多数的穷人以及粮食得不到保障的人。许多人意识到粮食不安全、能源不安全和更广泛的社会和政治不稳定之间存在关联性，尽管这种关系是复杂的，可能不一定是直接或因果关系。

除了减贫的直接压力，许多非洲国家存在有关粮食主权和优质粮食权力的政治和道德问题需要解决。这些问题日益成为国际"机构"（世界贸易组织、国际货币基金组织、世界银行等）的议题，并且已经开展研究考察饥饿和营业不良的国际原因（温德福赫和约恩森，2005；农民之路，2003）。为了解决这些问题，研究认为国家政策需要始终以充足的食物为目标。生物燃料生产是否直接解决这些政治难题仍是一个悬而未决的问题。鉴于当前非洲生物燃料发展的潜在趋势（例如，依赖外部资源和市场、掠夺自然资源以及生物燃料主要满足全球和城市需求而不是当地需求的事实），非洲可能不能实现其更广泛的社会和经济目标的风险很高。

尽管以上（更多是政治）问题没有得到充分的解决，有观点支持生物燃料生产：它为所必需的资金流向小农户，多元化这些农民的收入来源以及发展中国家政府节省硬通货提供了机会。农村工作机会是另一个潜在的收益：到 2012 年生物燃

95

料生产在撒哈拉以南非洲估计增加 110 万个工作岗位，在埃塞俄比亚预计提供 111 000 个新工作机会（埃塞俄比亚通讯社，2010）。

生物燃料也被认为是一种缓解环境问题例如温室气体排放的方法。用麻风树生产的生物柴油据说比石化燃料柴油实现碳储蓄多 66%（德于和黑廷加，2008）。一些国家例如南非和印度，试图通过对碳排放系统的测量说明环境的损害。作为环境减缓的一种战略，碳储蓄和碳信用被监控并且结果给予公开。但是，一些作者警告环境和发展目标可能不能同时实现。政策需要对要实现的目标进行明确地排序。例如，马廷加表明，对于发展中国家，生物燃料发展刚开始不应该以环境为目标（例如温室气体减排目标），而是政策应该为了穷人最大化可持续发展的收益（马廷加，2008）。总之，目前涉及碳交易的新计划正面临着许多挑战，包括：当前的不平等将进一步增强，弱势群体进一步被边缘化的风险；各种参与者的政治和制度承诺的不确定性；考虑到各国当前不对称的气候政策，碳交易是否发挥作用的疑惑。

就小农户参与的合同农业来说，生物燃料生产是劳动密集型的。农民没有充足的资金购买释放温室气体的化肥，他们很少利用消耗污染性石化燃料的机械化农业设备。因此，发展中国家的小农户比大型、商业性和单一种植公司更环保（博温等，2009）。在这方面，发展中国家的生物燃料应该主要被看作为是发展的一个机遇，因为具有丰富土地和劳动力的农村地区可以从国内和全球生物燃料需求中获益。生物燃料对土地使用（水、养分和植被等）的影响需要在可持续自然资源发展框架下考虑。土地资源、原料类型、种植方法、转换技术和能源效率不同，生物燃料的影响可能有所不同（哈泽尔，2007）。

这个讨论在很大程度上反映了生物燃料在未来如何发展的高度不确定性。除了上文描述的一般情况（正面和负面），需要解决的关键问题是：小农户在生物燃料的前景。这个问题在埃塞俄比亚尤其重要，那里大部分农民的生存依赖小农户农业系统。以下部分考察合同生物燃料生产的政治、制度和经济方面，小农户关键的要素——劳动力和土地——被包括在内。

生物燃料合同农业方案

合同农业是生产关系的一种组织和制度形式，直接针对小农户。它是一个中间制度安排，允许农业公司参与并控制生产过程，但不拥有和经营农场。有关合同农业的研究常常集中了解为什么农工业公司和小农户选择合同农业而不是其他组织策略。合同农业本身可能具有不同的安排，这取决于持续的时间、产品的价格保证和产品份额等。如利特尔和沃茨（1994：9）表明，合同是一种制度形式，它指导"种植者和购买商—加工者"之间的生产协作，并允许参与者：

通过合同方式具体说明市场责任来直接影响生产决策：根据体积、价值、质量，有时是提前的价格确定；提供特定的投入；在生产过程实施一些控制（例如，承包商和发包方之间的管理职能分工）。

97

　　另一个以市场为基础的合同农业概念由埃利斯提出。他认为，农业合同的主要目的是"在不平衡的发达市场和许多发展中国家农村社会出现信息缺乏的背景下，降低交易成本"（埃利斯，1993：146～147）。换句话说，合同农业是对信用、保险、信息和生产要素市场以及与搜集、筛选、商品转移、讨价还价、诉讼和实施有关的交易成本的不完善的一种制度反映。从这个角度看，合同农业在长期有潜力将低收入种植者纳入到现代和工农业部门，并产生规模经济，获得进入地区和全球市场的机会以及促进技能和技术的传播。

　　经验证明，需要在经营和市场边界以外考察合同农业。非洲主要出口作物的案例表明合同农业，开始流行于20世纪80年代，对于参与农工业的小农户来说未必是一种制度万灵药（波特和菲利普斯·霍华德，1997；吉本和邦迪，2005；里尔顿和巴雷特，2000；卡尼，1994）。非洲在国际市场上失败，90%的主要出口商品在全球农业贸易中的份额已经下降，并且大多数出口商品是矿产品（科菲和德斯塔，2008）。其他近期的研究也强调非洲小农户在全球市场努力保持竞争力时面临的困难（世界银行，2007；哈维克等，2007）。因此，合同农业的结果取决于更广泛的国家、国际的政治和经济结构以及当地的条件（见图5.1）。

生物燃料合同的挑战

98　　1. 土地的制度问题。土地使用权是埃塞俄比亚的一个主要挑战。历史上，农村地区受到国家的强烈干预。农村土地的

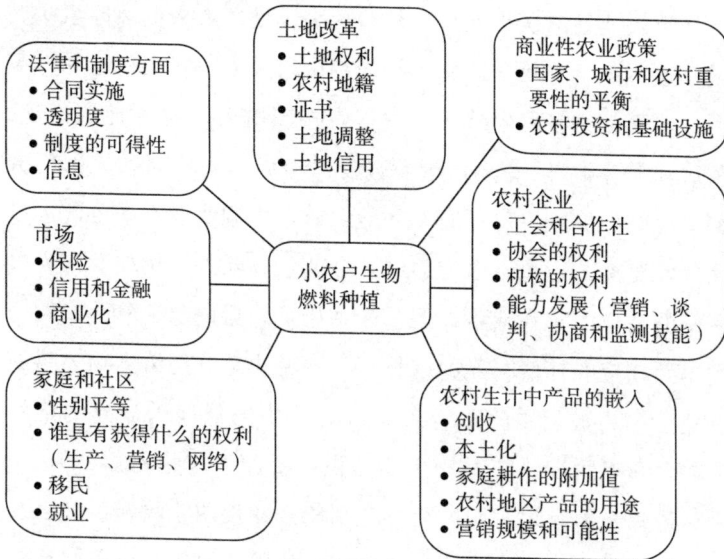

图 5.1 小农户生物燃料生产的多个方面

重新分配，明晰所有权的缺乏以及没有保障的使用条款一直是埃塞俄比亚面临的挑战（乔雷曼，2000；扬，1997；德萨莱尼，1996；麦卡恩，1995；科恩和韦乔伯，1975）。根据现行宪法，土地归国家所有。农民对土地有使用权。永久转让土地（例如，土地销售）是被禁止的（公告编码 .1/1995，条款40，3 号）。现行土地使用权政策的主要缺点是它对长期土地投资较弱的激励，尤其是通过原住民（阿塔基尔特，2003）。然而，政府允许外国投资具有优先权，不用调查如何为原住民获得最佳的土地使用权。考虑到这样的外部投资，研究需要进一步考察土地所有权以及它们对原住民的意义。

另一方面，国家土地所有权具有保护的特点。它保护农民免于遭受自由土地市场的风险。因此，埃塞俄比亚的合同农业将导致土地逐渐从小农户转移给更大土地所有者的风险微乎其微，这可能会导致土地所有权的集中以及农村穷人的迁移。

99　　　　然而，正在发生的两个过程直接影响着农村土地的用途、获取和"控制"。首先，国家自身已经成为一位向私人部门分配土地的积极经济代理商。一般的政策强调商业土地分配不应该使农民离开土地。但集约型的商业农场除外，例如，在人口稠密的高地的花卉栽培、园艺和牛奶场。据说，迁移的农民已经得到相应的补偿。除此以外，一种说法是分配给生物燃料的土地是"未被利用的"并位于人口稀少的低地。被分配给生产粮食和生物燃料的大片土地面积主要位于这些地方。但是，农村依赖土地呈现多个方面，包括轮换和长期轮牧和耕种以及森林和野生产品的使用。这些传统土地用途的形式很少被承认和被定义。结果，农村社区可能遭遇失去它们公用土地的风险。

　　第二个过程是在与小农户达成的合同以及分成协议中，城里人和私人部门的角色不断增强。1974～1991年期间，这些做法是非法的。1974年土地改革正式禁止了任何形式的分成制和农村支付工资的就业，掀起了废除当时以土地为基础的生产关系的浪潮。城市居民被劝阻和限制参与农业。1991年上台的政府废除了这些限制性政策（韩萨和阿赞纳，1995）。因此，城里人逐渐参与到合同和分成的活动中，尤其是在城镇附近和高潜力的农村地区。小农户合同生物燃料生产（对于生物燃料公司）是另外一个例子。

　　这两个过程在农村地区正在高速发展，尤其是小农户农业计划。因此，它们也开始影响到产权问题。对于不同的参与者，合同执行、种植植物的所有权、合同的有效期以及合同农业和承包计划的其他方面需要明确的、制度化的政策和指导方针。缺乏清晰的土地相关制度，常常是生物燃料扩张过程中工业和农业预期之间混乱和冲突的来源。国内和外国生物燃料公司对于它们建立的加工工厂和大型种植园均有明确的期望。但是，非洲土地使用权和农业生产的实际情况被投资公司过于简化了。许多金融机构想搞明白什么是农业和什么是工业。

生物燃料对当地社会和经济过程的影响也是至关重要的。 100
农村社区采取许多合法和公认的方法来获取和使用资源。这些被描述为"惯例"或者"非正式"的体制和正式国家制度一起运行和存在。这些非正式制度是由积极向它们投入时间和精力的人制定的（贝芮，1993）并受到参与者之间互惠协定的支持。然而，农村社区也是混杂的，它们的关系以权威为特征（摩，2005）。因此，跨越时空的非正式或惯例制度不一定具有同一个目的，因为人们会在社会和经济变化的影响下对制度进行改革。

由于农村人口由不同群体构成，他们之间反映了不同甚至相互冲突的利益（在地位、财富、性别、年龄和社会或职业等方面），不同群体如何应对生物燃料是一个重要的内部化过程。例如，根据资产和能力，农村社区的成员拥有不同的机会获得和使用农村土地资源（阿塔基尔特，2003）。小康家庭（例如，有牲畜的家庭）对公用土地拥有更大的使用权和更强的要求权。妇女和更贫穷的家庭依赖于这些土地，但是，他们的要求权相对较弱并有临时或季节性特点。没有土地的人、贫穷的年轻人可能没有机会获得这些土地（或者没有办法使用它们，例如，饲养牲畜），但是他们仍对公用土地构成强大的、潜在的要求权。如果当地的土地使用权制被合理构建并正常运行，这些过程可能是自发组织的。但当国家制度发挥作用时，人们可能诉诸于不同的制度，这取决于他们获得这些制度的权利。在竞争的使用权制度下，制度可能相互削弱，但它们可能也是冲突和自然资源管理不善的来源。

一般情况下，在农村地区引入生物燃料将会影响当地的社会和经济过程。作为经济的、多年生作物，生物燃料主要有利于那些拥有相对大规模土地面积的农民，因为他们有能力适应生物燃料的种植。没有土地的人将申请公用和退化土地。在埃塞俄比亚北部地区，当地的官员已经开始将丘陵和"未被使用"的土地分配给没有土地的人，供他们种植树木和草。生物燃料可以正好配合这样的举措。在埃塞俄比亚小农户的背景下，妇女做主的家庭是租赁土地用于佃农分成的主要群体，对于她们，获得合同生物燃料生产的机会非常有限。

101　　　2. 企业和组织状况。埃塞俄比亚的农村企业发展已经被忽视很多年。在 20 世纪 80 年代，国家干预受到政治和意识形态的驱动（阿莱马耶胡，1992；阿莱姆纳，1987）。国家对农产品营销和分销的干预使农民对政府产生强烈的不信任（弗郎塞等，1992）。国家强制要求农民建立农村农业合作社和服务协会，它们实质上经营政府的项目（特基泰，1998）。随着1991 年体制的改革，这些农村组织解散。政府在农民之间建立新的信心和声誉的过程一直非常缓慢。在过去几年中，主要的经济和出口作物，例如，咖啡、油籽、水果和蔬菜生产者协会在许多地区已经成立。但是，传统的、以生存为导向的以及生产谷物的农民还没有被组织起来。2008 年，在亚的斯亚贝巴成立的埃塞俄比亚商品交易中心主要帮助大型农场生产者销售他们自己的农产品。中心通过向交易商提供有关国际市场价格信息，提供仓储、分配以及融资便利帮助农民获得更好的价格。它有助于减少交易链环节，并为管理、分级和储存农产品提供一个可靠的系统。交易商将为商品交易匹配报价和投标，并且存在一个零风险的付款和良好的商品交付系统完成交易结算。尽管这些改善的条件，有活力的农村企业以及生产者协会还没有出现。在它们缺失的情况下，农民与生物燃料公司的整体谈判能力较弱且较为分散。

制度化和非正式的社会实践也决定个人如何组织他们自己形成社会资本。这适用于社会和经济结构的不同层次：家庭、社区和其他经济组织。农村家庭建立在相互矛盾的关系之上，而不是有秩序的、自适应的结构之上。家庭的每个成员具有不同的决策权力。家庭成员之间控制和获得资源的机会、社会网络和营销可以明显的不同，这取决于性别、年龄和教育。女性做主的家庭往往缺少农具和劳动力。她们通常能够实现自给自足，而男性做主的家庭更擅长种植经济作物。合同生物燃料农业将如何影响农村的性别和权利关系以及它将如何影响家庭劳动力和收入是关键的问题。

在乡村和社区层面，社会关系受到裙带和亲属关系的部分影响。在农村它们是获取资源的关键。现存的权利和角色（正式或传统）很容易被扩大以获得新优势。地方权利和地方关系的协商方式影响家庭参与生物燃料生产的决定。在任何情况下，这种关系将影响小农户生物燃料种植的长期社会和经济可持续性。

102 　　一般来说，生物燃料的现行政策假设小农户将对生物燃料提供的机会做出响应：向加工部门提供他们的产品（生物燃料原料）获得收入。然而，当地的制度、组织和现行的生产系统可能不能顺利做出响应。生产目标的任何转变以及新生产系统的任何调节者牵涉到制度和组织安排的变化，这在本质上是内生的过程。这些过程将如何形成和发展是埃塞俄比亚现行生物燃料政策的外生原因。

　　为了促进重组过程，生物燃料政策需要强调组织的需求，获取能力（学习和技能）的方式并将这些技能融入生产系统。相似地，与企业家精神和组织能力相关的常用技能对于获得全球化过程的收益以及在生物燃料不同层次中扩展参与者网络是至关重要的。可以集中技术和管理技能、资本和资金、劳动力的组织安排以及与当地和国际市场的联系对于小农户发展是至关重要的（杰恩等，2006）。生物燃料种植中的风险最小化战略和支持系统也是小农户生物燃料发展的关键要素。在当前的全球生产和贸易链中，小农户可能是许多参与者中关于生物燃料政治和经济必须完成的事项信息最不灵通的和最缺少组织的一类。

　　3. 农村生计中生物燃料的嵌入。正如上文所示，当前在埃塞俄比亚农村出现的生物燃料生产扩张是对全球和国家（或更准确地说城市）的利益作出的反映，而不是主要为了满足农村地区和人民的发展需求。为了商业生物燃料和粮食生产、投资和激励结构制定了不同的政府策略，目的是促进外国直接投资的流动以及私人部门的需求。不过，政府策略也尝试补救（或减少）意外的社会、经济和环境后果。

然而，重要的问题是农村社区是否是生物燃料生产、销售和消费的中心。生物燃料的生产和消费是生产它们的农民社会和经济生活的一部分吗？生物燃料如何融入当地和地区市场？这些关键问题的解决需要平衡的、广泛的、持续的以及长期的政策和策略。表 5.2 概括了这些问题。在这方面，主要政策需要扩展它们的目标。在当前的生物燃料战略中，生物燃料的发展和作用从获得硬通货的潜力来看是合理的。除了这些，小农户进行的生物燃料合同生产也应该被仔细考察，以确保它为生产该作物的农民提供真正的机会。

表 5.2　在埃塞俄比亚农村发展背景下平衡生物燃料的
政策重点与预期政策目标

主要生物燃料政策的重点	生物燃料获得更广泛的发展和可持续生产的预期政策目标
通过出口生物燃料节约硬通货	为农民提供社会收入和真正的机会
加强企业和跨国公司的利益和特权	推广地方责任、社会和环境责任的政策
促进农村土地和劳动力的商业化和商品化	为体面的和有保障的农村生计和社会取向创造条件
如何将资本和资源密集型技术提供给穷人或者国家来增加生物燃料生产	将投资嵌入或者融入现在的生计系统，不会对生计、所有权和内部知识系统造成巨大的损失或者破坏
农村地区作为生物燃料的土地和劳动力来源，公司可以与其直接签订合同	增加农村生产者的自主权并促进可再生能源技术；在当地已成熟的创新基础上，创建并分享创新模式

生物燃料可能有利于埃塞俄比亚农民的方式之一是通过本地化——不仅仅生物燃料的原料而且其加工和使用都要本地化。显然，为了避免生物燃料成为另一个采掘业的风险，当前

103

生物燃料主要的、出口导向的发展路径，应该与将能源作为农民的一个发展目标的强劲的、广泛的战略平衡。农民技能和能力的发展，针对当地的、小型的和可负担起的生物燃料加工技术的推广是鼓励生物燃料本地化的关键。

支持当地的生物燃料市场并促进国内使用生物燃料产品，可以确保对生物燃料的大量需求。在这个方面，埃塞俄比亚正在采取一些积极的措施。亚的斯亚贝巴的市政当局与政府、本地和外国公司合作，正在引进现代的、可负担起的和清洁烹饪生物乙醇火炉。措施包括在整个城市的公寓提供、分配和安装全套燃料和炉具。乙醇从当地的芬恰糖工厂购买。通过创造一个适当"授权"的环境，政府决定工厂生产的乙醇只能在埃塞俄比亚使用。这为居民（清洁能源供给）和糖工厂（获得当地市场）创造一个双赢的局面（实际行动咨询，2009）。在整个城镇复制这些措施将为生物燃料在埃塞俄比亚实现本地化创造一个巨大的潜力。

104

总之，为了促进生物燃料的本地化，需要从它们如何改善当地生计系统的角度出发对生物燃料政策进行设计。农村的能源安全可以通过使用液体生物燃料得到提高。其他与能源有关的农村问题——例如，使用木材生物质对健康的影响——也可以被解决。液态燃料也有利于农村妇女，她们花费大量的时间和精力寻找木柴。此外，农民对木材燃料、作物秸秆和牛粪的依赖对环境产生负面影响。事实上，当地的生物燃料生产意味着农村使用清洁能源的可能性，这对环境有利。在这个方面，如果生物燃料政策被合理设计并关注小农户的福利，生物燃料生产可能为解决这些问题提供机遇。

总　结

自由化和全球化过程以及国家的粮食和能源不安全正在改变着埃塞俄比亚国家和农村的关系——这些关系依据"私人部门"、"投资"、"出口导向生产"和"外国投资"的纬度进行定义。其结果是更加关注埃塞俄比亚的商业农业。政府已经设立一个专门的办事处向投资者分配 300 万公顷的土地。生物燃料开发和使用战略的主要目的是为鼓励一个出口导向型生产系统。在许多情况下，依赖主要的出口导向型农业计划，包括生物燃料提出了一个问题：这些计划是否满足了国家自身和农村人口的发展需求。为了解决这些问题，现行的生物燃料战略需要超越它当前的目标。生物燃料战略和政策需要完全融入农村生计中。它们也需要应对生物燃料——其生产、使用和销售——可能引起农村转型和变革所使用的方法。

埃塞俄比亚需要在战略上准备好应对正在发生的全球化和货币化过程。今天人们对于让私人部门更多地参与农村发展产生更大的兴趣。这需要制度和组织上的支持，将生物燃料加工企业通过生产合同与小农户联系起来，并为生物燃料创造有利于交换农业投入和服务的条件。

小农户合同生物燃料种植可能适合小规模的农民，不会有农民失去土地的风险。但是，生物燃料的引入确实意味着对当前生产系统的改变和调整。在生物燃料策略中需要承认这些变化的成本和风险。承包的小农户可能在与公司交易时面临严重的问题。为了帮助解决这些问题，为合同农业建立整体的法律和其他制度框架是政府和/或农民组织干预的重要领域。最后，合同农业涉及多个参与者，包括投资者、实业家、当地行政人员、城市中间商和农村土地所有者。为了确保生产系统的可持续性，不同参与者之间的各种协定应该营造一个融合的、长期的合作关系。如果要建立小型生物燃料项目，需要长期的规划和监管。

105   随着生物燃料部门的扩张，出于不同的目的，需要对土地资源进行明确的定义和分类以及投资对物理环境的可持续性和影响评估。土地资源的实际存量也需要考虑各社会阶层对自然资源的权利。社会和生计系统中不同的、容易受到伤害的阶层——妇女、游牧部落、牧羊人、轮换种植者、靠森林为生的人、公用或传统自然资源管理系统等——应该被认真对待和考虑。

第6章 生物燃料、土地和环境问题：以瑞典酒精化工集团在坦桑尼亚的生物燃料计划为例

科杰尔·哈维克和汉妮·哈兰德①

引　言

因为大多数撒哈拉以南国家的生物燃料投资扩张是近期发　　106

---

① 作者感谢瑞典国际发展合作署（Siday）/北欧非洲研究所项目"非洲的不平等和贫困"对本研究的资金支持。我们也感谢索可茵农业大学朱马内·阿卜杜拉博士在 2009 年在坦桑尼亚田野调查期间的参与和帮助。我们的机构，北欧非洲研究所和阿哥德大学发展研究中心，对该项研究的支持。我们也感谢所有抽出时间帮助我们和被采访的利益相关者，或者在坦桑尼亚和瑞典为该项目提供相关信息的人。在瑞典与斯德哥尔摩环境研究所（SEI）的梅林达·方思斯·森德尔进行的更长采访；琳达·恩斯特龙，瑞典国际开发署环境评估帮助台，瑞典农业科学大学；和佩尔·吉尔茨，ORGUT 咨询 AB，伯恩·埃德斯特隆，瑞典 SEKAB 前首席执行官，是通过电子邮件受访的。在坦桑尼亚，其中，安德斯·贝尔福斯，SEKAB 生物燃料坦桑尼亚有限公司（SEKAB T），阿迪大学的玛图博士，国家环境管理委员会（NEMC）的鲁里加先生以及生活在巴加莫约地区拉扎巴农场和附近地区的村民。本章呈现的部分信息也基于 2006 年到 2010 年举行的大量研讨会和专题会上的发言和讨论（见本书的序言）。　　200

生的，有关土地掠夺、环境和粮食安全的实证调查才刚刚起步。在调查过程中，很难获得有关设施建设和特许权获得方式的相关数据，而且所采用的方法大多是未经验证的。为了弥补这一空白，本章考察一家瑞典市属公司，瑞典酒精化工集团国际有限公司（以下简称瑞典酒精化工集团）及其子公司，在坦桑尼亚对生物燃料生产进行的规划和实施过程，目的是获得更多的当地经验。本文的研究结果可以补充本书及其他资料呈现的研究结果，并帮助我们思考为获得生物燃料和粮食生产在非洲进行的大规模土地收购和租赁提供的建议是否现实。土地收购对非洲人民生计的影响已经引起了国际研究机构、联合国食物权特别报告员和其他联合国组织的关注。这些机构的建议似乎达成统一：

①谈判过程应该透明化；

②应该保护当地社区的权利，包括习俗地权利；

③收益应该在当地社区和投资者之间均摊；

④应该确保环境可持续性；

⑤不能牺牲非洲国家和社区的粮食安全。[1]

下文，我们介绍两个相互关联的项目：2005 年在坦桑尼亚建立的瑞典酒精化工集团，尤其关注巴加莫约项目的环境和社会影响评估（ESIA）过程。我们进行了调查，包括 2008 ~ 2010 年期间，在坦桑尼亚和瑞典访谈参与环境和社会影响评估过程或熟悉它的各类利益相关者。本章是一个更广泛研究项目的一部分，将着重建议如何改善与生物燃料项目相关的环境

---

① 更多观点见第 1 章。

和社会影响评估过程以及程序。

　　选择一个瑞典市属公司，在能源行业具有长期经验的瑞典　　　107
酒精化工集团（70% 市政府拥有，30% 归欧洲生物发展私人
所有），作为一个案例研究是基于该公司直接对瑞典的纳税人
负责，需要维护声誉的现实。瑞典酒精化工集团也积极参与推
广生物燃料在全球范围的认证过程以及为生物燃料生产开发第
二代技术。[①] 瑞典酒精化工集团成立于 1906 年，母公司瑞典
酒精化工集团集团（成立于 1985 年）的核心业务是从木质纤
维素生物量中开发第二代乙醇和环保化学物质。然而，它花费
比预期更长的时间实现这些技术在商业上的可行生产，瑞典酒
精化工集团因此决定在全球"土地可获得"的地方冒险进行
第一代乙醇的生产。瑞典酒精化工集团的愿景，由它的前执行
主席佩尔·卡斯泰德制定，基于一种思想，即必须增加非石化
燃料在运输部门的生产和使用，目的是在第二代乙醇实现在商
业上可用之前缓解气候变化。[②] 瑞典酒精化工集团随后决定国
际化其生产并与巴西、加纳、波兰、匈牙利、坦桑尼亚和莫桑
比克进行第一代生物燃料的贸易。在 21 世纪最初几年，瑞典

---

① 2009 年 3 月 18 日，SEKAB 新闻发布会，题为"授予 SEKAB 可持续奖"，
　报道称该公司被授予"可持续生物乙醇奖"。这个奖授予 SEKAB 奖励其
　对在建立"可证实的可持续乙醇和基于纤维素化合物的第二代乙醇"所
　做出的贡献。很明显，SEKAB 在这些领域走在最前端，致力于开发清洁
　和可替代汽车燃料，对于国家和企业是一个有吸引力的合作伙伴。
② 2007 年 10 月，哈维克与卡斯泰德在达累斯萨拉姆 SEKAB T 办公室的私
　人交谈。

酒精化工集团成为欧盟市场最大的生物燃料进口商。[①]

在坦桑尼亚推广生物燃料时，瑞典酒精化工集团可能期望在强调研究机构和联合国机构提出的建议方面成为一个"好案例"。[②] 为了实施它的愿景，瑞典酒精化工集团成立了子公司坦桑尼亚瑞典酒精化工集团生物燃料有限公司（简称瑞典酒精化工集团坦桑尼亚分公司）。瑞典酒精化工集团坦桑尼亚分公司的98.5%股份属于瑞典瑞典酒精化工集团，1.5%属于坦桑尼亚社区金融公司。2005~2009年10月，瑞典酒精化工集团在两个公司的总投资额达到1.7亿瑞典克朗（SEK）（约2 500万美元）。

关注瑞典酒精化工集团项目的另一个原因是，有关瑞典酒精化工集团坦桑尼亚分公司的巴加莫约项目以及围绕它的环境和社会影响评估过程的讨论和争论已经白热化。瑞典酒精化工集团坦桑尼亚分公司的规划项目对环境和社会影响的两极化讨论与粮食和燃料之间的竞争以及大规模投资加剧小农户的土地权利不安全的报告有关。在此背景下，需要调查当前的程序和

---

① 罗本茨等（2009）。SEKAB原本计划在瑞典北部建立三大乙醇工厂。但是，由于缺乏原材料，决定在非洲开始生产（该信息是由生物燃料地区首席执行官艾娃·弗里德曼向瑞典电视台的西博腾，登录在2007年9月10日斯德哥尔摩每日新闻的网络版上）。

② SEKAB在瑞典开发替代汽车燃料的工作也引起美国在斯德哥尔摩大使馆的注意，包括在"清洁能源伙伴——瑞典替代能源机会"名录中的公司。文件说明SEKAB的主要任务是"在长期可持续生物燃料的帮助下为未来推广可持续交通积极创造条件"（美国大使馆2009：44）。文件中还说，SEKAB在瑞典生产的乙醇是生物的以及生产用的原材料，此外，糖液是从纸浆生产和空气中的氧气中获得。

标准，它与具有潜在环境和社会影响的大型项目申请投资许可
有关。人们有理由询问这些项目是否与其他大型需求的土地项
目完全不同以及它们是否因此需要不同的程序进行准备和规
划。我们能从更多的实证研究以及与主要利益相关者的访谈中
获得什么？如何为改善环境和社会影响评估的整体过程提出
建议？

本研究的另一个重要目标是了解国家、援助者和包括瑞典   108
酒精化工集团的投资者在促进一个不同于战略环境分析
（SEA）和环境与社会影响评估的更广泛框架中所起的作用
（为该部门制定的政策和指导方针）。坦桑尼亚政府对于国际
投资者或公司快速涌入生物燃料部门毫无准备。

背景和主要发展

瑞典酒精化工集团之所以选择坦桑尼亚作为一个生产国，
是假定该国具有适合大规模生物燃料生产的土地。同时，坦桑
尼亚与瑞典和北欧之间存在的一个牢固援助关系，可追溯到
20 世纪 60 年代。在过去 10 年里，瑞典发展援助已经通过全
球发展政策（简称 PGU）扩大了它的视野，并使瑞典和发展
中国家之间的商业关系成为它不可或缺的一部分（奥登，
2006）。为此，瑞典国际发展合作署（Sida）成立一个新部门，
专门处理政府、发展援助和商业公司之间的三方方案（合作
发展部，或 AKTSAM）。这个方法可以看作是对全球发展政策
做出的反应，它也使瑞典继续与那些已经被取消发展援助的国
家（例如，越南、印度和纳米比亚）基于更多商业条款开展

合作成为可能。

此外，联合国向全球发展（全球协议）发出的倡议已经体现在企业社会责任（CSR）的指导方针中，它强调"商业公司和投资者的道德、环境和社会责任"。瑞典酒精化工集团使企业社会责任指导方针的元素成为它的活动尤其是可持续问题的核心。根据瑞典酒精化工集团生物燃料和化学（瑞典酒精化工集团的一个部门）首席长官安德斯·弗里克森，瑞典酒精化工集团"在一个全球公认的系统中积极推广可持续标准"。2009年3月，英国公司绿色电力会议授予瑞典酒精化工集团一个可持续生物燃料乙醇奖，瑞典酒精化工集团将此看作对它的工作在这方向取得成果的认可（瑞典酒精化工集团，2009a）。

至于在坦桑尼亚的发展，瑞典酒精化工集团坦桑尼亚分公司的目标是要在达累斯萨拉姆建立一个办事处，招聘有能力的员工规划项目，开始土地收购并进行初步的风险评估和环境与社会影响评估。瑞典酒精化工集团坦桑尼亚分公司与桑给巴尔革命政府讨论后获得了使用土地的权利，租赁其位于巴加莫约沿海地区的部分拉扎巴牧场，自1994年以来，该牧场一直没有营业。拉扎巴牧场毗邻瓦米河，打算从河中为甘蔗种植抽水。瑞典酒精化工集团坦桑尼亚分公司请求租赁牧场的24 200公顷土地。但是，在2009年期间，坦桑尼亚投资中心（TIC，颁发投资许可的政府机构）仅答应给该公司22 000公顷土地并且派生权利正在处理中（苏里和尼尔森，2009b：56）。

109　　　环境和社会影响评估可以被定义为一个系统过程，提前考察发展活动的环境后果。通常，项目的环境和社会影响评估必须建立在一个项目投资可行性研究的基础之上，以识别潜在的影响以及如何减轻这些影响。影响巴加莫约项目规划的一个基本问题是瑞典酒精化工集团坦桑尼亚分公司并没有为环境和社会影响评估制作一份投资可行性研究。巴加莫约环境和社会影响评估的首席顾问是瑞典咨询公司奥加特联合达累斯萨拉姆的阿迪大学。奥加特直接与瑞典酒精化工集团坦桑尼亚分公司签订合同。项目的环境和社会影响研究在 2008 年进行，2009 年4 月获得坦桑尼亚国家环境管理委员会（NEMC）颁发的执照。至于鲁菲吉河项目，达累斯萨拉姆大学的斯德哥尔摩环境研究所（SEI）和资源评估研究所（IRA）对规划的项目进行了一项风险评估研究（斯德尔摩环境研究所/达累斯萨拉姆大学资源评估研究所，2009）。这个研究由于各种不足受到严厉的批评。[①] 此外，从村庄收购土地的过程比瑞典酒精化工集团坦桑尼亚分公司的预期要复杂得多。

巴加莫约项目被看作为鲁菲吉河地区更大生物燃料项目的先行者和实验项目（获得经验并播撒种子），它原定规划400 000公顷。鲁菲吉河地区位于海岸地区的南部，它的自然、生态和泛洪区农业生产与鲁菲吉河有着密切的关联，它的蓄水区覆盖了坦桑尼亚土地面积的30%（哈维克，1993，第3 章和第 4 章；霍格，2003；奥曼，2007；杜韦和哈默林克，

---

① 参见 M 玛丽·维登高（2009b），笔记来自 2009 年 5 月在斯德哥尔摩大学举行的一场讲座，由北欧非洲研究所联合瑞典世界基金会，斯德哥尔摩大学自然地理和第四纪地质系，瑞典关于生计和自然资源治理跨学科研究网络联合举办。

2007）。对鲁菲吉河项目规划的分析显示强调土地收购过程、环境和气候问题与该项目的规划有关。瑞典酒精化工集团规划的甘蔗生产本身并不在泛洪区，而是在它北部和南部的更高地区。因此，甘蔗种植用水需要从鲁菲吉河中抽取。

　　为了向在巴加莫约和鲁菲吉河的发展费用提供资金，2009年7月28日，瑞典酒精化工集团坦桑尼亚分公司向斯德哥尔摩瑞典国际开发署申请了一个信用增级担保，它允许公司向坦桑尼亚银行贷款（瑞典酒精化工集团坦桑尼亚生物燃料，2009）。这样做是必须的，因为瑞典酒精化工集团董事会拒绝向瑞典酒精化工集团坦桑尼亚分公司注入更多的资金。许多利益相关者和相关观察者对坦桑尼亚项目的进程存在越来越多的争议，包括瑞典和坦桑尼亚的非政府组织和研究者（罗本茨等2009；本杰明森等2009；本杰明森和布赖德塞桑，2009；行动援助，2009；维登高，2009 b）。《发展今天》是一本期刊，在奥斯陆出版，它关注的焦点是发展援助。该杂志密切追踪了瑞典酒精化工集团坦桑尼亚分公司在坦桑尼亚的表现并发表一篇文章报道瑞典酒精化工集团坦桑尼亚分公司篡改了由奥加特咨询公司和阿迪大学完成的巴加莫约项目的环境和社会影响评估结论。《发展今天》的结论是瑞典酒精化工集团坦桑尼亚分公司通过欺诈手段从坦桑尼亚国家环境管理委员会（NEMC）获得许可，继续进行巴加莫约投资（《发展今天》，2009年4月）。这危害到瑞典酒精化工集团的声誉，并且该公司还受到金融危机的重创，2008年它累计损失达3.17亿瑞典克朗。[①]

2009 年 10 月 29 日，瑞典国际开发署经过深入分析后，110基于各种理由（见下文）决定拒绝瑞典酒精化工集团坦桑尼亚分公司信用增级担保的申请。但是，一周之前，在 10 月 21 日，瑞典酒精化工集团国际有限公司和生物发展欧洲有限公司达成协议，生物发展收购了坦桑尼亚和莫桑比克两家子公司 100% 的股份，几乎没有支付任何费用——仅 400 瑞典克朗。但是生物发展的三个所有者同时也是瑞典酒精化工集团的董事，据说没有参与董事会对该事件的决定。利用这份协议，瑞典酒精化工集团"从它的非洲项目中撤出，四个潜在的收购合同除外，一份在加纳，另外三份分别是在坦桑尼亚和莫桑比克。瑞典酒精化工集团和生物发展之间的协议也说明，如果生物发展可以为非洲乙醇项目找到资金支持者，并能够实施它的规划，合同包括承诺一份收购合同和还款条款，凭此瑞典酒精化工集团可以收回它在 2005 ~ 2008 年在非洲投资的所有金额，大约 1.7 亿瑞典克朗（SEAKB，2009 C）。

因此，在四年时间，瑞典酒精化工集团，一家深受尊敬的能源公司，试图在坦桑尼亚和莫桑比克使用甘蔗开发生物燃料，已经损失了 1.7 亿瑞典克朗，其中 70% 是来自瑞典纳税人的口袋。这怎么可能发生？为什么与这些项目有关的发展变

---

① 2009 年 6 月 11 日，斯德哥尔摩瑞典电视台。根据 SEKAB 首席执行官伯恩·埃德斯特隆向密特尼特项目提供的信息。

得如此广受争议?① 我们在本章将会回答这些问题。

坦桑尼亚的背景

瑞典酒精化工集团坦桑尼亚分公司（SEKAB T）成立时，发展援助疲软吸引了许多瑞典和北欧的发展实践者，他们在坦桑尼亚有长期的工作经验。凭借其具有洞察力和有活力的领导人员，瑞典酒精化工集团坦桑尼亚分公司承诺在坦桑尼亚提供就业机会、增加投资和收入以及农业的现代化。多年来，发展援助总体上没有实现这些现代化。因此，援助团体的重要部门、许多坦桑尼亚政府官员以及渴望行动和具体成效的发展实践者认为，瑞典酒精化工集团坦桑尼亚分公司是积极的并以发展为导向。

111　　招聘有经验的坦桑尼亚专家的同时，瑞典酒精化工集团坦桑尼亚分公司因此有能力招聘有才能的、忠诚的北欧项目经理

---

① 关于 SEKAB 国际投资的冲突在瑞典北部城市恩金尔兹维克、谢莱夫特奥、于默奥结束了，它们是 SEKAB 的部分所有者（70%）。来自这三个地区的市政府委托人制作了一项报告调查 SEKAB 的国际投资。2009 年 11 月 4 日，这份报告在于默奥提交。该报告由咨询公司斯韦科编制，批评市属能源公司没有通知市政主人关于 SEKAB 的国际投资，但是它却声称市民已经被告知关于做出决定的合理信息，SEKAB 没有严重违反业主的指令。但是，据报道，一名反对派政治家，丹·奥尔森说他发现报告不合格，"这样做似乎是保护那些有责任的人（我们的翻译）。2009 年 11 月 5 日，在 www. SVT. se 的报道。

和具有长期在坦桑尼亚工作经验的顾问。[1] 瑞典酒精化工集团也在瑞典组织会议和研讨会，向有关部门尤其是瑞典国际开发署和瑞典外交部提供资料。瑞典发展援助具有长期经验和身处高位的专家，包括前大使和高级政府官员，也向瑞典酒精化工集团和瑞典酒精化工集团坦桑尼亚分公司提供他们的服务和知识。瑞典酒精化工集团坦桑尼亚分公司也投入大量的精力向相关的坦桑尼亚政府、国际机构以及援助者，尤其是该国的瑞典和挪威大使馆提供资料。

　　当瑞典酒精化工集团宣布它的坦桑尼亚生物燃料规划时，这个想法得到了许多发展援助官员和外交官的支持。甚至瑞典驻坦桑尼亚的大使在 2005 年对这个项目表达了极大的兴趣。坦桑尼亚既没有指导方针也没有政策可以帮助各级政府机构协调和指导提议的生物燃料项目，其中一些项目预计包括成千上万公顷的土地。在瑞典酒精化工集团坦桑尼亚分公司的积极支持下，瑞典大使馆建立了一个论坛讨论如何为生物燃料部门制

---

[1]　其中，SEKAB T 从成功的获得瑞典国际开发署支持的土地管理项目中招聘几个有能力的援助从业者，在 1994 ~ 2008 年巴巴蒂地区进行。参见例如，哈维克（2006；第 7 章）。此外，来自这个项目的年轻并有能力的坦桑尼亚发展从业者被招聘执行 SEKAB 在鲁菲吉河地区的活动。为了强调它的活动中的正确观点，SEKAB T 此外还招聘了在该地区有多年经验并非常有能力的瑞典国际开发署官员。基于 2008 年 11 月期间，在达累斯萨拉姆谢尔·哈维克和一些上文中提到的瑞典国际开发署官员之间召开的几次会议，一股强烈的承诺和信仰 SEKAB 生物燃料在鲁菲吉河扩张正在出现。

定一个框架。① 来自潜在的生物燃料投资者的压力是巨大的，一位农业部代表声称，到 2008 年中期，30 个外国投资者正在为生物燃料项目做准备。②

2006 年 3 月，坦桑尼亚政府成立了一个国家生物燃料工作组，由能源部协调并以 2005 年一项德国技术合作研究中提出的一个建议为基础（德国技术公司，2005）③。这是第一个讨论生物燃料在坦桑尼亚发展的研究。2009 年，挪威和瑞典发展机构、北美防空司令部和瑞典国际开发署，向坦桑尼亚政府提供 300 万美元用于为生物燃料部门制定指导方针。目前，两个援助机构也为制定生物燃料政策的过程提供资金支持（访谈圣德范德·达伦，2009 年 11 月 3 日）。由于情况的紧迫性，制定指导方针而非政策，是头等大事。各种版本的指导方

① 瑞典国际开发署简·格拉夫斯特隆和哈维克之间在 2010 年 6 月的交谈。格拉夫斯特隆是瑞典国际开发署的一名官员，在 2005～2008 年负责能源部门，包括生物燃料。为了支持在坦桑尼亚的生物燃料发展知识库，瑞典在达累斯萨拉姆的大使馆，此外还对该部门发起并资助了一项重要研究——姆瓦米拉等。(2008)。

② 2008 年 11 月，哈维克和达累斯萨拉姆国家生物燃料工作组的一名成员之间的私人对话。也可以参见东非，2009 年 10 月 5 日，报道有 40 多家公司在坦桑尼亚进行生物燃料投资。卡曼加（2008：39）还提供了能源和矿产部进行生物燃料投资的注册公司数量。他报告（在 2008 年）共有 37 家公司注册，其中 13 家是外资企业，6 家是本地企业，4 家是合资公司，这些公司大部分都计划种植麻风树。对于 14 家公司，不知道其来源和组织结构。37 家公司中仅两家表示有意向帮助小农户种植作物。注册公司的 16 家要求的土地面积共计641 170公顷和 1 150 英亩，而 21 家公司没有特定土地需求。

③ 但是，这是唯一的建议，即坦桑尼亚政府要根据报告行事。

针草案在坦桑尼亚相关部门中传阅。制定指导方针过程存在的一个问题是生物燃料发展主要被认为是一个能源问题，没有充分联系农业、土地和粮食安全方面。直到 2010 年 11 月，生物燃料部门指导方针草案才被正式批准公布（坦桑尼亚联合共和国，2010）。

　　尽管瑞典酒精化工集团坦桑尼亚分公司的生物燃料项目的发展是在缺少针对该部门的指导方针和政策的背景下发生的，坦桑尼亚政府和议会很早就通过了与其发展相关的法律和法规。这包括 1997 年《坦桑尼亚投资政策》和 1999 年《土地法案》和《村庄土地法案》（以及后来的修正案）。成立于 2005 年的坦桑尼亚投资中心为投资者鉴定适合的土地，准备成立的土地银行可以作为一个"一站式机构"吸引并服务外国投资者。

　　关于坦桑尼亚的土地情况，[①] 联合国粮农组织估计总土地面积的 4.5% 是可耕地，1.3% 是永久性农作物用地（联合国粮农组织，2006）。另一方面，世界银行的世界发展指标数据库，声称坦桑尼亚 10% 的土地面积是可耕地（大约 9 万 km^2），而 1% 是永久性农业用地[②]。因此，土地统计上的差额约 5 000 万公顷。当坦桑尼亚投资中心投资者指南（2008）指出，5 830 万公顷土地可用于生物燃料发展时，可用的可耕地情况变得更加混乱。其他资料提到 5 500 万公顷土地可用于土地生物燃料发展，但是对数字没有进行任何批评性反思（萨

112

----

① 这个讨论是基于豪根（2008）。
② www.worldbank.org/data/country-data/countrydata.htmL.

韦等，2008；姆瓦米拉等，2008；本杰明森等，2008）。后面的数字相当于坦桑尼亚总土地面积的 62%。然而，我们也知道坦桑尼亚大约 70% 的土地受到11 000注册村庄的管辖。另外，坦桑尼亚总土地面积的 39.6% 位于"保护区"，大部分属于国际联盟"资源管理保护区"的自然保护类别（世界资源研究所，2003）。因此，当坦桑尼亚投资中心根据 1997 年《投资法案》，通过土地管理局尝试为投资划拨土地并试图将其转移给自己时，土地纠纷势必发生。2008 年末，坦桑尼亚投资中心即使声称已经确定用于生物燃料生产的 200 万公顷土地，由于复杂的土地立法不能提供给投资者。与村庄发生土地纠纷的一个原因是由于《土地法案》和《村庄土地法案》（都是 1999）对"未被利用的村庄土地"的定义不同，因此，给坦桑尼亚投资中心侵占"未被利用"的村庄土地提供可乘之机。

在坦桑尼亚投资中心的支持下，成立一个土地银行的想法，由于缺少用于土地补偿的资金，并没有成为现实。国际援助者不愿意向由坦桑尼亚投资中心管理的土地银行提供援助，因为他们担心会边缘化小农户薄弱的土地权利（2008 年 11 月，与坦桑尼亚投资中心代表和哈维克的私人谈话）。因此，坦桑尼亚投资中心建议，潜在的外国投资者参观可用于生物燃料生产的土地。参观前投资者应先向地区土地官员打一个电话，他将引导投资者来到村庄讨论可能的村庄土地租赁以及投资者反过来会提供什么。

瑞典酒精化工集团（SEKA B）巴加莫约项目

1. 环境和社会影响评估——内容和过程。环境影响评估　113
自 20 世纪 60 年代就以某种形式存在了，当时美国环境保护署
将它们用于美国的投资项目。自此以后，利用环境影响评估预
测投资的环境影响，并将其作为新投资的许可证发放过程的一
个必要工具已经扩散开来。现在，在大多数国家环境影响评估
对于引起潜在环境和社会影响的所有新的、大规模投资项目是
基本要求。影响评估可以是一个政策工具，规划的工具或者确
保公众参与的一种方式，并且它们可以将环境方面和社会方面
区别对待（巴罗，1997）。但是，根据格林汉姆·史密斯
（1993），环境的社会、经济、物理和生物方面是相互协调的，
影响评估不应该将它们看成独立的个体，而应该将它们统一起
来。我们将再次回到这里，因为它为使用术语环境和社会影响
评估提供了背景和原因。

在坦桑尼亚，2004 年国家环境管理法案及其相关的法规
明确禁止实施任何"可能对环境有负面影响"的项目。当涉
及极小规模项目活动时，法律在没有"部长签发的环境影响
评估证书"的情况下允许签发一个"可交易的、商业的或者
发展许可或许可证"（卡曼卡，2008：10）。但是，大中型项
目必须要进行环境和社会影响评估，不管这些项目是否与生物
燃料生产、渔场或旅游公司的成立有关。

在 20 世纪 80 年代末，对新投资进行环境影响评估的需求
被许多多边发展机构采用——例如，在 1989 年，联合国环境

规划署（UNEP）以及在 1989 年世界银行——承担指导和监管的作用，而实际的环境影响评估在相关国家进行。[①] 1991年，经济合作与发展组织建议成员国政府采用环境影响评估程序和方法作为向发展中国家发放援助过程的一部分。1992 年，地球峰会通过里奥宣言 17 号法则提供额外的动力，提道：

> 环境影响评估，作为一个国家工具，对于被提议的活动应该被执行，这些活动可能对环境产生严重的不利影响，并且受到一个国家主管部门决定的影响。

一般来说，许多发展中国家采用的环境影响评估程序是参照国际标准的，并且以多年的经验和调整为基础。但是，根据伍德（2003）对发展中国家的环境影响评估进行的一个综述，发现它们的质量通常远远低于发达国家。伍德感觉到，提高发展中国家环境影响评估的质量对于保护（或更好地平衡）世界四分之三的土地面积的环境问题是至关重要的。他参考以下健全的评估标准复审了发展中国家的环境影响评估，以确定它们的优点和缺点：法律基础；范围；替代方案的考虑；筛选；划定范围；环境影响评估报告准备；环境影响评估报告复审；决策；影响监测；缓解；咨询和参与；系统监控；成本和收益；战略性环境评估。

[①] 根据方恩斯·森德尔（无日期），直到 2001 年，ESIA 指导方针由非洲发展银行出版，作为 AfDB 公共部门操作的环境和社会评估程序。如标题所示，这些指南局限于公共部门操作。

因为发展中国家的环境影响评估很少能满足已构建的14
个评估标准，如果环境影响评估要实现自己的潜力，许多紧迫
的普通问题需要被识别出来并给予重视。这些问题包括立法、
组织能力、培训、环境信息、参与和经验传播、援助政策和实
施的政治意愿。渐渐地，投资的社会影响在环境影响评估中也
被赋予重要的地位，因此名字被改为"环境和社会影响评
估"。当前普遍的程序是这样的，环境和社会影响评估是在地
理位置受限的投资项目上被执行，实际上是微观经济。它也是
在项目投资前期可行性和可行性研究完成以后进行的，因此投
资项目性质的一些细节可以得到了解。

自从引入环境和社会影响评估作为分析和投资清算的工
具，有关环境和社会影响评估在实践中如何完成的研究很有
限。不同类型的项目是否需要不同的环境和社会影响评估程序
或过程的问题尚没有被提出。学术界投入有限的研究和关注的
一个可能原因是公众获得的仅仅是环境和社会影响评估的最终
研究。参与谈判受权调查范围并实际完成环境和社会影响评估
过程的顾问，没有资金进行方法论的回顾或者为改善提出建议
进行更深入的过程分析。另一个重点是，即使为了达到这些目
的存在可用资金，有关学者的角色以及他们接近投资者、政府

和项目的道德问题可能显露。① 缺乏以研究为导向的评论或对该过程的批判性分析意味着人们没有从如何完成和改善环境和社会影响评估过程中学到教训。(方恩斯·森德尔,未注明出版日期)。

当识别和招聘环境和社会影响评估团队时,参与环境和社会影响评估团队的自主性是一个明显的因素。否则投资者(或以这样或那样的方式感兴趣影响调查结果的其他团队)可以操纵研究结果,导致错误地发放许可证。但是,即使选出独立的顾问完成环境和社会影响评估,问题仍然是他们有多独立。更重要的是,假定当前制度惯例管理投资许可证的发放,

---

① 关于这份研究独立性的道德问题也需要强调。该研究项目,原先本章是其一部分,也包括一节专门调查什么样的生物燃料发展经验可以有助于建立更好的、更透明的 ESIA 程序。梅林达·方恩斯·森德尔,现在在斯德哥尔摩环境研究所,以前在奥加特咨询公司,准备参与该项目的后者。然而,因为方恩斯·森德尔在 SEKAB T 的 ESIA 巴加莫约的过程中发挥了重要的作用(她是奥加特咨询公司负责初步 ESIA 之前的可行性研究的首席顾问,她不可能成为研究小组的成员,也调查 ESIA 的过程。我们因此决定将该项目分为两个部分。方恩斯·森德尔将只参与该项目的第二个阶段,该阶段尚未完成。相反,她成为研究项目第一部分的线人,并和其他线人一样接受了我们的采访。关于伦理问题,还应该提到在 2005 年本章的作者之一——科杰尔·哈维克和 ORGUT 签定了一份为期三年的合同。在这份合同中,四周的咨询项目被执行,重点支持基特多地区的苏莱杜社区森林。奥加特咨询公司在哈维克,在 2007 年和 2008 年坦桑尼亚进行其他田野调查时也在技术上支持他。2007 年 11 月,奥加特咨询公司在达累斯萨拉姆的办公室也帮助哈维克和瑞典酒精化工集团坦桑尼亚分公司建立联系。如前面提到的,该项目由瑞典国际开发署资助,支持北欧非洲研究项目"非洲的不平等和贫穷",由北欧非洲研究所马茨·哈尔斯马指导。

我们有理由质疑项目支持者的环境和社会影响评估团队的独立
性是否可以保证公正的结果。目前的做法是：环境和社会影响
评估由一个独立的顾问完成，这位顾问与支持者或投资者签订
了合同。但是，当申请投资许可证时，项目支持者通常将环境
和社会影响评估报告文件提交给相关的政府机构。对环境和社
会影响评估过程的批评是因为在环境和社会影响评估最终报告
被提交给政府部门之前对独立顾问的环境和社会影响评估报告
和结论所做的修改。结果和结论潜在的差异已经成为讨论有关
瑞典酒精化工集团坦桑尼亚分公司在巴加莫约地区的环境和社
会影响评估过程的核心论题之一。

　　环境和社会影响评估过程通常被分为几个阶段。但是在环 115
境和社会影响评估开始之前，应该针对项目或投资完成一个可
行性研究和技术规划演习。① 在坦桑尼亚正规的程序包括在国
家环境管理委员会（坦桑尼亚）完成项目注册后提交一份项
目简介。这份简介的内容被描述在 2005 年环境和社会影响评
估的章程中。基于这份简介，国家环境管理委员会（坦桑尼
亚）决定项目是否需要一个完整的环境和社会影响评估。该
过程包括一个筛选的过程，环境和社会影响评估受权调查的范
围以此为基础。假定国家环境管理委员会（坦桑尼亚）同意
了受权调查的范围（ToRs），环境和社会影响评估过程随后可

---

① 大型机构如银行、发展机构和援助者通常具有程序确保这样做，而民营 202
　企业在许多情况下被视为加速了这个过程。参见方恩斯·森德尔
　（2009）。

以继续基线研究。[①] 基线研究是环境和社会影响评估的第一个阶段，包含自然和社会环境。第二部分是一份总结文件，以基线研究为基础。总结文件为所提议的项目或投资的缓解措施制订详细的建议。这份最终的环境和社会影响评估报告以及基线研究由支持者或投资者提交给相关的政府机构进行评估。根据国家环境管理委员会（坦桑尼亚）的线人，支持者提交的环境和社会影响评估很重要，因为环境和社会影响评估也被看作是一份环境影响声明，它反映了支持者对环境的承诺。[②] 然而，在整个过程不清楚谁要负责做什么可能有损环境和社会影响评估的透明度。在坦桑尼亚，由副总统办公室编制的国家环境管理法案，规定了环境影响评估和指导方针的作用和结构（方恩斯·森德尔，未注明出版日期）。

116   通常，对于环境和社会影响评估的各个阶段，获取信息和信息分享的问题与环境和社会影响评估过程和结果相关并对其起着重要的作用。因为在大部分过程中，可能对遭受投资项目之苦的权利相关者隐瞒信息。当讨论生物燃料投资时，小农户和穷人最可能遭受到缺少信息分享之苦，因为土地权利（正式的和习惯的）以及灌溉的影响和需求可能没有被充分考虑。土地和水对于小农户、大型生物燃料项目和生态系统是关键的资源。在正式的政治结构和官僚机构，信息的缺乏可能导致做出的决策是基于错误的假设。在发展中国家，大型项目的外国投资者进行的土地掠夺是一个反复出现的话题（见第 1 章）。

---

① 2009 年 11 月 2 日，与鲁里加先生的交谈。
② 2009 年 11 月 2 日，与鲁里加先生的交谈。

因此，明确将与土地使用权相关的法律、规章和制度作为所有涉及的利益相关者遵守以及相关政府机构执法的基础是至关重要的。这是为什么国家环境管理委员会（坦桑尼亚）派出一个技术咨询委员会（TAC）团队对所提交的环境和社会影响评估进行审查的一个重要原因。通过一次实地考察，该团体检查环境和社会影响评估所提供信息的有效性。支持者支付费用，并且一次实地考察的时间通常为 3～4 天。① 不过，假如遇到一些涉及不同利益相关者的更大型、更加跨领域的项目，考察的时间可能不够。

　　准备交给政府机构的简要环境和社会影响评估的结构和目录在坦桑尼亚政府指南中被清楚地阐明。另一方面，项目的位置和性质不同，基线研究的内容和结构会有所不同，环境和社会影响评估的受权调查的范围中明确地规定了应包括哪些内容，这些被规定在进行环境和社会影响评估的顾问和支持者之间签订的合同里。但是，受权调查的范围要经过国家环境管理委员会（坦桑尼亚）的检查以确保具备一定的质量水平。②

　　2. SEKAB 巴加莫约项目——环境和社会影响评估过程的分析。在巴加莫约项目中环境和社会影响评估的第一个阶段，基线研究从 2008 年 1 月到 5 月开始进行，奥加特咨询公司是首席顾问。由奥加特咨询公司完成的研究包括 12 份文件，于 2008 年 5 月 8 日交给瑞典酒精化工集团，题目为"初步的环

---

① 2009 年 11 月 2 日，与鲁里加先生的交谈。

② 2009 年 11 月 2 日，与鲁里加先生的交谈。

境和社会影响评估（ESIA）"。① 使用"初步"一词，是因为
SEKAB T 还没有为投资项目提供一份可行性研究，因此，不
可能得到环境和社会影响评估的最终报告。奥加特咨询公司将
"任务的一部分"分包给阿迪大学（达累斯萨拉姆）
（ARU）。②

　　巴加莫约项目环境和社会影响评估过程的第二个阶段在
2008 年 5～7 月完成。2008 年 7 月，两个版本的巴加莫约环境
和社会影响评估出版。短文版共 64 页，由瑞典广播公司出版
发行。尽管奥加特咨询公司首席顾问的签名出现在第二页，但
奥加特咨询公司不承认这份文件。奥加特咨询公司声称这是一
个瑞典酒精化工集团坦桑尼亚分公司制作的文件。这份报告如

---

① 这些文件与 2007 年 8 月 3 日奥加特咨询公司咨询 AH 和瑞典酒精化工集
团生物燃料坦桑尼亚有限公司之间的合同有关，包括：在坦桑尼亚巴加
莫约提议的 SEKAB-BT 生物燃料发展项目环境影响评估的职权范围；在
以前的拉扎巴农场进行对生物乙醇生产进行的初步环境和社会影响分析
（ESIA）；基础研究 2.2.1 地球上现存的野生动物目录；基础研究 2.1.3
工业加工零件；基础研究 2.3.1 政策框架；在巴加莫约基塔梅潮间带地
区动植物目录；社会经济环境分析；土地使用报告；提议的甘蔗种植园
植物测量；专家研究：水资源；环境影响报告书（EIS）；利益相关者咨
询。这些产品在 2008 年 10 月 10 日被 SEKAB T 完全接受和支付。奥加特
咨询公司要求以上文件在 2008 年 5 月 8 日准时提交，并满足必需的专业
标准，考虑到信息是可以获得的（ORGUT，无标题，无日期）。

② 这个附加咨询合同的日期为 2007 年 11 月 12 日，有效期至 2008 年 2 月 4
日。该项工作的经费在 2008 年 2 月 12 日由奥加特咨询公司支付。在
2008 年 2 月之后，"奥加特咨询公司与阿迪大学没有合同关系，也没有向
阿迪大学和参与的任何一位个人顾问进行任何付款（奥加特咨询公司，
无标题：2）。

何进入公众领域尚不明确。2008 年 7 月份的第二个版本共 187
页。相比 5 月份的版本，7 月份版本有修改和增加的部分。奥
加特咨询公司的首席顾问评论了瑞典酒精化工集团的环境和社
会影响评估 7 月份版本，并且"在瑞典酒精化工集团明确地
接受了她提出的修改建议后，她为这份研究签署了研究团队的
名字"（奥加特咨询公司文件，无题目，无日期：1）。但是，
瑞典酒精化工集团的 7 月份版本比奥加特咨询公司首席顾问知
道的有更多的变动和修改。例如，在 7 月版本中下面的句子被
删除："〔巴加莫约地区发展〕概况没有明确地朝向新投资领
域包括生物燃料或者瑞典酒精化工集团规划的投资规模"以
及"这个项目可能想考虑用另一种不需要灌溉的原料生产乙
醇"。这与奥加特咨询公司首席顾问的意见不符。或者，奥加
特咨询公司的首席顾问没有仔细阅读她签过字的版本（考虑
到与瑞典酒精化工集团的合同已经到期并且付款已经完成），
或者在她签字后对环境和社会影响评估进行了修改。但是，7
月版本没有出现对 5 月版本进行的哪些修改以及由谁来完成
的。修改可能是由瑞典酒精化工集团坦桑尼亚分公司进行的或
者阿迪大学的顾问，他们直接被瑞典酒精化工集团坦桑尼亚分
公司聘用帮助准备提交给国家环境管理委员会（坦桑尼亚）
的 ESIA。[1] 然而，根据阿迪大学的首席顾问，在 7 月份文件被

---

[1]　很显然，奥加特咨询公司需要招募当地的同行，因为坦桑尼亚规定外贸
　　公司需要与坦桑尼亚公司一起工作（2009 年 10 月与玛图——阿迪大学博
　　士的交谈）。

提交之前，它的员工仅仅对结构而不是内容作了修改。①

7月份版本被提交给国家环境管理委员会（坦桑尼亚）进行审查，尽管奥加特咨询公司声称不知道这回事。但是，根据我们在阿迪大学的线人，重新调整的报告在被提交之前被送回奥加特咨询公司得到它的批准。换句话说，奥加特咨询公司和阿迪大学对于实际发生的情况具有完全不同的版本。关于审查的问题，国家环境管理委员会（坦桑尼亚）的环境影响评估部门在进行更全面的审查之前，对文件进行简单的审查看是否符合要求标准是相当正常的。② 奥加特咨询公司不认为它自己是7月份环境和社会影响评估版本的拥有者，它似乎对该版本没有影响。③ 然而，事实上，奥加特咨询公司首席顾问的签名确实出现在它声称不会承担责任的环境和社会影响评估版本上。

一旦报告被正式提交给国家环境管理委员会（坦桑尼亚）审查，国家环境管理委员会（坦桑尼亚）的技术咨询委员会据说已经评估了瑞典酒精化工集团坦桑尼亚分公司巴加莫约项目的环境和社会影响评估，并且完成了一次实地考察。在巴加莫约受影响的村庄，与我们谈话的一些线人确认他们接待了国家环境管理委员会（坦桑尼亚）的拜访。技术咨询委员以实地考察和国家环境管理委员会（坦桑尼亚）提供的其他报告

---

① 2009 年 10 月 30 日，与玛图——阿迪大学博士的交谈。
② 2009 年 10 月 30 日，与玛图——阿迪大学博士的交谈。
③ 2010 年 6 月 22 日，与奥加特咨询公司老板佩尔·吉尔茨奥加特咨询公司的交谈。

为基础制作的报告，本应该通过国家环境管理委员会（坦桑尼亚）主任向公众公布。但是，2009 年 10 月/11 月我们访问国家环境管理委员会（坦桑尼亚）时，我们无法获得这些文件，并且也不能从其他渠道获得。因此，我们不能直接了解技术咨询委员会给出的结论和意见，或者其他相关部门，例如，水利部门或农业部的意见。因此，我们不能对这些审查的内容发表任何言论。

　　巴加莫约项目的环境和社会影响评估最终报告于 2008 年12 月被提交给国家环境管理委员会（坦桑尼亚）。从访谈中获得信息表明，2008 年 7 月瑞典酒精化工集团坦桑尼亚分公司和阿迪大学顾问一起完成了与巴加莫约环境和社会影响评估相关的实地考察。2009 年 3 月 20 日，瑞典酒精化工集团坦桑尼亚分公司的佩尔·勒曼发送给奥加特咨询公司的一条信息说：正如你在文件中（环境和社会影响评估的 2008 年 12 月版本）看到的，我们和玛图博士（属于阿迪大学）在保证文件的质量上面花费了大量的时间，因为我们发现草案版本中包括许多不正确的表达。你也将从文件中发现我们决定实施/包括一些新增的研究，目的是：提高文件的标准达到一个可接受的水平以及满足国家环境管理委员会（坦桑尼亚）领导的技术审查委员会提出的具体问题。顺便告诉你，国家环境管理委员会（坦桑尼亚）现在已经将研究递交给环境部长进行最后的审批。我们能够理解强烈建议得到批准。因此，我们并不反对这份研究在瑞典国际开发署内部传阅。

120

表 6.1　瑞典酒精化工集团坦桑尼亚分公司在巴加莫约地区 生物燃料项目的环境和社会影响评估

2008 年 12 月份版本与 2008 年 5 月份版本的主要变化概述

题目以及整个文件中的"初步的环境和社会影响评估"已改为"最终报告",并且称为初步报告的原因解释被删除:"不幸的是,甘蔗农场和乙醇工厂都没有最终的规划供环境和社会影响评估团队用来分析,这种情况排除了许多最终的定量分析,它们通常是环境和社会影响评估的一部分。环境信息报告因此是一份初步的报告并表明最重要信息的缺失应该在最终报告制作之前给予纠正。"

报告中关于 8 个综合基线研究(植被、土地利用、野生动物、动植物、水资源、社会经济环境、咨询利益相关者等)的文本已被删除,包括受权调查范围的部分。这些基线研究没有作为环境和社会影响评估的一部分被提交给国家环境管理委员会(坦桑尼亚)。(删除和添加:与 2008 年 5 月份版本相比,环境和社会影响评估 2008 年 12 月份版本中斜体文本表明已经被删除的内容,下划线文本表明被添加的内容)

a. 关于实际需要一个什么样的"项目区域"存在一个很大的困惑。

b. 社会经济调查已经证明存在相对较多游牧活动的地区被建议转换为生物燃料作物。

c. 此外,来自邻近村庄(马卡伦格、卡多莫莱、马库朗格、马蒂珀威利)的人们利用以前牧场的小片土地进行长期或暂时耕种。

d. 机制需求的确定……巴加莫约地区在 2007 年制作了一份投资概况。6 个领域被特别提到:水果加工、旅游和酒店发展、教育、制酪业、蜂蜜和小型采矿。这份概况也突出了该地区缺乏森林产品并且依靠柴火和木炭做饭。而且,大量的可耕土地……被重点提出。除了列出麻风树作为 3 种物种之一可能被种在该地区外,没有提到甘蔗或生物燃料。概况还没有明确朝向新的投资领域比如生物燃料或者瑞典酒精化工集团规划的投资规模。

缓解措施——生物多样化

e. ……沿海红树林地区,可能受到用于项目灌溉不断增加的河水注入引起的水流变化的影响。

社会经济指标

f. 指标:收集森林产品的距离和时间。

g. 指标:用于解决项目活动失调的补偿计划数量。

对可用水的影响

h. 疟疾是与灌溉系统有关的主要热带疾病之一……[灌溉系统]不可避

续表6.1

免地引起当地社区疟疾的增加。

对生物多样化的影响

i. 将当前的植被转换为甘蔗单一栽培将对当地的动植物产生巨大的显著影响。在这个项目下，大多数野生动物的栖息地在土地改作农业生产的过程中将被破坏。

j. 它的[酒糟]酸性特征，高的生化需氧量含量以及巨大的体积使它的处理成为一个乙醇酿酒厂总环境影响的最决定性因素。

酒糟较高的化学需氧量和生化需氧量水平令人担忧。如果将未经处理的酒糟排进河水，河水的氧气水平将下降。这可能导致鱼和其他水生生物的死亡。

总结

• 这个项目可能想考虑用另一种不需要灌溉的原料生产乙醇。

• 甘蔗灌溉的需水量非常高。这表明，在一年的某段时间或某些年，有时，来自河里的供水可能不够用——最小的可用水必须被保持留在，河里以保护地貌和生态。

• 野生动物迁移和生物多样化丧失是严重的问题……

• 特别是地方政府和当地居民应该充分了解 SEKAB BT 看待它在提供社会和实物基础设施方面的企业责任的程度。访谈表明，在可持续生物燃料生产的实际执行问题上，还存在大量的空间或严重的误解。

• 能源需求和消费是国家当前面临的主要挑战。生物燃料项目的引入是一个受欢迎的机会。这些举措不仅仅减少对燃料进口的需求，而且通过增加就业和收入来源对减贫产生影响。[在 5 月版本完全不存在]

来源：瑞典环境影响评估中心（2009）。附录 1 中"瑞典酒精化工集团向瑞典国际开发署申请信用担保时提交的环境评估中环境和社会影响评估的一个比较研究"，由瑞典农业大学为瑞典国际开发署准备。

　　来自阿迪大学的首席顾问在一定程度上证实了瑞典酒精化工集团坦桑尼亚分公司的言论，因为他声称技术咨询委员会和相关部门的审查提出了许多问题，这些问题的答案必须在被提供 12 月环境和社会影响评估报告中。但是，根据相同的来源，这不是进行新研究的问题，而是在环境和社会影响评估最终报

告中包括更多来自基线研究的信息。这些信息还没有被认为足
够重要包括在第一个版本。[①] 但它是技术咨询委员会和相关部
门进行审查时所需要的。然而，根据瑞典酒精化工集团坦桑尼
亚分公司的声明，新增的"土地、工业、生物质和野生动物
研究由许多专门的主题专家完成。这些信息由阿迪大学的环境
影响评估专家按照奥加特咨询公司表达的同意协调的。"[②] 但
是，奥加特咨询公司使自己避开环境和社会影响评估的 7 月份
和 12 月份版本。一份对环境和社会影响评估 7 月份版本的详
细调查表明，5 月份环境和社会影响评估初步版本内容在奥加
特咨询公司不知情的情况下出现了大量的变动，但仍有奥加特
咨询公司团队领导的签名。然而瑞典酒精化工集团坦桑尼亚分
公司，通过它的领导，安德斯·伯格弗斯（2009 年 10 月 30
日的访谈），声明瑞典酒精化工集团坦桑尼亚分公司没有对结
论进行任何改动，而是遵照国家环境管理委员会（坦桑尼亚）
设定的标准程序。这与瑞典酒精化工集团坦桑尼亚分公司放在
其网站上的过程说明一致。

　　如上所述，瑞典酒精化工集团坦桑尼亚分公司以及阿迪大
学的首席顾问、国家环境管理委员会（坦桑尼亚）的线人，
声称对文件进行的修改是应对国家环境管理委员会（坦桑尼
亚）对环境和社会影响评估的审查，他们试图提高奥加特咨
询公司的工作质量。来自阿迪大学的顾问声称已经直接和瑞典
酒精化工集团签订合同承包负责这项工作，但得到了奥加特咨

---

① 2009 年 10 月 30 日，与玛图——阿迪大学博士的交谈。
② 2009 年 4 月 3 日，SEKAB 关于巴加莫约生物燃料项目的声明。

询公司的许可。① 当我们采访阿迪大学首席顾问时，他特别强调这是他参与重建过程的一项规定，在对报告正式审查之前，不应该对内容进行修改。②

ESIA 的 7 月份版本在 5 月份版本之后的变动是为了提高　121
质量的观点产生了许多问题。显然地，国家环境管理委员会（坦桑尼亚）的环境影响评估部门可能在报告被正式提交之前进行了一次非正式的审核。在这个阶段，过程的非正式性是一个缺点，因为它为推测需要什么样的修改以及为什么提供了依据。此外，一旦环境和社会影响评估被正式审核，获得国家环境管理委员会（坦桑尼亚）要求对环境和社会影响评估进行哪些修改/改善的书面记录的困难表明这一过程并不完全透明。最后，引起关键问题的原因是环境和社会影响评估的 12 月份版本发生的所有重要变动（对应 5 月份版本）导致系统的低估与重要环境因素，特别是与供水、野生动物和燃料木材有关的问题和风险（参见表 6.1）。此外，奥加特咨询公司为环境和社会影响评估完成的原始基线研究没有一份提交给 NEMC。

3. 各种环境和社会影响评估文件所做修改的评估。巴加莫约环境和社会影响评估过程的一个主要缺点是缺乏一项项目或者投资可行性研究。在这种情况下，一个正确的、相关的环境和社会影响评估很明显不可能被完成。但是，奥加特咨询公司通过将"初步"一词放在它提交给瑞典酒精化工集团坦桑尼亚分公司的一系列基线研究和项目的前面，解决了这个问

---

① 2009 年 10 月 30 日，与玛图——阿迪大学博士的交谈。

② 2009 年 10 月 30 日，与玛图——阿迪大学博士的交谈。

题。在坦桑尼亚，简要的环境和社会影响评估存在严格的指导方针，它是基线研究和应对该项目影响的环境、社会缓解方法的综合。如前所述，因为环境和社会影响评估的最终报告要提交给国家环境管理委员会（坦桑尼亚），瑞典酒精化工集团坦桑尼亚分公司与来自阿迪大学的顾问签订合同，之前这些人已经承接了奥加特咨询公司分包的准备基线研究工作。瑞典酒精化工集团坦桑尼亚分公司雇佣已经获得被提议项目的地址和面积信息的研究者或顾问是合理的。但是，有关内容可能被修改的矛盾言论对顾问的独立性和自主权产生了一定的质疑。

在接受投资许可申请之前，国家环境管理委员会（坦桑尼亚）似乎要求更多的说明。目前尚不清楚这些要求是什么，因为我们无法获得国家环境管理委员会（坦桑尼亚）技术审查的书面记录。但是，瑞典酒精化工集团坦桑尼亚分公司再次从阿迪大学雇佣相同的顾问根据国家环境管理委员会（坦桑尼亚）的要求调整报告。瑞典酒精化工集团坦桑尼亚分公司声称报告的最后工作提高了初步环境和社会影响评估的质量，而环境和社会影响评估的 5 月份和 12 月份版本之间变化的详细评述表明对内容的一次系统修改忽略了环境和社会方面。这是非常值得怀疑的，不仅因为它降低了报告的可靠性，而且因为项目或投资的可行性研究从未出现。很难理解国家环境管理委员会（坦桑尼亚）如何能接受一个缺乏项目可行性研究且不附带基线研究的环境和社会影响评估。考虑到可行性研究的核心重要性，很难接受或理解这只有由国家环境管理委员会（坦桑尼亚）和其他相关政府部门里没有能力的人来解释。

122　　可以预料，环境和社会影响评估在接受相关政府机构，本案例中是国家环境管理委员会（坦桑尼亚）的仔细审查（和要求）后可能会有所改善。但是，在本案例中突出的问题是关于环境和社会影响评估的改善是如何发生的缺乏透明度（瑞典酒精化工集团坦桑尼亚分公司的例子，2008 年 7 月份版本）。这个部分缺乏透明度是尤其值得注意的，因为在执行过程中它容易产生潜在的偏见，与原始环境和社会影响评估相关的工作也是如此。我们发现环境和社会影响评估不同版本的差异考验着瑞典酒精化工集团坦桑尼亚分公司在环境和社会影响评估过程和一般企业社会责任指导方针中承担责任的程度。在坦桑尼亚环境和社会影响评估过程缺乏透明度使瑞典酒精化工集团有可能采用双重标准：一组适用于母公司在瑞典的活动；另一组适用于它在坦桑尼亚的子公司，瑞典酒精化工集团坦桑尼亚分公司。不过，它不单单针对瑞典酒精化工集团和瑞典酒精化工集团坦桑尼亚分公司。

奥加特咨询公司承担准备环境和社会影响评估并使它合法化的工作。通过粗略地审核环境和社会影响评估的 7 月份版本的全部内容，奥加特咨询公司授予瑞典酒精化工集团巴加莫约项目合法性，这超出了它承担责任的阶段。因此，过程的所有权以及与它的各个阶段相连的产品需要在环境与社会影响评估过程中说明，并且在投资支持者和顾问签订的合同里有所体现。更加开放和透明的环境和社会影响评估过程也会帮助各利益相关者了解此过程，并可能有助于提高它的质量和治理。围绕政府预算分配过程和后续跟踪研究的开放性，实际上证明是有效的，例如，在乌干达和坦桑尼亚的教育部门。

瑞典酒精化工集团在鲁菲吉河地区的
生物燃料项目

1. 鲁菲吉河地区的投资。不管是对于收购还是租赁，大型生物燃料项目的一个关键方面是获得土地。在坦桑尼亚获得土地的最佳选择是通过长期租赁村庄土地。在 2009 年 2 月的一份报告中，瑞典酒精化工集团坦桑尼亚分公司的土地和农业经理概述了公司为了投资参与获得村庄土地的过程。虽然外国公司在坦桑尼亚不能拥有土地，不过它通过坦桑尼亚投资中心获得土地的使用权或租赁。坦桑尼亚投资中心的土地所有权由土地管理局授予，并且外国公司被授予一个衍生的居住权。这以租赁制度为基础，持有人只需为土地支付每年的管理费。根据瑞典酒精化工集团坦桑尼亚分公司的经理可知，土地获得过程的困难，到 2008 年末，导致"到目前为止几乎没有几个外国投资者获得这种衍生权利"。

123　　　为了获得村庄土地，外国投资者和它的本地子公司——瑞典酒精化工集团坦桑尼亚分公司被坦桑尼亚投资中心强制要求访问鲁菲吉河地区和村庄的领导，以确定和讨论适宜土地的可得性。对于一个允许外国投资者在衍生权利下租赁村庄土地的村庄来说，由超过 18 岁的所有村民组成的村民议会，必须给予它的同意。然而，村级别的讨论由于语言问题、文化障碍以及有关本地权利的不充足知识和信息造成了极大的误解。[①]

治理土地划界和土地使用的两个主要法律和监管过程，原则上，在土地租赁给外国投资者之前已经被阐明。村庄应该从土地部获得它的"村庄土地证书"，该证书以村庄边界和一个村庄土地使用规划（VLUP）的地籍调查为基础。截至 2009 年，11 000 个坦桑尼亚注册村庄中不到 1 000 个已经获得了村庄土地证书。村庄土地使用规划由国家土地使用委员会准备并且

---

① 在巴加莫约和鲁菲吉河地区受到 SEKAB T 项目影响的农村地区，它被各种非政府组织的研究证明，特别是行动援助（2009）和罗本茨等（2009）。这样的调查报告，尽管是以短期田野调查为基础，但是很重要。因为它们补充了关于紧急环境问题和当地居民的情况以及与投资公司（在本例中是 SEKAB T）的接触和认知等重要信息。但是这类调查的速度也使它们容易受到误导和事实错误的影响。例如，行动援助（2009）关于粮食安全讨论的报告（第 8 节）声称："如果鲁菲吉河三角洲被用于种植粮食而不是生物燃料，它可以向达累斯萨拉姆和周边地区，超过 500 万人提供全部的资金和粮食（翻译注）。结果可能是，鲁菲吉河三角洲现在，并且世代是密集种植粮食作物，特别是大米。生产的限制因素是沼泽和渗入到三角洲的潮水盐度。SEKAB T 在鲁菲吉河规划的生物燃料种植区没有针对三角洲，而是鲁菲吉河地区中部和西部以及洪泛地北部和南部的高地。在这些地区的耕种是依靠降雨的，产量因此依靠灌溉提高产量。因此，在鲁菲吉河地区一些 SEKAB T 的种植园的问题不是它们规划位置的面积，而是需要从河水中获得水的规模和体积。此外，SEKAB T 提出的一些规划甘蔗种植地区位于林木地，没有考虑气候效应，而其他耕种地区按照村庄土地用途规划用于村庄的粮食生产。从本质上讲，SEKAB T 没有仔细考虑许多规划的甘蔗种植的规模和位置，但是仔细考虑了自身的活动——关于洪泛地和高地农业的更多信息可以参考哈维克（1993：第 3 章和第 4 章）；霍格（2003）；奥曼（2007）；杜韦和哈默林克（2007）。甘蔗在"未使用"或未充分利用的土地上进行的小规模生产采用的一些灌溉技术有利于村民的生计。

显示了村庄土地不同用途的划分。根据委员会，准备土地使用
规划"是满足农村的客观需求以及为生物燃料生产找到额外
土地的唯一方法"。① 然而，准备村庄土地使用规划的过程进
展非常缓慢。

根据瑞典酒精化工集团坦桑尼亚分公司，公司按照法律程
序一步一步地启动获得鲁菲吉河村庄土地的过程。到 2009 年
2 月，瑞典酒精化工集团坦桑尼亚分公司与鲁菲吉河地区大约
90 个村庄中的 13 个进行交易。但是，因为村庄土地使用规划
还没有完成，瑞典酒精化工集团坦桑尼亚分公司决定"暂停
和大部分村庄的持续讨论，直至规划完成"。到 2009 年 2 月，
瑞典酒精化工集团只在四个村庄设法完成了讨论并划界，而且
获得了村庄议会的最终批准（奥斯卡森，2009：4）。瑞典酒
精化工集团坦桑尼亚分公司详细地说明了它处理复杂土地使用
权的过程，并且试图提供有关它强调将可持续和权利作为它经
营活动的指导标准以及它愿意进行"关于如何最好地实现社

---

① 国家土地使用规划委员会网站 www.nlupc.org/，2009 年 4 月。

会和环境可持续的严肃对话"等信息。① 这样做主要是对 2009年 6 月世界野生动物基金会（WWF）——瑞典的报告草案做出反应（罗本茨等，2009）。

2. 世界野生动物基金会——瑞典调查瑞典酒精化工集团坦桑尼亚分公司在鲁菲吉河地区生物燃料发展的发现。世界野生动物基金会——瑞典关于瑞典酒精化工集团坦桑尼亚分公司计划在鲁菲吉河地区进行大规模生物燃料生产的报告，是基于 2009 年 3 月末的一次实地考察，包括拜访并与瑞典酒精化工集团坦桑尼亚分公司所在村庄的领导和小农户的讨论。② 通过结合村庄地图（在村庄获得），瑞典酒精化工集团坦桑尼亚分公司提供的地图（提供关于它的规划信息）以及村庄土地使用规划地图（来自国家土地使用规划委员会）和访谈的发现，世界野生动物基金会——瑞典根据瑞典酒精化工集团坦桑尼亚

---

① SEKAB T 在 2009 年 6 月 25 日对 WWF——瑞典的报告草案作出官方回应（罗本茨等，2009）。据称，SEKAB 从一开始就指出可持续是最优先考虑的事，并意识到对社会和环境挑战困难，妥协是必须的。而且，"SEKAB 感兴趣关于如何最好地实现社会和环境可持续的严肃对话。"但是，SEKAB T 不认为"WWF 假设，陈述和猜测"可以成为一个"真实发展"建设性对话的基础，并且认为没有必要在这个论坛详细讨论他们（即 6 月 25 日的响应）。对此，我们的观点是如果其中一方对"真实发展"有规划，建设性对话就没有发展空间。罗本茨等（2009）为 SEKAB T 提供一个很好的机会，提供信息并解释为什么它的计划遵循他们原有的路径以及为什么愿景和实际的计划之间存在差异。发展援助和投资史充满了这样的差异，需要所有利益性相关者讨论目标是否能够实现。

② 参见上面的注释 33，关于需要采取批评的态度看待非政府组织和拥护团体基于短期田野调查提供的信息。当我们基于罗本茨等（2009）提供我们的分析时需要考虑到这一点。

204

分公司的位置和可能造成的影响，呈现一幅令人震惊的画面。它揭露了与瑞典酒精化工集团坦桑尼亚分公司描述的目标存在巨大的差异，后者强调可持续和本地的权利。世界野生动物基金会——瑞典提供的关键信息（罗本茨等，2009，它是此处呈现的两份地图的基础）如下文。

瑞典酒精化工集团坦桑尼亚分公司规划的投资区，瑞典酒精化工集团坦桑尼亚分公司向世界野生动物基金会——瑞典提供了两次地图。这两份地图显示了这个项目大致的地理位置，但是第二份地图呈现的区域更小并且承包的区域和村庄界限更明确。瑞典酒精化工集团坦桑尼亚分公司的鲁菲吉河项目的最初计划包括了30~40万公顷的甘蔗种植，但是世界野生动物基金会——瑞典收到的第一份地图显示总的项目面积仅为17.5万公顷。世界野生动物基金会——瑞典收到的第二份地图，项目面积进一步缩小，现在总计7.8万公顷（图6.1的多边形）。大约这片土地的15%（1.14万公顷）被标记为"承包种植计划"。

"承包种植计划"的性质。根据访谈和为图6.1提供基础的地图，世界野生动物基金会——瑞典发现毗邻瑞典酒精化工集团坦桑尼亚分公司项目的承包区域实际上要采用一种分成制，而不是承包种植计划，这可能会给小农户带来很多影响。该计划将由瑞典酒精化工集团坦桑尼亚分公司管理，并且所有利润将返给村庄（扣除瑞典酒精化工集团成本后）。

126　　　瑞典酒精化工集团投资区和保护区的重叠部分。通过对比瑞典酒精化工集团坦桑尼亚分公司在鲁菲吉河地区的投资规划区地图和联合国环境规划署保护区地图，世界野生动物基金

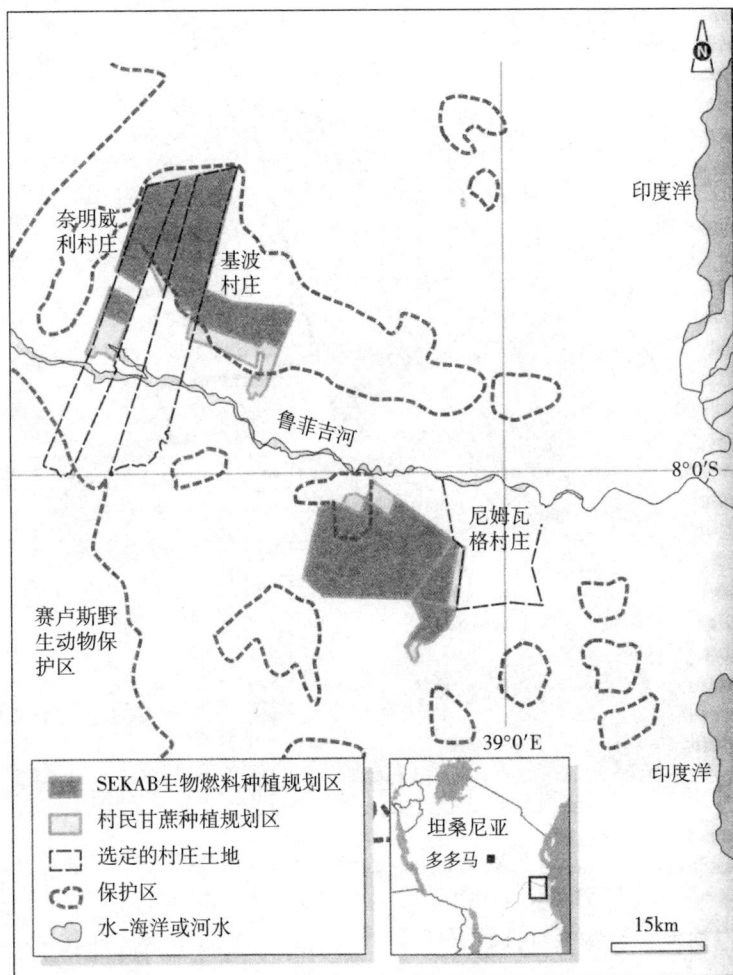

图 6.1 瑞典酒精化工集团的规划区、村庄土地和保护区

会——瑞典报告显示,投资的位置将破坏两个森林保护区,即位于鲁菲吉河南边的卡通杜(大约 6 000 公顷)以及北边的鲁希河(大约 80 000 公顷)(见图 6.1 和图 6.2)。根据联合国

图 6.2　村庄土地——基波和奈明威利

规划署，这些森林保护区不是被定义为重要的生物多样化区，而是国家级的保护区。

　　根据联合国环境规划署的地图，瑞典酒精化工集团坦桑尼亚分公司感兴趣的鲁菲吉河地区具有高等（148～563 吨碳/公顷）到中等（101～148 吨碳/公顷）的碳含量。根据世界野生动物基金会——瑞典，在这块土地上覆盖的 20 万公顷甘蔗种植园可能会改变当前储存2 000万~1.13亿吨碳的土地。相比之下, 瑞典每年道路交通释放的温室气体排放约2 000万吨二氧化碳, 相当于550万吨碳。因此, 根据世界野生动物基金会——瑞典, 如果储存在20万公顷植物中的所有碳都以二氧化碳的形式被释放, 它相当于4~20年瑞典道路交通释放的温室气体水平。

一份有关瑞典酒精化工集团坦桑尼亚分公司在鲁菲吉河地区大型生物燃料生产的初始风险评估报告在2009年6月被出版 (斯德哥尔摩环境研究所/资源评估研究所, 2009)。这份报告表明, 瑞典酒精化工集团坦桑尼亚分公司生物燃料生产规划区对碳封存的影响很小; 但是同时它有些自相矛盾地说, 风险尚未确定。

投资规划区、植被和碳。当世界野生动物基金会——瑞典将植被地图放在显示尼姆瓦格村庄土地上的甘蔗种植分界线 (包括承包地区) 的瑞典酒精化工集团坦桑尼亚分公司地图上时, 它表明规划的甘蔗种植将位于树木丛生的草地之上。实地考察证实了该片区域被米欧波森林覆盖, 据估计, 树木覆盖率超过30%。老的米欧波森林, 例如, 位于尼姆瓦格村庄在木材市场上吸引了愿意出高价的买主, 但是它们也储存了大量的碳。

投资规划区和村庄土地使用规划。世界野生动物基金会——瑞典从国家土地使用规划委员会收到的8个村庄土地使用规划中, 6个与瑞典酒精化工集团坦桑尼亚分公司感兴趣的7.8万公顷划界区域一致 (见图6.1)。根据世界野生动物基金会——瑞典分析, 以下村庄土地划分区会受到甘蔗生产的影响 (例如, 基波和奈明威利村庄土地使用规划在前图6.2上是重叠的）。

127	村庄	受影响的
	基波（见图 6.2）	预留土地（森林），牧场
	奈明威利（见图 6.2）	预留土地（森林），农田
	基普吉拉	预留土地
	恩邓邓伊坎赞	森林保护区
	恩戈龙戈　西	村庄森林，投资用地，稻田
	恩戈龙戈　东	投资用地，村庄森林，居民区

世界野生动物基金会——瑞典在村级的详细研究表明，瑞典酒精化工集团坦桑尼亚分公司的甘蔗种植园将对村庄土地产生不同程度的影响，但是范围在 15% ~ 77%。甘蔗种植园规划区会进一步减少一些村庄的可用农田。奈明威利村将它 60% 的农田转换为甘蔗生产，恩戈龙戈西为 49%（罗本茨等，2009：19）。斯德哥尔摩环境研究所/资源评估研究所（2009）假定甘蔗种植对粮食生产的妨碍风险很低。但是，它没有提供任何相应的村庄土地使用规划证明。这个假设与世界野生动物基金会——瑞典的发现相反。

磋商和补偿。根据世界野生动物基金会——瑞典在鲁菲吉河村庄进行的访谈，当瑞典酒精化工集团坦桑尼亚分公司与村庄磋商并达成协议时，该公司的策略似乎是一次只集中一个村庄。[1] 世界野生动物基金会——瑞典认为这个方法可能会削弱村庄从公平谈判中获益的可能性，并且如果协议存在巨大的差异，村庄之间的紧张局势也可能出现。在村庄进行的访谈表明，瑞典酒精化工集团坦桑尼亚分公司对社会发展做出了承诺，例如，建设学校。但是没有人提供任何有关这些承诺的后续信息。世界野生动物基金会——瑞典在它短暂的实地走访后提出看法，村民之间信息的缺乏意味着投资者承担一种特定责任，即确保当地生计的补偿和社会发展得到充分解决（罗本茨等，2009：21）。

一些评估。世界野生动物基金会——瑞典关于瑞典酒精化工集团坦桑尼亚分公司在鲁菲吉河地区大规模生物燃料生产的方法和规划提供的实地调查结果显示，瑞典酒精化工集团坦桑尼亚分公司很少关注环境的可持续性。大规模的甘蔗种植将部分地位于受保护的林地，并导致土地用途的变化，对气候变化产生不利影响。相应地，瑞典酒精化工集团坦桑尼亚分公司在鲁菲吉河进行的生物燃料生产是否符合欧盟的可持续标准是非常值得怀疑的。此外，当地粮食安全情况受到有计划入侵到村庄农耕区的大规模作物的不利影响。承包种植计划组织似乎更像是一个分成耕种安排而不是一个小农户可以影响生产和销售条件的方案。

---

[1]　在他们之间没有合作的空间的情况下，建立原子化村庄的策略在坦桑尼亚并不是新鲜事。从 1969 年开始，坦桑尼亚政府在它的村有化项目中采用了这种战略。尽管官方的格言是从下面注入发展，原子村的创建也是加强村庄政治控制的必需部分。参见哈维克（1993：195～214）。

128　　　　斯德哥尔摩环境研究所/资源评估研究所对瑞典酒精化工集团坦桑尼亚分公司在鲁菲吉河地区的生物燃料生产投资规划进行的最初风险评估，提出很少关于投资风险、气候影响、对耕地和自然保护区的侵害等问题。但是，这份报告的分析和结果被有限的地图文档支撑——远远少于世界野生动物基金会——瑞典报告的调查结果，它们的许多地图文档是从坦桑尼亚官方机构获得。斯德哥尔摩环境研究所/资源评估研究所研究对规划的大型灌溉生物燃料种植园的环境影响分析也很薄弱，尤其是它们对环境流量和脆弱的下游生态系统的影响，但报告建议这个问题应该被进一步调查（维登高，2009b）。

鲁菲吉河生物燃料项目的所有权从瑞典酒精化工集团坦桑尼亚分公司变为欧洲的生物发展公司，不意味着鲁菲吉河地区大规模生物燃料生产的挑战没有了。经营并拥有欧洲生物发展公司的人负责瑞典酒精化工集团坦桑尼亚分公司的灌溉和项目实施的第一个阶段。为了获得生物燃料和粮食进行的大规模土地收购和租赁的快速扩张和变化，导致迫切需要各处都适用的法律法规。

瑞典酒精化工集团坦桑尼亚分公司
申请信用增级担保

1. 申请。一份信用增级担保申请于 2009 年 7 月 28 日被提交给瑞典国际开发署。在申请书中，瑞典酒精化工集团坦桑尼亚分公司声称是一家"致力于在坦桑尼亚建立最先进的农业能源项目"的公司。如果它获得借款，将使瑞典酒精化工集团坦桑尼亚分公司"在 2010 年初完成我们第一个项目的财务收尾，并继续第二个项目（例如，鲁菲吉河）启动非洲第一个农业能源项目集群发展"（瑞典酒精化工集团生物能源坦桑尼亚，2009）。申请书进一步透漏瑞典酒精化工集团公司准备将瑞典酒精化工集团坦桑尼亚分公司以及它在东非的所有业务卖给少数所有者，生物发展在欧洲的有限责任公司，并且瑞典酒精化工集团坦桑尼亚分公司和瑞典酒精化工集团之间的乙醇收购和销售协议也准备就绪并即将生效。根据申请书，这些协议"对连续性至关重要，并且只要确保充足的资金使坦桑尼亚的经营继续，这些协议将开始生效。

　　将瑞典酒精化工集团坦桑尼亚分公司出售给少数所有者的 129 动机是"试图将非洲的经营项目从瑞典北部市政府中分离出来，同时维持与瑞典的联系并确保过程的持续性"。此外，申请书表明坦桑尼亚政府已被邀请作为瑞典酒精化工集团坦桑尼亚分公司 10% 的股票持有者，并且即将与坦桑尼亚石油开发公司签署的谅解备忘录努力使它成为瑞典酒精化工集团坦桑尼亚分公司的股东，从而在坦桑尼亚农业能源部门创造第一个公共—私营的合作关系。申请书描述从甘蔗中获得的乙醇和电力的联合发电正在成为主要的产品，可以降低碳排放并且为国内和国际市场提供大量的可再生燃料和电力。并且，整个项目可能成为促进农村地区可持续发展的一个引擎。

　　两个地区，巴加莫约和鲁菲吉河，已经被确定为坦桑尼亚项目的所在地。巴加莫约处于更高级的阶段。"土地已经被确定并划界，环境和社会调查也已经完成，并且一个甘蔗种子农场也被建立。"申请书进一步表明："股权参与准备就绪，与一个战略合作伙伴就建立工厂以及启动农业和工厂经营签订的协议也到位。项目正准备交给金融市场，并且当一家负责项目持续经营的独立公司被建立时，财政收尾在 2010 年初完成是可能的。"

瑞典酒精化工集团坦桑尼亚分公司叙述在鲁菲吉河，区域已经被确定和保护，土地测试已经完成，研究支持这些地区潜在项目的规划以及为未来项目的商业化修建一个管道。有人声称，"已经与中央政府、地方政府和社区建立了一个亲密和信任的工作关系"。① 此外，申请书说明已经开始进行详细地风险分析，尤其是与可用水、社会经济和环境问题相关。坦桑尼

---

① SEKAB T 和当地社区之间已经建立的信任工作关系受到行动援助（2009：第 5 节，关注 SEKAB 在村级如何直接协商）和罗本茨等（2009）的强烈质疑。行动援助针对 SEKAB T 的批评是它给参加村庄集会的村民报酬，该集会投票决定是否向 SEKAB 进行生物燃料生产提供土地。为此，每个参与人得到 8 000 坦桑尼亚先令（45 瑞典克朗）。此外，SEKAB T 支付 5 000 坦桑尼亚先令给每个参与大会并与来自 SEKAB T 的代表交谈的村民。我们认为，支付参与村级关键民主决策的农民的行为是错误的。因此，我们在这一点上同意行动援助的批评。但是，向参与 SEKAB T 讨论的村民进行的支付，可能干扰他们的工作或其他活动，看起来是合理的，不应该受到批评。许多报告，例如，行动援助（2009）提到村民似乎不知道什么村级机构有权利决定什么。例如，在受访过程中，扎达·赛迪·姆巴拉皮女士，鲁菲吉河地区的一名农业专家，说："这不是我的责任，决定 SEKAB 是否来到我们的村庄。这是由村委会决定的。因此，我不能影响决策（行动援助，2009：第 8 部分关于粮食安全）。根据坦桑尼亚村庄管理的法律和法规，这是错误的。这样的一个决策必须由村委会作出，每位超过 18 岁的人有权利投票。村委会仅仅是村庄的管理和执行机构，在没有得到村委会决策的情况下，没有权利从村庄转让土地。该决策随后受到地区土地官员的赞同，并最后得到土地委员会的决定。

亚当地的银行通知瑞典酒精化工集团坦桑尼亚分公司如果没有一个信贷增级担保,他们不能向它借款。申请书由瑞典酒精化工集团坦桑尼亚分公司的总经理安德斯·伯格弗斯签署。

2. 瑞典国际开发署对信用增级担保的评估、准备和决定。瑞典国际开发署的合作发展部负责决定瑞典酒精化工集团坦桑尼亚分公司申请一个信用增级担保的评估和准备。申请和审查过程之后,瑞典国际开发署内部和外部以及瑞典和坦桑尼亚政府官员产生了极大兴趣。支持非洲的可再生燃料和快速的农业现代化的游说组织,努力说服各届人士为申请书支持一个积极的结果。另一方面,坦桑尼亚、瑞典和其他地方的非政府组织、记者、研究者和活动人士,已经跟踪瑞典酒精化工集团案例很多年,反对瑞典政府支持瑞典酒精化工集团坦桑尼亚分公司在坦桑尼亚的发展。

瑞典国际开发署的专家关于非洲和坦桑尼亚的大规模生物燃料生产的优点的看法和意见也产生了分歧,该组织因此选择对申请书进行一次全面的评估。这份评估一部分是由在瑞典环境影响评估中心(SLU)的瑞典国际开发署环境评估服务台完成的。① (以下简称瑞典国际开发署服务台)对评估整体评价的部分内容是:

①瑞典酒精化工集团坦桑尼亚分公司提交给瑞典国际开发署的申请文件使它"无法评估经济、社会以及所提议干预的环境持续性"(申请书包括一个简要的申请文件,一份来自坦桑尼亚能源署的信心保证书,一份瑞典酒精化工集团坦桑尼亚

130

———————————

① 现在称为瑞典国际开发署外部专家为环境评估提供的建议。

分公司和坦桑尼亚石油开发公司签署的备忘录）。

②有关瑞典酒精化工集团坦桑尼亚分公司向坦桑尼亚银行的资金需求以及资金主要是用来做什么的信息缺乏。然而，瑞典酒精化工集团坦桑尼亚分公司表明在鲁菲吉河一个两万公顷的项目/单位将需要4.5亿美元的投资。瑞典酒精化工集团坦桑尼亚分公司希望在鲁菲吉河发展20~40万公顷的生物燃料生产，因此达到10~20单位，意味着投资成本为45亿~90亿美元。

③有人提出代表不同部门的坦桑尼亚生物燃料工作组，是否已经知道瑞典酒精化工集团坦桑尼亚分公司的申请。如果知道，它的观点是什么。

瑞典国际开发署评估服务台也充分地讨论了这个事实，项目的各种环境和社会影响评估已经进行并且首席咨询公司奥加特咨询公司和瑞典酒精化工集团坦桑尼亚分公司之间关于环境和社会影响评估的7月份和12月份版本的真实性出现了分歧。2008年5月8日和12月份版本之间的变化已经被详细地指出，其中最重要的内容呈现在表6.1中。评估也认为世界野生动物基金会——瑞典的调查结果使瑞典酒精化工集团坦桑尼亚分公司所宣称的完全符合欧盟可再生能源指令（RED）标准的目标产生了怀疑，世界野生动物基金会——瑞典发现种植园的位置和正在使用中的公共土地、高碳储量的森林保护区和受濒危物种国际贸易公约保护的物种之间存在着大量的重叠。①

———————————

① 参见 EU RED（2009）。SEKAB T 计划与 EU RED 标准相关的问题尤其是与帕里斯 3b，3b（ii）和 4b 有关。

它还指出,根据环境管理法案,公司法 191 条和 2005 年环境影响评估和审计法规,瑞典酒精化工集团坦桑尼亚分公司在巴加莫约和鲁菲吉河地区的项目应受到一个独立的、可参与的环境和社会影响评估的约束。此外,鲁菲吉河项目,由于它的规模和各种潜在影响,可能受益于一个战略环境分析,或者最好是国家层面的一个战略环境分析可以指导国家层面的投资。

瑞典国际开发署评估服务台基于大量的研究,继续对于项 131 目的机会和风险做了简要的结论。[①] 评估的内容包括:水;社会经济;土地用途/小农户;生物多样性;气候变化;坦桑尼亚法规和政策框架;国民经济;大规模生物燃料投资的可持续性。评估的结论是:

重要的是为这份评估依据的报告中提到的鲁菲吉河和巴加莫约项目研究替代发展路径,参考当前的生计和自然资源使用,当地的需求和传统,并将其与瑞典酒精化工集团所建议的投资提供的风险和机会进行对比。

表达的主要担心包括:瑞典酒精化工集团坦桑尼亚分公司对环境和社会影响评估研究进行的调整;关于借来的钱用在何处以及做什么缺乏清晰度;审查的研究中呈现的环境和社会福

---

① 世界自然基金会鲁菲吉河研究;环境和社会影响分析巴加莫约 (5 月份版本);斯德哥尔摩环境研究所鲁菲吉河风险分析;坦桑尼亚林业工作小组报告;国家生物燃料特别工作小组文件;坦桑尼亚当地研究人员制作的大规模生物燃料投资可行性分析;恩康·贝利制定的政策框架和监督审查;SEKAB 可持续方法;SEKAB 关于环境和社会影响分析的声明;SEKAB 环境分析评估证书。

利风险以及坦桑尼亚的法规还没有准备好处理这种规模的生物燃料投资的事实。而且，由于鲁菲吉河与森林保护区的重叠，目前投资的形式没有遵守欧盟的可持续标准（瑞典国际开发署环境评估服务台，2009）。

瑞典国际开发署在 2009 年 10 月 29 日对信用增级担保作出决定，拒绝申请的主要原因如下：①

①担保的申请书不符合新法令的要求——发展贷款和担保（例如，标准之一是产品或服务的采购应该在国际竞争中进行）；

②担保的目的是支持特定的项目，而不是为发展成本融资；

③与项目潜在优势相关的社会和"绿色"环境风险被认为很高（影响敏感并已经受到威胁的环境）；

④是否满足欧盟可持续标准不确定；

⑤坦桑尼亚的法律框架太脆弱，很难管理瑞典酒精化工集团所提议的那种类型和大小的生物燃料投资。

关于瑞典酒精化工集团在坦桑尼亚 生物燃料规划的主要结论及其意义

要求对上述发现进行总结性评论，存在三个主要问题：一是关于坦桑尼亚处理像生物燃料投资这样大型的、交叉项目的能力，尤其是国家环境管理委员会（坦桑尼亚）处理这些的

---

① 瑞典国际开发署合作发展部/AKTSAM（2010）以及那些进行报告、介绍和审批的瑞典国际开发署官员和其他 9 名官员，阐述了斯德哥尔摩瑞典国际开发署内部的各个部门和能力，在标题为"协商"下签约。

能力；二是关于顾问以及他们如何与支持者、参与环境和社会影响评估过程的政府机构联系；三是与投资者的道德行为有关，尤其是在瑞典酒精化工集团和瑞典酒精化工集团坦桑尼亚分公司这样特殊的情况下。

国家环境管理委员会（坦桑尼亚）似乎有一个详细的结构可以确保促进环境和社会影响评估的高质量。然而一旦环境和社会影响评估被提交给它，缺乏一个清晰和透明的跟进过程。国家环境管理委员会（坦桑尼亚）在环境和社会影响评估文件正式转交之前对环境和社会影响评估的质量提供了非正式审查，为质疑过程的透明度以及项目支持者和国家环境管理委员会（坦桑尼亚）的关系留有余地。参考巴加莫约的环境和社会影响评估报告，国家环境管理委员会（坦桑尼亚）在2008 年 7 月环境和社会影响评估提交之前进行的非正式审查为质疑报告的可靠性提供了依据。此外，由于从技术咨询委员会和相关部门获得审查材料具有一定的局限性，环境和社会影响评估过程——尤其在 7 ~ 12 月期间——在责任方面是不透明的并缺乏清晰度。国家环境管理委员会（坦桑尼亚）需要明确其正式的程序，并且在所有情况下密切跟踪，以避免对环境和社会影响评估过程以及此后的环境和社会影响评估报告内容的合法性和责任承担产生任何的疑问。放松获得环境和社会影响评估审查书面文件的限制可以提高过程的透明度，提高环境和社会影响评估独立研究责任以及有关该项目支持者"独立"意思的透明度。巴加莫约案例已经表明，除非这是透明的，否则环境和社会经济问题风险在环境和社会影响评估过程中不能被充分强调。

132

　　国家环境管理委员会（坦桑尼亚）需要增强为具有交叉性质的重大项目评估环境和社会影响评估的能力，并且一旦项目被批准能够执行缓解措施的管理。巴加莫约生物燃料项目存在一个缺点是缺少为项目环境和社会影响评估提供一份可行性研究。国家环境管理委员会（坦桑尼亚）决定给一个没有提交基线研究以及在一份合适的可行性研究中缺少基础的项目发放许可证，这表明问题还不止是能力的缺乏。

　　关于顾问的作用，首席顾问奥加特咨询公司和来自阿迪大学的副顾问很明显不应该在需要一份合适的可行性研究方面妥协。在环境和社会影响评估 5 月份版本的标题上添加"初步"的做法不能免除奥加特咨询公司推动正确过程的责任。但是，该公司可能不是第一个做出这样妥协的。这反映了咨询行业整体面临的一个挑战，不管是个人还是公司都要努力创造收入。瑞典酒精化工集团作为瑞典酒精化工集团坦桑尼亚分公司的大股东也会为不能确保巴加莫约项目环境和社会影响评估产品之后紧跟着正式程序承担责任。瑞典酒精化工集团，是一家经验丰富的市属瑞典能源公司，具有为实现可持续做贡献的愿景。但是，瑞典酒精化工集团坦桑尼亚分公司在巴加莫约项目的环境和社会影响评估过程中以及在它的鲁菲吉河地区生物燃料发展的项目规划中发挥的作用，表明公司在重要领域不能实行研究机构和联合国机构的建议。[1] 一个在瑞典的技术发展享有崇

---

① 由 IFPRI, IHED 与 FAO 和 IFAD 共同（科图拉等，2009），UN/SRRF
　　（见第 1 章）为生物燃料发展和粮食生产进行的大规模土地收购和租赁提
　　供的指导方针和建议。

高国际声誉的公司，如何规划它在坦桑尼亚具有上文提到的缺点和过错的活动呢？巴加莫约和鲁菲吉河项目的环境和社会影响评估和规划过程的缺点，给出理由质疑不仅坦桑尼亚的一些官僚过程，而且瑞典酒精化工集团在坦桑尼亚经营的道德标准以及在后续过程中顾问的责任和权利。生物燃料生产的自愿标准或指导方针将最有可能不被遵守。国际上适用于大规模土地收购和租赁的公认行为规范需要解决这种情况——例如，具有"强大效应"的法规可以被实施。到目前为止这些法规仍然缺失。

但是，应该承认瑞典酒精化工集团坦桑尼亚分公司所起的积极和建设性作用，它和援助者，例如，瑞典国际开发署和北美防空联合司令部合作，与坦桑尼亚相关部门和机构对话，为坦桑尼亚的生物燃料部门的法规和指导方针的讨论和推广创建一个空间。根据会议、访谈以及到坦桑尼亚的实地考察，我们发现瑞典酒精化工集团坦桑尼亚分公司已经获得坦桑尼亚和外国的相关人才，着手为生物燃料生产收购土地。营运经理和当地的瑞典酒精化工集团坦桑尼亚分公司官员有足够的经验理解获得生物燃料生产所需土地的复杂度。但是，瑞典和坦桑尼亚的瑞典酒精化工集团领导在环境和社会影响评估过程中都走了捷径，损害它的质量。

关于援助者和非政府组织所起的作用，瑞典驻坦桑尼亚大使馆对于生物燃料在该国的发展——尤其是瑞典酒精化工集团坦桑尼亚分公司的规划持积极的看法。瑞典和挪威援助机构均支持坦桑尼亚为生物燃料部门制订急需的指导方针和规章制度以及生物燃料政策。非政府组织通过实地考察和宣传工作获得

133

的报告，公开瑞典酒精化工集团坦桑尼亚分公司在巴加莫约和鲁菲吉河规划的内容和影响，发挥了重要的作用。在支持环境影响评估和规划过程的各种咨询报告中没有被正确识别或评估的重要信息，现在已经可以获得，这对瑞典酒精化工集团坦桑尼亚分公司项目做出了全新的解释。非政府组织因此证明了他们有能力深刻认识到生物燃料在坦桑尼亚和整个非洲推广的复杂性。然而，快速地评估和研究——尽管有时利用了大量的技巧，例如，罗本茨等（2009）的世界野生动物基金会——瑞典报告——也透露当评估从受访者获得的信息时缺少背景信息和批判能力。

第7章 土地再分配改革时期
津巴布韦的农业投资

普罗斯珀·B. 马通迪[1]

引 言

大型投资者为农产品生产、林业、采矿和环境设施的供应   134
进行的大面积土地收购最近引起相当大的关注。这种现象被描
述为"土地掠夺",当大规模的土地收购在非洲、拉丁美洲、
中亚和东南亚发生——通过国际和国内投资者——作为土地发
展的一种投资(科图拉等,2009;联合国粮食农业组织,国
际农业发展基金;联合国贸易与发展会议和世界银行集团,
2010)。有关非洲土地掠夺主题的各种表达已经在媒体广泛传
播,"土地掠夺"被定义为出于投资的目的在一国国境外寻找
和获得土地的过程。除了"土地掠夺",我们听到的表达诸
如"商业化"、"殖民化"、"气候殖民主义"、"新帝国主义"、

---

① 真诚的感谢帕希斯·穆托波提供的研究帮助。   205

205

"农业投资"、"新土地侵略"……大型的土地收购在广义上可以被定义为收购（通过购买、租赁等）面积约1 000公顷的土地（科图拉等，2009）。土地收购不仅包括所有权的购买，还有使用权的收购，例如，通过租赁或特许权，可能是短期或长期的。科图拉等（2009）然后将土地交易的基本形式描述为涉及至少两个参与者的交易，认为：

> 一方面，有一个收购者。在非洲的背景下，它通常是一个私人或合资公司，但是它也可以是一个直接收购土地的外国政府。交易的另一方是土地供给者，可以是政府或者很少是一个私人土地所有者。

在津巴布韦土地收购的各个方面都是由政府处理，当地社区保留使用和管理土地的权利。在这种情况下，政府可以强制收购习惯土地，因为土地归政府所有，以信托形式交由总统持有。

"掠夺"或"侵略"表达被用来吸引人们关注对当地社区的影响以及征用的可能性（哈尔，2010；科图拉等，2009）。然而，在津巴布韦，土地掠夺的类型似乎有所不同，本章将对此进行解释。津巴布韦从 2000 年经历了侵占白人农场土地（也称土地侵略），导致土地改革方案进入快车道。侵占由当地津巴布韦人进行并抢占了国际头条新闻（在过去十年里一直维持不变的特征）。但是，国内土地侵占（或土地掠夺）不同于当前的土地掠夺浪潮，后者具有国际特征并受到减贫以外利益的驱动。津巴布韦的土地掠夺也有所不同，因为国内私人

135

经济利益主体正在与租赁国有土地用于农业投资的外国人合作。这与科伦班特（2010）描述的不同：

> 私人投资者出于粮食不安全的考虑全部买下农田的趋势，但是，在第三世界土地丰裕的国家，尤其是在非洲，正迫使百姓离开家园……但是更重要的，这种现象被称为"土地掠夺"，因为它正在掠夺资源，这对于确保这些国家的粮食安全至关重要。

然而，国内投资者在津巴布韦进行的农业投资仍然对当地人们的土地权利构成了严重的威胁。当前的农业投资没有了解当地的需求和利益，导致少数上层集团，与外国投资者合作，似乎（或可能）从农业投资交易中获得收益。私人部门（国家和国际）与国家合作从土地中获得经济利益，按理应该安置好民众。许多以前失去土地的地主似乎正以一种新的模式和国家合作返回到农业。在本章，我将注意力转移到在当地广受争议的津巴布韦的土地投资新形式（《周日邮报》，2010）。

对三个公共和私人农业投资项目进行分析，为了解津巴布韦国内公司投资者和外国投资者合作获得土地的情况提供基础。应该说这三个项目出现并受到一个公共半国营、国内和国际私人利益的资金支持。第一个项目是个麻风树项目，由政府在整个国家实施，目的是在国内生产燃料，当时由于经济危机，该国正面临着严重的燃料短缺。由于当时面临的经济危机，政府没有能力支付燃料供给。第二个项目，在马尼卡兰省的奇苏班杰，是政府——通过半国营的农业和农村发展机构

（ARDA）——和一家名叫津巴布韦生物燃料有限公司的私人企业的国内和当地投资者之间的私人——公共合伙企业。项目利用农业和农村发展机构的社会地位种植用于生产生物柴油的甘蔗。第三个项目涉及一家私人信托公司（津巴布韦发展信托），它属于以前的津巴布韦非洲人民联盟爱国阵线（ZAPU-PF）（由已故的约书亚·恩柯摩领导，国家自由斗争的领导之一）。这家信托公司与津巴布韦生物燃料有限公司的当地投资者合作，在一个项目中利用马斯温戈省姆韦内济。后两个项目因此具有一个共同的私人投资者驱动农业投资。

在津巴布韦外商投资土地的困境

136   津巴布韦在 2000 年开始一项土地改革计划，借此土地通过强制收购从大型的所有者转移到中小型农场主。土地改革和安置计划影响了大型商业农业部门的所有权。大约160 000新所有者（在近 700 万公顷土地上）取代了4 500个以白人、大型为主的农场主，他们占领了全国大致相同面积的土地。据估计，1 240万公顷的商业土地，政府已经收购了其中的1 040万公顷。剩余的土地仍然归大型的商业农场主所有，其中一些仍有争议，没有法律授权，被新土地"所有者"占有。在不到十年的时间里，大型商业部门已经发生了变化，并且大部分控制在小规模生产者手中。随着转移的发生，小农户拥有的大部分土地由于各种因素撤出生产。

这种发生在短期并缺少充足资源的大规模土地转移的主要结果是，土地不能得到充分利用并影响了一系列的农产品。相

应地，政府决定允许在没有争议的土地上恢复大规模的商业种
植。这样的土地可能在收购时被故意忽视，因为它被有效地用
于农业用途。但是，一些归政府所有或者归信托公司所有，政
府在其中占有股份的土地，似乎就不必再进行安置。与此同
时，津巴布韦政府一直鼓励针对归它的半国营集团所有的土地
恢复农业，它们可能有助于粮食安全。在奇苏班杰地区归农业
和农村发展局（津巴布韦）所有的土地例子中，国内和国外
投资者通过在农业投资方面与政府合作确定一个有助于恢复农
业的机会。

　　鉴于这种情况，外国人在津巴布韦获得土地，严格地说，
没有和非洲其他地方和大陆以外的地区遵循相同的趋势。考虑
到津巴布韦被迫土地收购的经历，外国投资者需求津巴布韦的
土地几乎是没有道理的。然而，国外对津巴布韦土地的兴趣仍
然很高。在一份有关非洲土地掠夺的比较研究中，萨姆·摩约
（一位津巴布韦土地专家），在 2010 年 3 月开普敦的一次会议
上演讲，将国际对津巴布韦土地投资的经历描述为"反对与
一致"。因此，津巴布韦的农业投资应该需要区别于全球抢购
和外商进行的投资，像在非洲其他地区和拉丁美洲看到的一
样。而且它发生的时间是津巴布韦正在实行一项土地改革计
划，主要针对归外国所有的土地。

津巴布韦大规模外国土地所有权的背景

　　外国在津巴布韦的投资并不是新现象。虽然以前白人地主　　137
拥有的面积已经减少，外国人在双边促进和保护协议

（BIPPAs）下仍然保留大量的土地。这种双边促进和保护协议
农场具有外国所有权的所有形式——英国、德国、马来西亚、
南非、马来西亚、荷兰和中国等。然而，许多土地在非双边促
进和保护协议安排下仍由外国跨国公司所有，这些公司没有在
津巴布韦注册。然而，据说当这类协议不存在时，一些私人土
地所有者要求双边促进和保护协议保护，以避免土地被政府强
制收购（MLRR，2009）。这迫使政府审核所有的双边促进和
保护协议，尤其是与土地和农业相关。该评审结果尚未公布。
自土地改革计划开始以来，由于津巴布韦的国际孤立，政府在
称为"向东战略"的框架下，开始与一些国家建立关系，例
如，中国、利比亚和伊朗，相对于西方国家，这些国家与非洲
具有不同的政治意识形态（奥尔塔，2008）。[1]

媒体报道称，在2002年正值石油危机之际，利比亚已经
尝试一个"燃料换土地"的交易，但是没有成功。[2] 此外，互
联网报告显示，中国正在购买大片的土地用于农业和涉农产
业。一位消息人士表示，在2008年，他们收购了101 171公顷
的土地用于农业（奥尔塔，2008）。据说，马来西亚通过马坦

---

[1] 这是一个政治声明，它的持续用途创造了一个"虚拟政策"，因为在公共
领域没有政策文件支持它。然而，根据投资和信贷协议已经制定了帮助
津巴布韦的重要决定。津巴布韦政府提供的回报是未知的，因为交易不
是公开的。

[2] 它受到利比亚人的怀疑，其声称他们从津巴布韦进口的牛肉可能被误解
为在土地和农业方面的投资（《先驱报》，2002年4月5日）。利比亚和
津巴布韦政府签署了一项5 000吨牛肉配额的协议，有可能增至12 000吨，
作为正常贸易关系的一部分。

苏卡投资公司在该国的东部投资于农业，但是，在双边促进和保护协议的安排下。然而，这是巴西技术人员在场的情况下，他们帮助在该国东南部建立一个乙醇工厂，这对新兴国家在生物燃料投资的角色提出了疑问。

津巴布韦政府对外国人拥有的土地所有权有一种特定的厌恶感，并呈现在它的土地改革计划中。土地所有权的种族特征以及相关的差异——大量的土地由白人拥有（平均2 000公顷），通常是该国最肥沃的土地，而少于1公顷的由大部分黑人拥有，主要是在贫瘠或退化的商业土地——是痛处，它被转换为政治行动。

此外，跨国公司的出现有强大的国际联系，那些拥有土地的人富裕，那是大部分津巴布韦人是穷人，为政治抗议提供了动机，这导致土地改革计划的产生。尽管在双边促进和保护协议下许多商业公司在生产方面表现得特别的好，大多数公司整体倾向于未充分使用他们的土地。津巴布韦人也不满意大地主的国籍和公民权，并感到双边促进和保护协议不公平，因为有双边促进和保护协议的存在，没有一个津巴布韦人可以很容易获得国家的土地，而这是协议的关键条件（MLRR，2009）。

政府官员承认，因为土地改革计划进行的速度，没有适当地考虑政府已经同意的归外国所有的土地将如何处理。在2000年，土地改革计划的开始，原则是由国与国双边投资协议包括的农场免予再分配的努力。但是，在2000～2003年期间，政府审查了这一政策（乌泰泰报告，2003）。达卡雷（2009）注意到14个国家（51个双边促进和保护协议中的），拥有277个农场，总计1 015 288.286公顷。在277个农场中，

138

214 个被重新安置在 A1 或 A2 的模型中，[①] 有6 011个受益人。其中的一些协议仍然由国会批准。政府随后成立了一个内阁委员会，调查双边促进和保护协议农场的问题，以签署协议后农场是否满足投资的门槛为基础，特别关注列出或清除一些农场的可能标准。此外，委员会的任务是审查所关心的财产是否受出口法规管制，是否存在交换这些财产的可能，这取决于他们对重新安置的适应性。

在双边促进和保护协议所属的农场上，政府采取措施驱逐一些未能遵守双边促进和保护协议的土地占领者。但是，在某些情况下，它也存在一个相似的项目通过"共存"的过程谈判土地分成，即在有问题的情况下，移居者的迁移出现困难，双边促进和保护协议所有者留下了部分农场，移居者有了一些土地。政府也承诺赔偿，尽管它没有资源来支付它。外国土地所有权的问题需要在津巴布韦的土地改革计划的国际政治背景下考察。政府可能感觉到，因为被西方国家孤立，他们的公民也是双边促进和保护协议的受益者，它没有义务尊重那些双边促进和保护协议。双边促进和保护协议在农业的收益上遭到质疑，鉴于获得土地的压力以及一些财产高于政府设定的最大农场规模限制。因此，当津巴布韦的土地改革计划还没有被完全

---

① 2000 年，政府设计了 A1 和 A2 模范农场作为区分各种等级农场的基础，目的是建立政府强制收购的大型商业农场。A1 农场是基于自然区 Ⅰ 到 Ⅲ，一般小于 12 公顷的小农场，取决于生态地区扩大规模。这对于那些没有充足资源的人们意义重大，例如，来自公共和城市地区的穷人。A2 是一个更大的农场，至少 30 公顷，并且也根据生态地区扩大规模。这些将分配给自己拥有资源、从事商业生产的受益人。

解决时，我们在试图解释那时发生的外国土地投资时遇到大量的问题。在看似高风险的市场，是什么给予国内外投资者信心？

津巴布韦的农业燃料历史和甘蔗生产的背景

在津巴布韦农业用于燃料生产不是一种新现象，早在 20 世纪 60 年代，从甘蔗中提取乙醇的生产集中在津巴布韦（罗德西亚）低地地区。英美公司（AAC）建立一个乙醇工厂，当时国际制裁反对伊恩·史密斯的白人少数政府（1980 年，津巴布韦独立之前罗德西亚的已故首相），目的是防止向史密斯政府施加的国际制裁。工厂用于生产乙醇的甘蔗，种植在该国危险的东南部地区英美公司和其他公司旗下的大型种植园中（德芙，2007）。

这个项目在 1991 年经济和结构调整计划时被终止，由于高成本（相对于燃料进口），因为乙醇生产仅占该国燃料需求的一小部分。1991 ~ 1992 年的干旱也影响了低地地区的经营，降低了甘蔗产量。因此，不再强调能源结构。因为它的不利影响，在从甘蔗提取乙醇时禁止使用苯，这也导致其关闭。

在津巴布韦甘蔗种植部门一直由私人跨国公司主导。该国有两个大的甘蔗制粉公司：希波庄园（当地的一个上市公司，超过 50% 的股份由特里安格莱糖公司拥有）和特里安格莱有限公司（隶属于通加特·胡莱，一个南非企业集团）。两个工厂从私人独立的商业种植者获得 30% 的糖，剩余部分从它们自己的种植园姆卡瓦辛获得。由于良好的生长条件，它们可以

139

以低成本（按世界标准）生产600 000吨糖。1999 年，糖的种植面积约43 000公顷（产量为463 000吨）；到 2007 年，该种植面积已经降到361 000公顷（产量为300 000吨）。这些数字促使政府和利益相关者寻找遏制下降的方法。

140　　　在欧盟支持的一个甘蔗生产适应战略下，官方信息表明，它们打算增加甘蔗面积超过 140 000 公顷并降低 15% 的燃料进口。生产的糖大部分在国内市场销售，也有一部分出口到欧盟和美国（配额为128 000吨）。在该国东南部的生产地区推动农业投资是在农业复兴的背景下。然而，生物燃料言论以及它产生的国际利益似乎符合津巴布韦乙醇生产的历史。事实上，政策制定者已经识别到一股新的机会，通过吸引外国和国内投资者进入农业领域可以使国家受益。

推动大规模的商业土地投资

2005 年，政府着手处理几家当地和国际公司，包括英美集团津巴布韦，提议恢复位于马斯温戈省低地的已经废弃的 Triangle 乙醇加工厂。作为回报，政府提出恢复它从英美集团没收一些土地作为它土地分配计划的一部分。到 2010 年，Triangle 加工厂已开始生产酒精和其他化学物质，尽管数量相对较少。但是作为 Triangle 工厂复兴的一部分，新脱水技术的安装预计将导致充足的乙醇生产，帮助政府实现到它的燃料进口额到 2010 年减少 15%。2010 年底，很明显这个目标——对于私营企业（包括特里安格莱和奇苏班杰工厂）以及在哈拉雷由 NOCZIM 经营的麻风树工厂——没有实现。尽管哈拉雷的

NOCZIM 工厂在运营，但却遭遇没有充足的麻风树来生产柴油。另一方面，特里安格莱和奇苏班杰工厂的基础设施建设进程缓慢，因此，乙醇的实际生产必须延期几次。

2004 年，从事普拉迦行业的克莱夫·尼科勒有限公司（在孟买证券交易所和印度国家证券交易所上市的一家领先的乙醇蒸馏器和生产公司）作为一个技术合作伙伴和顾问设计来设计和安装乙醇工厂。这发生在与津巴布韦国家石油公司（NOCZIM）一个政府半国营集团协商成为一个关键合作伙伴之后（见表 7.1）NOCZIM 应该是 Triangle 甘蔗公司生产出的乙醇的关键客户，NOCZIM 将其作为燃料和其他副产品处理并出售给大众。但是，这个项目被新的国内投资者超过，它和津巴布韦发展信托（DTZ）在姆韦内济农场达成一个土地租赁协议，创建津巴布韦生物燃料有限公司（ZBE），这将在下文讨论。

表 7.1　半国营集团的前首席执行官的证词 141

早在 1994 年初，已经走出了 1991/1992 年具有破坏性的干旱，作为粮食营销委员会(GMB)的首席执行官，我接手克莱夫·尼科勒，代表利翁·德恩辛迪加。这是一个商业农民团体从班凯特通过奇诺伊延伸到利翁·德恩。他有一个生物燃料项目，其原材料是玉米和大豆。

这些农民希望我和 GMB 支持这个项目,它可以提供燃料并节省该国大量的外汇。大片的土地将用来种植用于生物燃料的玉米和大豆生产。经过认真研究该项目的影响之后,考虑马绍纳兰西部是主要的粮食生产地区;进一步考虑,没有任何扩张的提议或计划,维持用于种植庄稼的土地换取生物燃料。我告诉农民我们不支持,GMB 停止了该项目。

来源：加塞拉（2009）。

考虑到经济危机，特别是津巴布韦面临的能源危机，政府对此表达了兴趣并开始努力恢复乙醇生产。多年来，在能源的投资已经扩大包括一般农业商业化生产，由农业和农村发展局（津巴布韦）牵头。在准备阶段，政客们称赞该项目是当地津巴布韦人在马尼卡兰和马斯温戈省进行的最大农业投资之一。津巴布韦生物燃料有限公司（ZBE），进入津巴布韦农业部门进行了大规模的媒体宣传。土地使用规划的广告专题被登在报纸上。

在一个称为与苏帕·曼迪旺齐拉商业对话的电视节目谈话中，农业和农村发展局（津巴布韦）董事会主席对独立以来前所未有的为释放价值进行大量农业投资的前景持乐观态度。同时，白人经理，许多以前是商业农民，他们的土地在土地改革计划中被收走。高技术是将项目卖给更广泛公众的一个关键要素，复杂的绿色设计和计划出现在印刷媒体上。

142　　然而在这次激进的媒体运动背后，关于农业投资的可能影响存在真正的裂缝。首先，当地居民和当地政客们强烈反对奇苏班杰和姆韦内济地区的项目。在 DTZ 和姆韦内济农场的例子中，正值 2000 年当地土地掠夺之际，出现武力驱赶曾迁移到农场百姓的活动。当津巴布韦发展信托（DTZ）和津巴布韦生物燃料有限公司（ZBE）决定在新项目投资时，曾强行占有土地的人被认定为非法居住者。政府为投资者辩解认为，姆韦内济农场不是被强制收购的土地一部分，因为它由一家本地黑人所有的私人信托拥有（并控制土地，在 1987 年与津巴布韦非洲民族联盟—爱国阵线（ZAPU-PF）），联合之前一直属于津巴布韦非洲民族联盟—爱国阵线。但是，这没有取悦马斯温戈省的政客，他们开始质疑承诺投资相对于土地改革计划目标的合理性。在马斯温戈省许多当地的政客用文字争论："赶走一些白人，并把白人带来我们正从他们那里取走的相同土地上是没有道理的"。哈希亚（2009）写道：

> 两年前，在马斯温戈 Zanu PF 领导人实现了从津巴布韦发展信托夺取种植园的目的，那时省长给土地改革部长写信要求政府收购姆韦内济来重新安置成千上万的农民，借口是这块土地正在闲置。"当成千上万的津巴布韦人需要土地时，使这些土地闲置是不公平的。"他报告说。将百姓安置在这个种植园的尝试被阻塞……但是，在政党的要求下部分姆韦内济一直被村民占有。迁移他们的尝试失败……现在的指责是津巴布韦发展信托正驱逐黑人农民，为了使无依无靠的白人农民回到这块土地上。

然而，尽管当地的政治压力和抗议，投资者和技术经理仍继续他们的项目。这似乎看来，接近更高的政治当局为处理津巴布韦问题这个政治陷阱提供了方法。投资者继续他们的农业复兴工作，并完全知道目前政府似乎渴望外部资金和技术专家的注入，使商业农业再次活动起来。

政府主导的农业燃料投资

1. 通过麻风树走向"绿色"革命的理由。2001～2008 年期间，津巴布韦面临了一个严重的能源危机，鉴于其没有支付进口燃料的能力，它在某种程度上需要重新考虑其能源战略。

麻风树种植项目试图缓解稳定上升的国际能源价格产生的负面影响。主要的目的是为了改善燃料供给的安全并在日益减少的外汇储备的情况下确保自给自足。与此同时，津巴布韦利用环境原因，例如，有助于减少碳排放以及退化土地的恢复，作为推广种植麻风树的关键理由。然而，麻风树种植不是完全新的现象，在 20 世纪 90 年代商业生产者试图生产过它。

143

1992 年，一群大规模商业农民成立了植物石油生产商协会（POPA），目的是大规模种植麻风树（德芙，2007）。当农民发现麻风树燃料利润低于预期时，特别是因为不可能实现机械化收获种子。非政府组织部门也通过最初在津巴布韦引入两个植物石油项目尝试麻风树的商业化。1996 年，宾加树信托和生物量使用者网络（分别在宾加和穆托科地区）定位生产，随后发现这些地区植物丰富（蒂格雷等，2006；德芙，2007；惠氏，2002）。一个关键的目标是促进麻风树的商业开发，像一种绿篱，生产用做燃料的石油，尤其是有利于小农户的利益。

2. 麻风树生产战略。在津巴布韦，麻风树作为一种"燃料奇迹作物"在 2005 年和 2006 年种植季被再次引入。政府建立一个国家生物柴油种子生产计划，针对公社农民、新农民、学校、私营企业和国家机构。原料像树篱一样种植，分植在堤岸周围，高速公路旁、退化的土地和沟壑上，作为专用区域和大型种植园（SIRDC，1998）。津巴布韦政府成立了一个工作组，在各个地区为社区所有的麻风树苗圃推广一个计划。根据政府，每个苗圃有大约 250 万幼苗。到 2010 年，大约 6 000 公顷的土地种植麻风树。这通过机构、农民个人、年轻人和妇女团体以及商业种植园完成。承包种植计划准备好在国家的其他地区，尤其在半干旱地区扩张。

在津巴布韦，已发现的高密度种植麻风树的地区包括万盖、维多利亚瀑布、宾加、沙姆瓦、穆托科、马斯温戈和部分马尼卡兰。为了满足国家的目标，政府打算购买 60 000 吨麻风树种子种植。规划的全面麻风树种植生产有助于到 2010 年实现，一个当地关键的液体燃料含量至少占津巴布韦每年石化柴油消费的 10%（1.1 亿升生物柴油）。但是，这意味着至少需要 122 000 公顷的麻风树满足国家的目标（蒂格雷等，AREX，2006）。

表 7.2　津巴布韦用于生物柴油麻风树投资的结果　　144

来自生物柴油工厂的少量石油

上周的调查显示，该国首个商业生物柴油工厂，去年盛大开张，目前的开工率不到 5%。在哈拉雷巨型工厂的工人——曾经被称赞为国家多年生的灵丹妙药（原文如此）——说他们一个月生产几百升柴油和食用油。他们将这个错误的开始归结为用于生产柴油和食用油的麻风树、棉花种子、向日葵、大豆和玉米的严重短缺。

当标准商业在周四中午之前参观工厂时，一个柴油年生产能力在 9 000 万~1 亿升的工厂保持了沉默。"在过去一年里，我们一直用棉花种子生产柴油和食用油，但是它已经被用完了。"一个工人在不提及他姓名的情况下说，"由于饥饿，我们不可能利用玉米或大豆。人们需要它们作为食物。"

每年至少需要 500 吨（原文为 500 000 吨）籽油来生产目标 1 亿升生物柴油。"我们必须等待麻风树幼苗成熟，否则我们正在浪费我们的时间。"另一个工人说。麻风树幼苗成熟需要花费 2~3 年时间。工人说，当工厂可以提供燃料时，任何人都可以使用外币购买。他说，最初他们销售柴油 1.35 美元一升，但是全球燃料价格下降后该价格被审核。据说只有一个油罐充满了柴油，以外币销售。

……在去年工厂开工期间，政府官员说它将满足津巴布韦 10% 的年柴油需求量,这意味着每年可以节省 0.8 亿的外汇。津巴布韦储蓄银行行长说,中央银行留出资金来支持一个麻风树原料种植计划。"在这个计划下,津巴布韦土地改革计划的受益人将获得支持,在贫瘠的土地上种植麻风树,当国家致力于到 2010 年实现燃料自给自足的目标。"Gono 说。他也告知政府,到 2010 年每个省将建立一个生物柴油工厂。但是,该项目似乎仍停滞不前……

然而,专家说需要防范以牺牲地区的粮食安全为代价,将肥沃的土地和粮食作物转移为生物燃料生产。世界粮食计划署(WFP)说,明年初超过 500 万人需要粮食援助。

来源:津巴布韦标准 (2008)。

145　　　分析麻风树生产模式的趋势是困难的,因为大部分信息是不公开的。基于媒体报道以及津巴布韦国家石油公司发表的一份声明,我们发现,在 2006 年生产季,用于生产的目标面积是 40 000 公顷,这个目标面积在 2007～2008 年农业季下降到 35 000 公顷。然而,在 2008 年只有 1 万公顷的麻风树。在 2007～2008 时期,津巴布韦国家石油公司获得大约 30 000 万种子生产 5 万公顷生物柴油。在 2008～2009 年农时季节,目标区增加到 6.5 万公顷的麻风树。然而大部分农民最初对作物怀着极大的期待,许多最终没有将此作为一种作物选择。这导致政府石油公司津巴布韦国家石油公司将它的注意力转向小农户承包种植计划。

期望更高的麻风树产出,2004 年,津巴布韦储蓄银行(RBZ)在哈拉雷理工学院投资了一个车辆和生物反应器测试。2007 年,一个农业燃料加工厂建设完成,它由津巴布韦储蓄银行出资韩国人建成。这个工厂被形容为非洲唯一以及世界第五。高科技加工工厂有能力每年生产超过 1 亿吨燃料。工厂的生产成本据说大于 0.8 亿美元。在国家层面，转换为生物柴油的成功实验在哈拉雷理工学院完成。2008 年以前，津巴布韦储蓄银行参与准财政活动，包括资助这个项目，但是当政府遵循建立包容性政府进行重组时，这个活动被停止。随着津巴布韦储蓄银行的作用转向货币政策管理，该项目似乎被弱化。没有太多的信息关于麻风树项目，但是由非政府组织推广的小社区麻风树的生产和加工继续在宾加和穆托科进行。反映的其中一个问题是部分政府对麻风树如此大规模的投资是否是一个好策略？

3. 麻风树生产背后有争议的经济意义。非洲生物燃料的生产提出了有关情感和道德方面的问题。事实上，生物燃料满足国际——尤其是西方——对能源燃料需求的紧张局势。津巴布韦每天需要 500 万升柴油和 300 万升汽油。如果国家准备将 50 万公顷的土地用于麻风树——假定每公顷最高产量 4 吨——大约可以收获 200 万吨的麻风树。一吨麻风树生产 300 升柴油。这意味着可以生产 666 000 升的柴油。将 50 万公顷的土地用于麻风树有什么影响？会对粮食作物产生不利影响吗？乐观地估计，迄今为止，生物燃料生产无法满足这些问题。

4. 麻风树是穷人的作物。麻风树油是农村人口烹饪和照明需求的重要产品。在农村家庭烹饪中，用植物油替代木材不仅会减少森林砍伐的问题，而且也提高农村妇女的健康。她们在通风不良的空间烹饪时，遭受到低效率燃料和炉具产生的室内烟雾污染。当用一个石蜡芯燃烧时，麻风树油的表现非常令人满意，可以大部分用于农村家庭的照明（马帕科，1998）。

如果充分利用，麻风树可以节省农村妇女的时间用于其他生产（而不是花费她们大量的时间拾柴供家用）。

146   表 7.1   奇苏班杰和姆韦内济农业投资项目的主要生产特点

省	公司	面积/数量	预期的产出
马尼卡兰（奇苏班杰和中部萨比）	甘蔗	40 000 公顷用于甘蔗生产（2010）	每天 525 000 升乙醇和 18.5 兆瓦电（可以供像穆塔雷城市全天候照明，人口接近 100 万）
	小麦	1 000 公顷种植在 2009 年冬季（设想 3 000～4 000 公顷）	
马斯温戈（姆韦内济）	甘蔗	整个农庄 350 000 公顷中的 100 000公顷（1% 的津巴布韦土地面积）	
	鳄鱼养殖	100 000（目标是 300 000 只）	用于出口
	牛	5 000 头牛（目标是 50 000 头）	本地和出口牛肉市场
	旅游	野生动物饲养和旅游区（小木屋）	本地和国际市场

来源：各种媒体资源。

147   在麻风树果实中大约三分之一的能源可以提炼出石油，它与柴油具有相似的能源价值。麻风树可以被直接用于柴油发动机，作为一种混合剂添加到柴油里，或者转换为一种生物柴油燃料（SIRDC, 1998）。理论上，一种柴油替代品可以从当地种植的麻风树植物获得，因此为农村社区的车辆提供一种自足的燃料。关键问题是，如何使最好的麻风树在短期和中期成为农业工业化的基础。国内石油生产替代进口，尤其是在边缘地区，是麻风树最具吸引力的特性，在其他地方也有指出。

在农业投资私有部门主导的活动

1. 私有部门与政府的公共关系。津巴布韦生物燃料公司，与政府和 DTZ 合作，到 2010 年实现全面生产。在奇苏班杰，项目在建设—经营—转移的基础上受到农业和农村发展局（津巴布韦），Macdom（私人）有限公司和评级投资的联合管理。政府设定操作程序和指导方针，并参与与当地政府和土地和农村安置部进行土地谈判。其他感兴趣的主要部门是：能源和电力发展；本土化；农业；工贸。津巴布韦投资机构也参与其中。[①] 小农户是主要的收益者，他们获得了就业机会。在姆韦内济项目，例如，到 2000 年初，大约 2 000 人已经受雇于该公司的各个部门。

2. 在综合农业投资中的生物燃料。津巴布韦的投资公司已经沿着集成系统采用了一种模型。综合农业投资具有以下特点：技术转移、技能发展、采用高产作物品种、混合家畜品种、农业旅游、综合市场和供应链。技术上的投资是特别有益的，无论是水供应还是将其分配给小农户方面，小农户被设想为主要种植园的承包商。与此同时，新的混合品种，当被小农户使用时，被看作为他们农场体制的技术改善。在糖种植部门，为了响应生物燃料的普及，综合方法被采用。但是，国家需要增加糖出口的一个目的是，获得外汇。然而，津巴布韦的糖生产已经大幅度下降，在一定程度上该国依赖进口，特别是

---

① 津巴布韦投资局是津巴布韦投资中心和出口加工区委员会的合并。

来自南非。

趋势和模式的分析

148   1. 通过农业—投资选择最大化土地用途。非洲和其他地区的土地所有权和用途是一个高度敏感的话题。土地是一个有争议的资源，因为假定土地丰裕是不正确的，然而在一国，例如，津巴布韦，土地是"身份、生计和粮食安全"的核心。土地掠夺的驱动因素通常是经济，目的在于从当前被认为"未充分利用"的土地上获得最大的收益率。在津巴布韦经济发展的这个阶段，经济学家和政治家相信在土地改革计划的浪潮下，需要务实的方法解决农业面临的挑战，而且由于该国正处于制裁，利用外国投资具有经济意义。此外，该国的经济表现不佳，在某种程度上，很难仅利用国内资源为农业提供资金。

上面的言论由津巴布韦生物燃料公司提出，农业和农村发展局（津巴布韦）的主席和津巴布韦发展信托的副主席透漏。Chisumbanje 和姆韦内济的农业投资从经济的角度很有意义。一些积极的特征包括：无争议的土地可得性；投资于技术的私营企业的存在（努力和尝试），水资源；主要的气候状况以及在商品链上工作在各领域员工的可得性（目标是低水平工作的当地人）。此外，投资者开始应对生产供应链的挑战和异常。需要解决的挑战是资金的缺乏、过时设备、技术和不充足的水储存设备以及恶化的公共设施（道路和公路）。半国营农业和农村发展局（津巴布韦）本身承认没有充分利用土地，由于它不能使金融资源流通，因此，无法获得价值。就津巴布韦发展信托而言，它拥有的大片土地不能被充分利用——某种程度上，在土地改革计划期间，部分姆韦内济农场被非法居民占领。

津巴布韦发展信托和农业和农村发展局（津巴布韦）认为，他们的土地归原住民所有，因此，从土地改革计划中排除。然而，当一个人在奇苏班杰对项目的规划进行仔细地审查时，发现可用土地和农业和农村发展局（津巴布韦）规划之间存在明显的不匹配。这意味着，在项目生命周期的某个阶段，需要更多的土地满足项目的需求。在奇苏班杰项目，据说共计 40 000 公顷用于该项目。然而，该项目将需要额外的 20 000 公顷满足其规划（斯班达，2010）。基于该区域的地理位置，这些额外的 20 000 公顷只能来自附近归集体小农户所有的土地。这有可能损害小农户，并围绕土地产生冲突——在津巴布韦仍是一个紧要问题。在姆韦内济，大约 100 000 公顷（归津巴布韦发展信托所有土地 350 000 公顷）据说用于甘蔗生产的项目。这些土地似乎没有冲突，但在显示中小农户农村认为这些土地规模太大，并要求部分土地应给予他们。但是，国家在信托所有权的参与意味着投资项目很可能成功。

2. 津巴布韦土地改革的冲突。津巴布韦的土地改革计划是基于纠正土地征用的历史错误。在这种情况下，它针对白人地主的土地，他们通常被认为"外国"，因为他们来自世代移民，在一个或多个世纪之前，这些人从黑人农民强取他们祖先的土地。尽管四代或五代，他们受影响的许多人的确是土生土长的津巴布韦人。有一个观点认为，他们倾向于脱离津巴布韦

149

本土的社会结构，过着富裕的生活，忽视周边的穷人，并不擅长社会关系。尽管土地改革计划的基础是社会和经济公平，它似乎主要针对白人地主，因为他们构成大部分的地主。这与外国农业—投资的渴望不一致。

另一个关注的领域是农业—投资对当地居民的影响，尤其是对土地和资源权利。在姆韦内济和 Chisumbanje 项目地区，集体百姓相对于国家（参与农业投资）对土地具有弱的要求权。假如政府根据公共福利保留更强大的清算土地的权利，不能保证他们可以维护他们的土地权利。在姆韦内济例子中，在土地改革计划时期许多移民搬入庄园。这是因为这个庄园被认为过大，部分未得到充分利用，因此使该庄园适合被占用。尽管庄园归本地黑人地主所有，他们被政府排除在强制收购的标准之外。然而，土地占有者将被取代，因为他们是所谓的"非法移民"。

从而使属性适合的职业。这是尽管房地产属于黑人土著的主人，谁是排除在政府的强制收购的标准。然而，土地占有者将被驱逐，因为他们是所谓的"非法移民"。据说非法土地占有者的数量在 232～5 000 人之间。但是，因为他们是非法的，很难证实受影响人的数量。

那些即将被驱逐的人来自钦萨锡、伦迪、姆迪利科维地区。

150　　政府有一个政策，不管任何原因，不提供一块替代来源土地的非法移民将不能从国有土地上搬离。在姆韦内济津巴布韦发展信托例子中，投资者没有耐心，这次政府也是，因为它想让非法移民离开。津巴布韦发展信托的副主席在媒体上发表言论，已经从 350 000 公顷的土地中拨出 60 000 公顷用于重新安置计划，以满足庄园里非法移民的土地需求。

在奇苏班杰，出现一个关于农业投资收益和成本的有趣案例。来自《周日邮报》和《先锋》的报告，展示了在奇苏班杰一个酋长如何与项目支持者谈判。在奇苏班杰项目中，有指控说，同农业和农村发展局（津巴布韦）一起工作的投资者也试图获得公共地方的土地。这意味着该公司想为该项目扩大土地面积，这可能影响大量的社区居民。《周日邮报》（2010）报道了这个故事，酋长不得不说：

> 当该公司来的时候，我们被告知我们不用迁移而是在种植园上被提供就业。这种发展让我们思考我们的未来。我们想要有利于而不是剥削我们人民的发展。我是该地区的酋长，但是如果我们迁移，我将失去我的酋长地位，因为我将居住的新地区有它自己的酋长。

酋长在文中进一步指出，该公司显然侵犯了村民的场地，因为在公共区域边界，虽然没有注册，通过习俗制度获知。他继续指出在马乔纳、马奇夸、蒙内帕斯、尼亚姆库拉、马蒂夸、内帕斯和钦亚姆库拉的农民将失去他们的场地，一些已经受到该项目的影响。酋长然后严厉抱怨：

> 我们将到哪里去？这是我们的出生地，我们从远古就生活在这里。在这个叫农业和农村发展局（津巴布韦）的动物来之前，我们的祖先就在这里。我们是首先到这里

的，为什么农业和农村发展局（津巴布韦）允许公司驱逐我们？

在一个月内，被捐赠了粮食（30 吨高粱，加上承诺的 30 吨小麦），还有学校和医生的承诺之后，同一个酋长表现了 180°转弯并称赞这个项目。所有这些兴奋，酋长敦促他地区的百姓成为该项目的受益者：

> 酋长 Garawa 要求政府和它的合作伙伴确保工人被悉心照顾。他希望 40 000 公顷的奇苏班杰项目不会驱逐百姓。"我们不期望我们的百姓从该地区驱逐。他们应该是这一发展的受益者。"他说。（曼德武，2010）。

151   一个关键挑战是，在公共领域可能没有特定的指导方针关于社区应如何应对可能拿走他们土地的投资。在津巴布韦，农村土地是一个关键要素通过一系列收益为当地百姓的生计提供安全。因此，发展不能驱逐百姓；在土地问题上，他们应该受到明确政策的约束，被相关机构公开实施。例如，政府有一个法律工具管理农场的最大规模。奇苏班杰和姆韦内济的农场好像都超过了规定的大小。这违背了政府的政策，并可能意味着，当政府是农业项目的直接参与者，规则可以很容易被放弃。这似乎是对于打算最大化农场规模的新受益人和剩下的白人农民有一套规则，另外一套规则针对良好的"投资者"（他们似乎包括办国营农业和农村发展局（津巴布韦），它已经进入大规模农业投资交易）。

3. 国家粮食安全的农业投资。在一个与农业和经济作斗争的国家，还有其他支持投资的有说服力的观点。在姆韦内济，如果生产的产品不出口，为小麦和牛肉的规划目标有助于粮食安全。津巴布韦必须进口大部分粮食，这也为从已知或已经规划的当地供给获取粮食提供了一个机会。为了继续生产，外国投资者和当地合作伙伴需要更换农业和农村发展局（津巴布韦）拥有的陈旧设备。投资的一些收益包括道路建设，为蓄水建设大坝，获得电以及一些社会责任措施。在旅游行业互补的投资为津巴布韦提供一个增加外汇的机会。此外，也可能为邻近地区的当地居民提供大量的就业创造。

发展是难以捉摸的，不能保证外国投资会长期使当地百姓受益。边缘地区尤其如此，那里的穷人具有有限的技能、较低的文化程度并渴望摆脱困难，可能通过农业投资项目被外人利用。通常当地的妇女可能仅仅是项目的旁观者，因为大多数创造的工作是手工，并需要大部分男性。相反，大规模农业投资也意味着利用高技术，可能不需要大量的劳动力。因此，发展成为大型拖拉机、履带拖拉机和联合收割机的代名词，这些可能对环境产生负面影响。在坦桑尼亚的情况（见第 6 章），有证据显示规划的农业投资可能导致森林砍伐和环境危害，并且投资公司没有准备为恢复和缓解措施承担责任。

粮食安全方面，目标经济作物生产为生物燃料可能造成粮食不安全问题，尤其考虑到不稳定的粮食市场。将可耕地用于生产农业原料的想法，假设来自就业收入的净收益超过人们自己的生产，可能是错误的。正如埃塞俄比亚例子，小农户土地被用来为外国而不是当地市场提供粮食生产。在这个过程，珍

152

贵的水资源从粮食作物转移灌溉生物燃料作物（迈泽·迪克，2010）。① 在津巴布韦许多种植园随着土地改革计划而瓦解，一些被分割并分配给小农户。剩下的种植园不能吸引农业投资因为国家的投资风险太大。

然而，随着包容性政府的组建，种植园似乎受到政府的欢迎，也有担心，随着时间的推移，这些种植园有可能减少小农户农业，因为他们可能瞄准原住民所有的土地，奇苏班杰也是如此。小农户无法在用水方面与大种植园抗争，而且如果农业种植园进入国内市场，他们也不能在市场上与之抗衡。农业种植园使用最新的"农业技术"，用化学物质、杀虫剂、除草剂、化肥、集约用水以及大规模的运输、存储和分销将景观转换为巨大的单元文化种植园。尽管这听起来是可取的，问题是津巴布韦是否对这样的单元文化种植园做好准备，超过 70%的人口依靠农业卫生——他们中大多数是女性（乐施会澳大利亚和鲁兹冯信托，2011，即将出版）。

4. 就业创造观点和劳动力的影响。问题是如何根据它对当地人生活的意义来平衡农业投资。由于津巴布韦急需外国直接投资的压力，很少进行社会影响分析确定农业投资的收益和成本。因此，暂停社会影响分析的趋势在官僚之间更大，他们下决心获得外汇并获得伴随其发生的收益。但是，就业的收益

---

① 双边促进和保护协议引用以下生产 1 千克各种产品所需的水量数据：（a）烘干的小麦谷物—715~750 升；（b）玉米—540~630 升；（c）大豆—1 650~2 200 升；（d）水稻—1 550 升；（e）牛肉—50 000~100 000 升；（f）清洁羊毛—170 000 升（迈泽·迪克，2010）。

必须权衡长期生计的成本，因为在长期，在奇平盖或姆韦内济地区不是所有的人都被津巴布韦生物燃料有限公司聘用。最大的承诺是就业；然而，在农业投资已经实施的国家，在工资和工作机会方面存在一种违约的感觉。生物燃料工作创造的潜力提供相反的机会。一方面，奇苏班杰工厂的建立，在短期工厂建设期间为 100 个熟练工创造就业机会。在这个特殊项目就业潜力已经从预计的 7 000 个工作岗位升至 10 000 个。[①] 然而，在乙醇生产项目这些工作产生的部门没有特别指定。如果工作被实现，并且他们针对当地社区，这将是意义重大的。但是，存在大量的"如果"，一旦乙醇生产全面运作，该项目需要进一步评估。

另一方面，鉴于公司正在投资未来的承包种植计划，大多数小农户社区农民可能会转向生物燃料原料生产，这将影响他们的粮食安全。这意味着，虽然他们不一定被直接雇佣，他们将依靠单一生产在乙醇公司的要求下运营。

通过增加原料生产就业和收入收益的好处也被获得：这意味着更多的耕地，这意味着需要更多的人清除和使用土地用于甘蔗生产。如果农业劳动密集型形式（更少的机械化）构成乙醇公司的方法，它可能确实产生承诺的工作。然而，该公司承诺"高度机械化运作"，这是准确地证实承诺的 10 000 个工作来自哪里以及它们将做什么的问题所在。加工方面，就业创造的潜力取决于它的劳动力密度以及生产方面原料的持续供

153

---

① 参见 www. greenfuel. co. zw/templates/greenfuel/newsroom/greenfuel_ plant_ construction_ nearing_ completion. pd。

给。通常，与生物柴油生产相比，乙醇生产需要更多的资本并倾向更技术密集型。因此，通过生物柴油保证的工作可能难以捉摸。

奇苏班杰和姆韦内济在两个地方经历了基础设施发展的大规模上升。在《先驱报》的一篇文章中，农业和农村发展局（津巴布韦）官员在该项目聘用了传统的领导。会议的结果如下：

> 酋长加拉瓦说，社区已经开始从政府、麦克多姆和评级投资合资企业中受益。大约 80 个酋帮管辖下的村庄首领出席。"在津巴布韦我们有一些最糟糕的道路，正如你看到的公司已经对他们进行了分级。项目为我们的孩子提供了就业。"酋长加拉瓦说，"我们也期望该地区的医院和诊所被翻新，并进来更多的工人，建立更多的学校，"他补充说。（曼德武，2010）

然而，外国投资者喜欢引进外国专家管理业务，而大量的人被承诺或给予生产工作，很多情况下是临时工作。埃塞俄比亚的经历验证了农业外国投资者对就业要求的矛盾如表 7.3 所示：

154   **表 7.3   由于外国投资变化的农业关系模板**

小农户转变为必须遵守公司规则和要求的小工人意味着转向新的农业劳动关系，一个人必须为了公司的利益生活和活动。这也意味着农业关系的变化，小农户转换为一个雇员。成为一个雇员意味着被迫（默认）依赖一个具有它自己的服务条件的外国公司，其中包括：

- 合同设计保护公司的利益
- 雇员服从服务条件、大部分有利于公司的需求
- 业绩不良导致收入和工作的损失
- 没有提前通知终止合同
- 在死亡或受伤事件有争议的套餐
- 合同的期限通常很短（更新履行）
- 当地穷人的退休福利（自行车、手推车或少量的现金）
- 在工厂发生的事故没有充分补偿
- 个人被害

上述新条件适用于那些在农业投资承诺方面可能已经失去土地权利的人：

- 失去的土地可能是他们几代人的依赖，他们祖先的埋葬的地方 失去的种植土地和牧场直接影响他们的粮食安全和经济福利
- 失去的自然资源——水、生态系统产品（水果、药用植物、野生动物肉等）
- 失去的树在他们的家可以用作多种目的 失去的个人财产、自我实现的家庭生活、贫困和存在感

农场经理向我们展示了在电脑控制条件下数以万计的西红柿、辣椒和其他蔬菜被种成 500 行。西班牙工程师正在建设钢结构，荷兰技术从两个钻孔将用水减至最低数量，并且 1 000 名妇女一天挑选和包装 50 吨粮食。在 24 小时内，驱车 320 千米到达亚的斯亚贝巴，飞行 600 千米到达迪拜、吉达和中东其他地方的商店和餐馆。（维达尔，2010）

虽然这句话为土地掠夺提供了一个国际纬度，非洲人并没有在其中起到重要作用，全球"竞争"农场的话题是复杂的。非洲政府将外部投资在他们国家的经济利益当作为他们的人民摆脱贫困提供机会。新发展的现实是小农户或被驱逐或融入这类性质的项目。非洲大规模投资经历，可能不完全同于津巴布

155

韦自己投资的未来，呈现外国农业投资的显著影响。当然，投资一开始，穷人可能从投资中受益，但是初期的挑战和问题需要解决。

一个关键的缓解措施是让当地人参与生产以外的就业。农业、灌溉和机械化发展部长要求农业和农村发展局（津巴布韦）参与合作关系反映国家的本土化政策。他说：

> 我很担心农业和农村发展局（津巴布韦）参与合资企业不能反映政府规定的 51:49 的股权结构。农业和农村发展局（津巴布韦）在中部萨比、奇苏班杰、巴卢和萨尼亚蒂拥有土地和机械，只要它们反映 51:49 的所有权结构甚至比这更好，可以免费进入联合经营（卡瓦捷，2010）。

这是一国的重要观察，通过农业投资外部驱动的土地利用安排可能产生比土地改革计划以前新的和更糟糕的不平等。

农业投资的教训

在津巴布韦土地改革时期，我们应该从新农业投资中吸取哪些具体的经验？这个话题很复杂，因为津巴布韦正从长达 10 年的经济危机中走出，该经济危机由失败的内部政策，由于土地改革计划政策和实际矛盾产生的外部干预以及周期性不利天气形式导致。今天，津巴布韦要求援助以及农业的全面复兴。自从 2002 年，不利环境状况（干旱和洪水），有争议的土地改革，缺乏国际农业支持（种子、肥料、耕作等）意味着国家不能满足其公民。此外，工业部门由于不能从农业中获得产品已经崩溃。因此，整个经济部门的生产急速下降，部门的营业能力在经济危机期间不足10%。农业投资成为刺激农业部门首选的强有力原因是：它们常常是资本密集型并且可以吸引外国资金的注入，通过释放价值和规模经济创造外汇。然而，挑战是如何平衡农业投资和国家、地方粮食安全以及当地居民的长期生计。

津巴布韦的土地投资可以像非洲和世界其他地方一样被描述为土地掠夺？这个问题的答案为"是"，即使它是上下文关系。当国有企业与外国人交易排斥交易中的人，当地人不能受益时，称为土地掠夺。当地人很难理解的关键问题之一是土地改革计划的整个动机。津巴布韦政府似乎将白人重新引入大规模种植。然而，主要的趋势是许多白人的迁移是基于纠错的基础上，历史上沿着种族线已经导致土地所有权的失衡。 156

与此同时，为了给白人主导的农业投资让路，存在将当前被归为"非法"土地占有者消除的持续威胁。以津巴布韦为例，除了奇苏班杰的例子和消除姆韦内济非法占有者的威胁，没有强有力的证据表明私人企业正在瞄准归原住民所有的土地。事实上，政府半国营集团在国有土地上合作，这使得很难得出土地被掠夺的结论。但是，当一个贫穷的农民与一个大规模项目签合同时，这个项目承诺一个更好的未来改变他的生计，但是不确定，它的确是土地掠夺。当实施的一个大规模项目不考虑动植物有利于当地和环境时更是如此。

政府主导的推广农业燃料作物（麻风树）可以归为掠夺

吗？在某种程度上，这些不是土地掠夺，因为小农户保留他们的土地权利，可以自由选择生产什么作物。这似乎是津巴布韦的小农户不像政府预期的那样欣然接受麻风树，这导致政府扩张麻风树的计划失败。

在另一个层面上，密切关注治理在大规模商业农场外国投资的新规则和法规是很有意思的。除了政府已经审查的双边促进和保护协议，很少利用它的新规则和法规治理农业投资，因为它比以前更需要投资者。因此，越来越频繁地，规则被放弃，为了便利外部投资者，尽管它们仍然适用于许多本国投资者。因此，政府正采用双重标准。

157　　　显然这需要更好地检测和执行农业投资的法规，以最小化负面影响。这应该：

　　●监测长期生计如何受到损害和/或威胁的特定情况；

　　●清晰的土地管理制度，包括公开和透明的决策渠道，影响决策的因素以及这些决策如何沟通的公开度。这是必需的，因为该国正从以土地为主要特征的政治危机中走出，这导致土地管理计划前后不一并且形成含糊的操作过程。

就为实施农业投资制定的规则和法规而言，需要道德指引向利益相关者表明，制定各种公共政策选择对当地人口的成本和收益。人道规则，尽管它们的建立值得称赞，也经常被违背。通过政策措施，机构需要持续监测生物燃料投资的进展。

结　论

津巴布韦正在摆脱长达十年、根深蒂固的经济和政治危机，并已经到了需要资源驱动本国经济的阶段。农业投资为刺激农业部门并使它更有活力提供了一个机会，假定它们确实有利于粮食生产以及就业创造的"承诺"。在本章，我们验证津巴布韦正处于农业投资开始谈判的阶段。考虑到与土地问题有关的敏感和历史问题，这个过程必然是政治的。国内投资者在各种农业投资中冒险与政府合作，因为他们需要国家保护地开启并维持他们的项目。然而，在这一过程中，他们需要仔细与社区协商，他们今天可能很欣然接受发展，但是随后可能变得小心翼翼并意识到他们的生计受到难以捉摸的承诺的不利影响。

与依赖对复杂农村环境有限了解的外部或外国技术人员和投资者的模式相比，农业投资，其在所有经营结构中（股权、技术管理和车间劳动力）包括当地居民和社区，对有利于农民的可持续发展有更好的前景。随着时间的推移，外国人可以离开并且贸易关系可以建立。这并不是说，投资者在不期待获得任何奖励的情况下应该资助这个项目；相反，因为他们创造利润，他们的一个主要目标应该是以当地百姓、社区和机构明确和长期的发展为基础，谨慎地转移责任。这也需要一个以发展为导向的政府。在两个项目强调的情况下，建立—经营—转移的模式似乎已经被接受，但是，它需要受到有利于当地技术发展和所有权的政治意愿和健全计划的支持。

因此，全部的挑战是找到权衡农业投资成本和收益的建设性方法。显然，由于津巴布韦现在的现状，政府也应该被看作为穷人的保护者。从长期看，穷人的生计应该在任何大规模发展计划下得到保障，这适用于有可能将贫困农民离开他们土地

158

的农业投资。穷人需要保护，因为他们在组织和游说从农业投资中获得收益的能力有限。土地征用也导致国家特性的损失并引起政治冲突，这可能阻碍农业投资的潜在成功。由于任何未来的土地冲突可能进一步损害农业，政府需要重新思考农业投资战略，在有争议的土地改革计划之后，它似乎会走向复苏的道路。

第 8 章　生物燃料和粮食之间的竞争？ 来自加纳北部麻风树 生物柴油项目的证据

菲斯缇斯·博阿马①

引　言

加纳逐渐成为生物燃料投资在非洲的天堂。目前，在该国 几乎 10 个地区都有生物投资，由外国和加纳投资者进行。结 果，大面积的土地被传统的地主外包用于生物燃料生产。但 是，在 21 世纪，生物燃料恰巧遇到全球粮食安全突发事件。 在 2008 年，饥饿的现实和恐惧引起粮食不安全，导致街头示 威和罢工在诸如科特迪瓦、埃塞俄比亚、喀麦隆、几内亚、摩 洛哥、塞内加尔、墨西哥、泰国和巴基斯坦等国家发生。示威 者要求政府采取合理的政策稳定飙升的粮食价格。全球粮食价

159

---

① 与阿恩·海尔维吉的交谈，生物燃料非洲有限公司的创始人之一，2010 年。

格的上升是由高油价以及随之增加的农产品生产和运输成本引起的。

粮食供给突发事件伴随着生物燃料生产的上升预计变得更糟（同上：9）。据估计，由于各种因素，包括对生物燃料原料需求的增加，全球粮食价格在 2002～2007 年上升了 140%。农产品价格由于生物燃料目标预计进一步上升 30%（菲舍等，2009：22）。一些国际研究机构表达了关于生物燃料长期可怕后果的类似担忧（IFPRI，2007b；国际行动援助，2008；乐施会，2008）。生物燃料生产需要的大量土地面积，加上缺乏对生物燃料的实证研究，导致加纳利益集团之间的争议，以报告和媒体讨论的形式强调生物燃料的影响（博阿马，2010）。这些争议激发我的兴趣，调查在加纳北部一些村庄生物燃料非洲麻风树生物柴油项目对粮食安全的影响。

在加纳北部项目村庄的社会和经济背景

160   三个研究村庄卡帕查、吉姆莱和贾希是在延迪市议会（以前是延迪地区议会）。该地区人口密度为每平方千米 26.6 人。该地区年均降雨量（1～12 月）是 1 123 毫米。该地区的雨季平均降雨量（4～10 月）是 1 150 毫米，而旱季平均降雨量（11～3 月）是 75 毫米。因此，降雨是季节性并且不稳定，这使粮食作物生产限制在短期的降雨季节。三个村庄与该地区呈现相同的降雨特征。人们住在项目村庄只是暂时的，主要因为有限的经济机会。因为种植——项目村的主要生计——很大程度上取决于降雨，大部分的居民在塔马莱和其他附近城镇

（比尔吉尼和圣）拥有永久居住权，并且只在雨季待在村庄耕作。然后，大部分人，在村庄和他们永久居住地之间轮换为农忙季和淡季（旱季）准备（博阿马，2010）。

像农民村庄社区一样，家庭粮食的基本来源是农产品。耕作是一个以男性为主的职业，种植的主要作物包括山药、玉米、花生和大米。生计的其他来源包括木炭和柴火生意，酪脂树种子生意和一些小额贸易活动，这些工作主要由女性从事。由于在三个研究村庄劳动的性别分工，对家庭粮食供给的贡献是高度性别化的。在干旱季节，生计的性别差别变得更加明显。大多数男性在长达 7 个月的旱季无所事事（11 月到 3/4 月），那是村庄遭受严重的干旱限制了耕作活动。然而，女性相对于男性在经济上不宜受到伤害，因为他们的主要生计活动（木柴和木炭生意、小额贸易和酪脂树种子生意）并不局限于一年里的一个特定季节。因为三个村庄位于沿着塔马莱——延迪大路上的重要位置，道路使用者之间已经形成酪脂树种子、木柴和木炭的市场。

这些交易的收入用于贴补家用。在旱季女性挣的钱因此成为家庭的主要来源。但是，当可贸易产品（酪脂树种子、木柴和木炭）的数量和价格都下降的年份，家庭的生活条件也相应下降。家庭因此求助于借款或者男性到 Tamale 和其他邻近城镇从事临时工作，并在下一次的农忙季节回来。简而言之，农村的生计经济上是脆弱的，尤其是在旱季。

加纳北部生物燃料非洲麻风树生物柴油项目

161   生物燃料的环境收益是全世界公认的：减少碳排放，提高燃料节约，降低依赖石化燃料。但是，在发展中国家建立生物燃料工业，像非洲，远远超过环境问题。工作正在被创造、经济受到影响、基础设施正在建设、服务被提供并且生活发生了深刻的变化。我们相信与社区、部落和政府合作有利于创造持久的经济基础并改变生活（非洲生物燃料，2008）。

上面的引言是生物燃料非洲麻风树项目的理由。受到生物燃料非洲观点的激励，加纳的环境保护署在 2008 年 2 月，同意它在加纳北部贡贾和延迪地区麻风树柴油项目，土地面积共计 23 762 公顷（同上）。生物燃料非洲有限公司以前属于生物燃料 AS。但是，生物燃料 AS 的两个创始人，阿恩·海尔维吉和斯泰纳·科雷傲，[①] 在 2009 年 3 月 13 日收购了生物燃料非洲有限公司 100% 的股份，那是母公司在受到腐败指控后被迫申请破产（生物燃料有限公司网站 2009 年报道）。两人购买了生物燃料非洲有限公司的所有股份，承担了它的所有债务并收购了其所有资产。这为生物燃料非洲有限公司在加纳继续营业铺平了道路。一个新公司，Solar Harvest AS，在挪威成立，

———————————

① 与斯泰纳·科雷傲的交谈，生物燃料非洲有限公司的创始人之一，2010 年。

现在成为生物燃料非洲有限公司的唯一所有者。该公司旨在进行一个环保的麻风树项目，生产生物柴油供加纳使用也用于出口。公司相信从麻风树油中生产生物柴油将对环境产生更少的负面影响，并提高项目村庄的粮食安全，因为该植物可以在贫瘠的土地上茁壮成长。

2007 年 11 月，在加纳北部贡贾地区中部的 Alipe 村庄，生物燃料非洲有限公司首次开始麻风树项目，但是在加纳遭遇到来自当地行动援助——加纳、区域咨询和信息网络系统（RAINS）和一些环保主义者团体的反对，理由认为严重影响了当地生计和粮食安全（博阿马，2010）。在经营一个月后该项目在 Alipe 被放弃。放弃它在阿利佩的经营后，生物燃料非洲有限公司搬到加纳北部延迪地区的一个新项目场地，并在 2008 年 3 月建立一个麻风树种植园。麻风树种植园位于塔马利—延迪公路沿线。种植园的位置离塔马利（加纳北部的区首府）大约 55 千米。建立该项目使用的土地属于周边村庄，但是博阿马（2010）关注三个村庄：卡帕查、吉姆莱和贾希。这些村庄位于种植园半径大约 5 千米内；卡帕查是最近的村庄。

工人招聘及随后的裁员。在该项目高峰期，2008 年 10 月，大约 400 人（包括熟练和非熟练工）受雇于该种植园。熟练工人，包括机械师、建筑工地监工和机器操作员，每月挣得的工资在加纳新塞地（CHS）200 到 GHS 1 000 之间（138 ~ 690 美元）。非熟练工人——现场工作者（在种植园从事除草、修剪和收割的人）、保安人员、消防志愿者和清洁工每月挣得的工资在 GHS77 ~ GHS150 之间。除了每月工资，保险费和其

162

他法定纳税义务由公司支付。生物燃料非洲有限公司提供的每月工资范围超过了当前加纳全国最低月工资 GHS61。

2008 年 11 月，非洲生物燃料有限公司由于资金问题面临金融危机，这部分是由全球金融危机引起，也由于当地对该项目的反对，该趋势在延迪甚至项目在 Alipe 放弃之后持续发生。公司的资助者和潜在的投资者撤回他们的资金支持。结果，生物燃料非洲有限公司在 2008 年上半年从 400 个工人中裁员 300 人。在研究实地调研期间（2009 年 6～8 月），工人的人数已经下降到不足 100 人。

因为三个村庄主要依赖收购的土地，用于种植粮食作物以及收集酪脂树种子，该研究试图考察麻风树项目对那些生计依赖收购土地的家庭之间粮食安全的影响。下面的部分将围绕生物燃料非洲麻风树项目的争议以及它对受影响村庄粮食安全影响的经验证据。

支撑生物燃料争论的言论

言论是指对一个现象共享含义的具体界定（斯瓦斯塔，2002：67）。"每个言论基于假设，判断和论点为分析、辩论、论证和分歧提供基本的条件"（德雷泽克，1997：8）。一个言论的支持者在不同程度上通过书面和口头表达促进它的制作、复制和变化（阿杰等，2001：683）。"这些言论具有某些规律，不论是内容（或信息），还是使用一些共享的表达方法，例如，元叙事和比喻等修辞手法。

元叙事被用来概括一个抽象的结果或者在一个言论中特定

叙事所属的模式（阿杰等，2002：77）。然而，该研究集中于叙事的制作。这里的表达手段指一个言论中信息传达的方式（阿杰尔等，2001：685）。叙事是言论的重要表达方式。叙事是实事求是的，在某种意义上，它们通过讲述一个故事来创建一个场景，在这个场景中某事在特定条件下必然发生，迫使观众行动或者相信某事。叙事中没有争议的逻辑证实了发展行动（费尔黑德和利奇，1995：1 024）。叙事作为言论的一种表达方式的价值是明显的，它有利于简化官僚和政策或决策制定者在发展问题中面临的不确定性和歧义（罗伊，1991：288）。罗（1991：288）在解释满足叙事复杂性的趋势时，他声称：

> 农村发展实践持久的讽刺之一是：不只在非洲叙事和复杂性是相互关联的。事情越复杂，越多的事情会变得复杂，在宏观层面复杂变得越广泛，越需要应用广泛的标准化方法来处理复杂。

163

阿杰尔等（2001）研究全球环境管理言论和平民主义者言论的思想以应对气候变化以及它们相关的叙事结构（"受害者"、"英雄"和"罪犯"出现在叙事中）。尽管两种言论声称气候变化的存在为环境问题，它们对产生的原因和合适的缓解措施提供了另一种解释。两种言论为有关生物燃料对粮食安全影响的争论打下基础，它们隐含的信息通过使用叙事表达出来。

1. 管理言论的支持者。全球环境管理言论（或简称管理言论）对发展项目表达了乐观，它包括技术的转移和财政资

助应对气候变化问题（阿杰尔等，2001）。言论认为应该鼓励
财政支持保护森林和生物多样化，并支持采用"清洁技术"
（同上）。有人认为，财政支持通过改善生计以及确保环境资
源的可持续振兴当地经济，以减缓气候变化效应。管理言论的
支持者因此将环境问题看作为贫困、欠发达和人口压力的症状
（赫曼和哈钦森，2005）。在管理言论中，当地农场主、农民
和没有土地的穷人成为气候变化的"受害者"和"罪犯"，而
科学家、援助官员和公务员通过呼吁紧急干预成为"英雄"
（阿杰尔等，2001）。

　　在生物燃料的辩论中，管理言论认为生物燃料投资是缓解
气候变化的一种方法，它减少了全球温室气体排放到大气中，
并通过创造就业改善了生计。管理言论因此激发了人们又对生
物燃料产生了兴趣。

164　　　　在加纳，麻风树项目的支持者包括生物燃料非洲有限公
司，在项目村庄的酋长和大多数居民以及农村咨询有限公司，
一个非政府组织，它声称生物燃料可以为所有参与人创造一个
双赢的居民，因此应该得到鼓励。生物燃料非洲有限公司生物
燃料投资有利于环境的可持续，并改善项目村庄的粮食安全和
生计（生物燃料非洲，2008）。受到管理言论的激发，生物燃
料非洲有限公司的政策是为全球石油市场创办一个环保的麻风
树柴油项目并为受影响的社区营造可持续生计：

　　　　我们的政策是进一步增加粮食生产的数量和土地面
　　积，以确保当地的粮食安全……生物燃料非洲有助于转变
　　经济和环境为我们创建一个更加可持续的未来（生物燃

料非洲，2008）。

此外，将土地租赁给生物燃料有限公司的蒂约（蒂约·纳）和库索古（库索古·伍拉）的酋长也对麻风树项目表达了乐观，按照项目村庄脆弱的生计情况。因为村庄有大面积闲置的土地，酋长希望这个项目可以改善当地生计，库索古·伍拉说：

> 我决定先租赁 300 公顷的土地使该项目开工，如果我发现有任何积极发展的迹象，大量闲置土地的一部分将给他们使其继续经营……我们需要他们，因为我们相信他们的经营可以为我们的人民创造就业并为我们创造发展。[①]

此外，农村咨询有限公司在延迪三个项目村庄进行研究调查该项目对生计的影响。非政府组织在加纳农村咨询有限公司进行的研究的三个延迪项目村庄调查项目为生计的后果。非政府组织在加纳主要报纸每日画报上登出的一篇文章指出，尽管在项目村庄土地利用发生了变化并且一些人受损，但是对生计的积极影响远远超过了负面影响（农村咨询，2009a）。结论是在对生物燃料项目的影响得出结论之前必须权衡正面和负面的影响（农村咨询，2009）。非政府组织强调麻风树项目对公司和项目村庄具有双赢的效果。此外，项目村庄的当地人通过表达在项目期间创造就业的希望，与管理言论中表达的一样对

————————

① 　2009 年，与库索古·伍拉的交谈，贡贾地区中部的库索古酋长。

项目充满乐观。

  2. 平民主义言论的支持者。然而，平民主义言论侧重声称解决气候变化问题和应对生物多样化消失的所谓的发展项目对当地环境的危险影响。这个言论将生物多样化消失和气候变化看作为资本主义利益和制度的结果（阿杰尔等，2001）。在平民主义言论中，那些致力于缓解环境恶化的国际非政府组织和当地社区组织成为"英雄"，而全球资本主义、跨国公司和殖民势力成为"恶人"，当地人成为"受害者"（农村咨询，2009）。因此，以社区为基础保护和森林管理方法的形成受到这个言论的促进，保护当地人民的权利并授权给他们（农村咨询，2009）。换句话说，这个言论意味着由于外部干预，地方环境问题的深化；当地社区用他们自己的方法可能变得更好（赫曼和哈钦森，2005）。

  在生物燃料的辩论中，平民主义言论将生物燃料投资看作为气候变化的一个潜在威胁以及通过"土地掠夺"破坏当地生计的催化剂。生物燃料反对者奉行平民主义言论。在加纳，麻风树生物柴油项目的支持者包括行动援助——加纳、区域咨询和信息网络系统、庄稼服务董事会和一些当地农场主。受到平民言论的激励，出现第一篇反对麻风树项目的文章，该文章由库索古（靠近阿利佩）一个在区域咨询和信息网络系统工作的居民所写。题为"加纳北部生物燃料土地掠夺"，它开篇呈现了一次危机场景：

    该故事关于一家挪威生物燃料公司如何利用非洲传统的集体土地所有权制度和当前的气候和经济压力，要求并

毁坏加纳北部库索古的大片森林，目的是建造世界上最大
的"麻风树种植园"……当获知所有信息时，社区成功
地在 2 600 公顷森林被砍伐之前将投资者撵走。现在许多
人已经失去从森林中获得的收入并面临暗淡的前途（尼
亚里，2008：1）。

本文预测由于破坏西果树麻风树项目对生计造成的可怕后
果。它影响了全球生物燃料的争论，因为它在互联网上拥有大
量的读者。一个非政府组织，行动援助——加纳（AAG）被
一篇文章煽动，也加入反对麻风树项目的运动。行动援助——
加纳是行动援助国际在加纳的附属机构。

非政府组织发表了一篇文章声称，没有给当地人提前
警告，生物燃料非洲有限公司在麻风树项目期间破坏了大
量的西果树。该文章，题目为"生物燃料的辩论"预测
麻风树项目可怕的后果。行动援助——加纳与穷人和除外
人一起消灭贫穷。结果，对粮食的权利是我们四个主题之
一。为促进这个，我们注意到大片的土地被用于生物燃料
生产，我们［行动援助——加纳］开始研究确定它对粮
食安全和发展的影响。结果表明，种植园对人们的粮食安
全构成了潜在的威胁……因为经济树木的破坏成为一个问
题，公司打算重新种植它们。大量的经济树木破坏之后，
以此为生计的贫困妇女和她们的家庭会发生什么？她们现
在别无选择，只能在重新种植的树木生长期间的 20 年等
着挨饿。（加纳行动援助，2009）。

166　　　　地区资信和信息网络系统和行动援助——加纳的出版物引
发了人们对加纳生物燃料的影响。在加纳，影响粮食生产的投
资由庄稼服务董事会引导。在这项研究之际，还有其他生物燃
料报告。庄稼服务主管承认国家需要像生物燃料这样的替代能
源，但是声称不能以牺牲粮食促进生物燃料。在 2009 年采访
中，主管说：

> 有人告诉我，麻风树可以在贫瘠土壤上茁壮成长。如
> 果在贫瘠土地上进行投资，它产生边际产出……因此，麻
> 风树作物在可耕地上一定能获得最高产量。但是，在可耕
> 地上种植作物通过与食用粮食竞争土地，对粮食安全产生
> 威胁。因此……我认为麻风树投资不应该鼓励。

此外，在项目之前，一些有大家庭以及沉重抚养负担的农
民认为麻风树项目对粮食安全产生威胁（博阿马，2010）。在
研究地区有限的创收活动，使这些农民将"土地掠夺"看作
为对粮食安全和酪脂树种子业务的威胁。Aplipe 的一个居民感
叹，生物燃料非洲有限公司对酪脂树种子的大规模破坏，评论
"酪脂树种子是这个社区的可可"。① 这个比喻表达了酪脂树种
子作为 Alipe 农村经济主要生计战略的价值，将酪脂树种子对
该地区的价值比作可可作者为经济作物对加纳的价值。换句话
说，在加纳，关于麻风树项目的反对观点不仅出现在各种利益
集团，而且也出现在当地人民。

---

① 2009 年，与贡贾地区中部阿利佩的议员的交谈。

与言论有关的叙事支撑了生物燃料的争论

如上所述，叙事被用作为支撑麻风树项目争论的两种言论的表达手段。在争论中，对粮食安全的影响以故事的形式呈现，正如罗所描述的（1991：288）。生物燃料叙事传递的信息假定麻风树项目对粮食安全的后果，因此，需要合适的政策应对生物燃料项目。在争论中，关于麻风树项目的叙事包括"土地掠夺导致粮食不安全"（与平民主义言论有关）和叙事"发展项目促进生计改善"（与管理言论相关）。

1. "土地掠夺导致粮食不安全"的叙事。如上解释，行动援助——加纳、区域咨询和信息网络系统、庄稼服务董事会和研究地区的一些当地居民坚持平民主义言论，讲述一个故事解释在北部加纳项目村庄麻风树项目的不容乐观影响：

● 故事一开始设定了一个前提（或假设），麻风树项目开始之前，当地生计和土地资源之间存在和谐。当地百姓依赖适用于耕作和经济树木的土地谋生。麻风树项目实施通过"土地掠夺"引起土地用途的变化。

● 故事的中间，麻风树项目的后果表示："土地用途的变化通过侵占农田和破坏经济树木，例如，酪脂树种子，影响当地人的生活。

● 当地人民对粮食的控制岌岌可危时，"死胡同"出现导致粮食不安全。

当地人民，尤其是农民，是"受害者"，因为他们遭遇麻风树项目的影响；生物燃料非洲有限公司成为"坏人"，由于

167

通过侵占土地和破坏酪脂树种子破坏生计；而要求放弃麻风树项目的非政府组织像行动援助——加纳、区域咨询和信息网络系统、庄稼服务董事和当地环境活动组织成为"英雄"。在北部加纳麻风树项目的案例中，这些英雄的角色是避免土地资源转向生物燃料非洲有限公司的麻风树（生物燃料）生产，从而保证当地人民不被经济边缘化。

2. "发展项目促进生计改善"的叙事。生物燃料非洲有限公司、农村咨询有限公司、酋长和项目村庄的一些居民坚持管理言论，解释麻风树项目对生计的经济衍生作用。这些支持者对项目持乐观态度：

• 他们的故事一开始声称受影响社区的生计是脆弱的。麻风树种植园的建立在受影响社区产生衍生效应。

• 故事中间，它认为衍生效应通过就业创造时生计多元化，并提高传统的当地生计。

• 故事结束得出结论："多元化生计改善民生。"

在管理言论的叙事中，当地居民被认为是"项目的受益者而非受害者"；行动援助——加纳和区域咨询和信息网络系统（加纳），反对麻风树项目，被认为是"坏人"；生物燃料非洲有限公司由于其环境友好生物柴油项目促进当地生计，成为"英雄"。在管理言论中隐含应该鼓励生物投资，因为它具有积极的衍生效应。

我们的研究重点是支撑麻风树生物柴油项目争论的言论，并基于研究地区的证明，分析与主流言论有关的信息和叙事结构。

叙事和"去叙事化"

罗伊（1999）建议进行反叙事作品创作。在反叙事作品中，叙事中的条件根据严格调查的真实复杂性而调整（通过罗所说的"去叙事化"）。为了突出叙事的缺陷或过度简化——例如，那些采取积极立场或简单地鼓励外部驱动解决非洲问题。因此，本研究基于研究村庄的实证结果，试图考察麻风树项目争论的叙事（博阿马，2010）。下面的讨论呈现围绕两个叙事的复杂性。

1. "土地掠夺导致粮食不安全"的去叙事化。如前所述，信奉平民主义言论的人认为，"粮食不安全"以及侵占农田和破坏酪脂树种子树是麻风树项目不可避免的结果。酪脂树种子树应该在项目土地准备阶段就已经破坏（尼亚里，2008；加纳行动援助，2009）。因为项目村庄的生计依赖土地资源，"土地掠夺"对粮食安全产生可怕的影响。"掠夺"一词意味着"突然和急切地夺取或占领"（牛津英语词典）。土地掠夺因此指突然占领土地面积。但是，研究发现由生物燃料非洲有限公司清理的 1 100 公顷土地中，400 公顷最初用于麻风树种植。在麻风树项目之前，项目准备时期从 2008 年 3 月开始，那是农场为耕种准备土地。在与受影响的农民和酋长咨询和谈判后，25 位受影响的农民被要求要么重新迁往清理土地上的新农场区域，要么继续在麻风树种植园从事耕作。25 位农民中的 5 位继续在种植园耕作，20 位接受重新安置。公司在新土地上为每一位农民犁田 0.8 公顷，并鼓励他们自己扩展。

169   20 位重新安置农民中的 4 位担心在 2009 年农事季节产量
减少，因为这是他们在迁移农田上第一次种植，而且农村规模
减少。但是，在研究地区剩余重新安置的农民（16 位）和其
他农民说，新农田的安置实践的灌丛休耕法相兼容。这是因为
农耕制度的特点是当土壤肥力开始下降时移到新土地上。在灌
丛休耕制度下，农民搬到新土地，并使以前的土地面积休耕多
年，以便它可以重新获得失去的肥力。居民评论用于麻风树种
植的 400 公顷土地逐渐失去肥力，并补充说，除了用粗糙的农
具像斧子和弯刀移除树墩和大树的困难外，迁移到新农田通常
可以增加作物产量，由于这些农田具有较高的土地肥力水平。
简而言之，该项目看到农民从缺乏肥力以及几乎放弃的农田迁
移到相对肥沃的农田，没有扭曲任何农作制度。因此，麻风树
种植园的建立不会引起占用项目村庄的农田（博阿马，
2010）。

叙事的故事情节继续，由于侵占了粮田，项目导致了粮食
不安全。但是，由于麻风树可以和其他作物共同生长——即使
在贫瘠土壤上——麻风树的行间可以用来种植玉米。而且，部
分清理的 1 100 公顷土地留出来用于生产玉米：16 公顷留给生
活在项目地区的村民，10 公顷作为种植园的工人福利。生物
燃料非洲有限公司依据"粮食第一政策"促进农作物生产。
此外，在清除土地（1100 公顷）中，耕种的农田面积在项目
期间相对于以前有所增加。这些增加的农田导致庄稼生产的显
著增加。

此外，尽管在项目期间农田面积增加，清除土地的很大一
部分仍然"未被利用"，原因是延迪地区较低的人口密度——

每平方公里 26.6 人，远低于阿赞德·阿基姆北部地区的一个农民社区（根据阿赞德·阿基姆北部地区 2006 年文件，人口密度为每平方公里 109 人），或加纳国家人口密度每平方公里 98.4 人（2009 年世界欧洲地区调查）。即使在阿利佩，该项目由于被认为侵占了农田被放弃。简短的访谈和个人观察显示相反的情况：生物燃料非洲有限公司在 11 月开始土地准备工作，农民确定他们已经完成庄稼收割。因此，质疑当地人在项目期间是否成为农田侵占引起的粮食不完全的"受害者"是符合逻辑的（博阿马，2010）。

故事的另一个层面是，项目引起的酪脂树种子破坏导致了 170 粮食不安全。但是，许多引起造成了研究地区的酪脂树种子的破坏。研究发现，麻风树项目许多年前破坏意境就开始了。尽管酪脂树种子在项目土地准备阶段被破坏，但是，当地农民证实，他们在为耕种准备土地的过程中也导致了酪脂树种子的破坏。因为三个村庄以许多种类的酪脂树种子为主，所有用于耕种的清除土地引起许多树木的破坏。村民认为，农民是酪脂树种子树损失和酪脂树种子下降的主要原因。此外，居民解释用于麻风树种植园的 400 公顷土地以前是农田，农民在项目之前已经清除了大部分的经济树木，包括酪脂树种子。许多村民也提到树木被当地人们砍伐并做成木炭进行销售。在 Alipe 的农民同样承认他们参与了树木破坏。来自项目村庄的实证结果，并非一定反驳许多经济树木或土地用途的变化是由麻风树项目引起的（加纳行动援助，2009；尼亚里，2008）。尽管如此，在麻风树项目期间树木损失和生计破坏之间，或者项目村庄的粮食不安全与农田侵占之间没有直接的联系。尽管延迪的三个村庄和阿利佩的酪脂树种子数量下降，我发现妇女仍然在销售酪脂树种子。此外，尽管土地用途发生了变化，粮食生产在项目期间比以前的水平有所增加。因此，故事情节的核心思想——"生物燃料非洲有限公司的"土地掠夺"引起的粮食不安全"——需要斟酌。

171　　　2. "发展项目引起生计改善"的去叙事化。故事发现项目的重要结果是直接和间接的就业创造。麻风树种植园大约60%的工人是从三个村庄和它们的周边地区招聘的，他们的工资在 77 加纳赛地和 150 加纳赛地之间。由于农村农民几乎没有替代的生计，种植园的工人每月的工资是收入的主要来源。在项目期间，收入也间接增加，对粮食和杂货需求的增加促进了贸易活动。妇女开始小额的贸易活动，例如，粮食买卖，而那些在种植园获得就业的村民在村庄购买酪脂树种子并以高价出售到周边城镇。其他居民也投资于农业。首先，农民可以以较低的成本雇佣公司的拖拉机耕作；其次，他们工资的一部分用于购买种子；最后，工薪阶层也可以在他们的农场雇佣额外的劳动力。

在项目期间，生计似乎确实得到改善（这需要长期的监测和评估）。但是，如前所述，在种植园建立的仅仅两年，生物燃料非洲有限公司面临的资金问题引起裁员，影响了 400 名工人中的 300 名工人。裁员降低了从项目中的收益，因为小额贸易缩小而且种植园工人失去了他们的工资。大多数村民哀叹从项目获得收益的突然丧失以及由于裁员对家庭福利产生的后续影响。

裁员后，居民并没有比以前变得更糟，因为他们又回到了他们以前的生活。然而，项目无法继续在项目村庄创造可持续的生计，这对管理言论支持者所宣称的所谓发展项目的可持续性和衍生效应产生质疑。因此，叙事"发展项目引起生计改善"需要进一步斟酌。

与支撑关于麻风树项目争论的言论相关的两个言论，由于许多的复杂性，需要许多解释。

构建一个"更好的叙事"

如上所述，该研究辨别了围绕麻风树项目和粮食安全的叙事。罗（1991；1999）进一步表明，我们应该构建一个更好的叙事，代表一个"更真实和更富有成效"的知识。然而，罗也担心更好的知识没有必要代替早期的叙事，而应该提供一个简单的叙事讲述一个更好的故事（罗，1991：190）。对于罗，这需要采取"推翻旧的思想模式"的形式（罗，1991）。因此，本节基于来自生物燃料非洲麻风树生物柴油项目的证据以及假定生物燃料影响粮食安全的四个条件，试图改善生物燃料叙事。

1. 生物燃料原料的生物特征。用于生物燃料生产原料的　172
生物特征对粮食的消费和生产产生一些影响（博阿马，2010）。麻风树的有毒性质使其不能食用。该植物甚至不能饲养牲畜，不能与甘蔗、大豆、小米或玉米等生物燃料原料相比，它们是全球重要的粮食来源。而且，麻风树多年抗旱的特征以及它可以在大多数生态区苗壮生长的特征（科克斯，2009：139）使其种植适合于干旱的加纳北部。这意味着，尽管它较长的妊娠期（大约 50 年），麻风树不太可能垄断那些用于生产主要粮食作物如小米、花生、山药和玉米的耕地，这些通常是加纳北部的农民种植的粮食。因此，上面提到的生物燃料原料之间的生物差异意味着从麻风树中生产生物柴油不能直接拒绝给予人们粮食，当可使用的作物如玉米、甘蔗和木薯转换为乙醇时并非如此。

2. 人口密度和未利用土地的可获得性。"未利用土地"的可获得性是考虑生物燃料影响粮食安全时的另一个重要因素。侵占人口密集社区使用的土地对粮食作物生产的影响与对人口稀少的社区的影响完全不同。研究发现，即使在项目实施后，大部分收购的土地仍然"未被利用"。因此，麻风树项目的建立不能创造与粮食作物生产和其他以土地为基础的生计的竞争。这不同于印度拉贾斯坦邦的例子，在那里政府主导、试图恢复农村人们生计的麻风树项目实际上与农业和其他生计构成竞争，由于该州较高的人口密度（大约每平方米 165 人）（汤普西特，2010）。

3. 生物燃料投资的社会责任。生物燃料投资者的社会责任也对粮食安全产生影响。投资者的策略决定了生物燃料项目将多大程度上兼容以前的生计、当地粮食生产以及尊重即将聘用的当地人的劳工权益（博阿马，2010）。为了显示它的社会责任，生物燃料非洲有限公司与项目村庄采用参与式的方法，以确保麻风树项目的影响是双赢的。在项目期间放弃他们农田的农民，通过农田迁移或者在种植园就业得到及时的补偿。粮食作物生产，尤其是玉米（共 26 公顷）和大米得到增加。当地居民（包括一些在种植园的女职工）也被鼓励在麻风树行间以及种植园边界种植庄稼。生物燃料非洲有限公司的人道社会责任因此补偿了麻风树项目带来的土地用途的变化，与三个村庄富有经济效益的土地用途模式相符合。

此外，生物燃料非洲有限公司为研磨粮食作物如玉米和木薯提供了锤式粉碎机。粉碎机便利了社区成员对粮食的加工。两个人被雇佣操作粉碎机，他们获得 80 加纳塞得到 120 加纳塞得的收入。换句话说，生物燃料非洲有限公司的社会责任政策在不影响当地生计的情况下，对粮食生产、购买和加工产生衍生作用。

4. 对生计多样化的贡献。生计多样化对实现粮食安全的重要性已被许多研究人员提出（斯韦福特和汉米尔顿，2001；马克斯韦尔和史密斯，1992）。生计多样化包括远离依赖初级企业的经济活动，无论是牲畜还是种植活动，特别是寻找农业和非农业更广泛的收入来源（斯韦福特和汉米尔顿，2001：86）。用于补偿家庭消费购买的粮食不可避免地超过农场的生产。因为，在延迪三个村庄的生计带来不足和不规则的收入，村庄需要额外的收入来源维持生计。

在项目期间，有很多机会提供给居民，或通过直接在种植园就业或通过提高小额交易活动和种植（博阿马，2010）。伴随项目的多元化生计创造多元化的收入来源，卡帕查、吉姆莱和贾希的居民将他们的大部分收入花费在粮食上。家庭"粮食分享"的存在意味着多元化收入来源改善了家庭粮食安全。他们在一定程度上有助于生计的多样化，生物燃料投资因此对粮食安全产生影响。

173

在大多数生物燃料报告中，为什么
存在危机叙事？"利益"的影响

通过展示主要的生物燃料叙事如何，无法说明生物燃料和粮食安全之间复杂的关系，本研究对生物燃料文献做出了贡献。因此，我支持罗"用事实说话"的阶段（罗，1999：10）。本研究发现对生物燃料影响报告的兴趣（博阿马，2010；2011）。有人认为，非政府组织能够理解穷人，从基层层面考察投资项目的问题和前景。结果，非政府组织出版的报告得到广泛的传播和好评，并且它们信息的真实性具有极高的可信度——尤其是当它们在不发达的非洲创造危机场景（博阿马，2010）。行动援助要求关注穷人的困境，所以，出版关于项目似乎影响穷人生计的报告。当这些报告预测灾难时，非政府组织从援助者筹集资金阻止这种情况。在寻求资金的过程中，危机叙事被用来作为游说的工具。他们求助于援助者的情感并要求恢复某种理想状态或避免一些即将到来的痛苦。一个发人深省的问题是：当没有任何危机时，筹集资金还有任何基础吗？

174　　　研究发现，没有定期到项目村参观导致了项目的结果。相反，行动援助参观种植园并对声称被项目侵占的农田进行了拍照。它用这些尝试解释项目对当地生计令人生畏的影响。在与来自行动援助——加纳粮食广度和粮食权利单位的人访谈时，我觉得他们放大了麻风树项目的潜在问题，而忽视了收益，并且没有试图了解在种植园和项目村庄发生了什么事情。

此外，区域咨询和信息网络系统（加纳）的文章强调一个灾难场景，目的是在反对加纳大规模生物燃料投资方面获得环境人士和其他利益团体的支持。下面的引言可以证明：

> 我们需要一个更积极的运动停止侵占土地。我们需要与传统统治者、地区议会和政客对这个不详现象抗衡。我们需要通过印刷和电子媒体将我们的信息有效地在更广泛读者之间传播……我们不能在与生物燃料公司的这场战争中措手不及。祖先跟我们站在一起，我们将赢得这场战争！（尼亚里，2008：6）。

如果政府和政策制定者依然冷漠，为了使信息更加引人注目、简洁和权威，某些短语或语句和一些消极的含义一起被编织在一类故事中，并从生物燃料后果中预测即将到来的厄运（博阿马，2010）。环保主义社团制作的其他报告，也认为项目由于物质利益会带来可怕的后果。甚至有些人的一些自私要求被生物燃料非洲有限公司拒绝后，加入反对麻风树项目的运动。

不可否认的是，一些关于麻风树项目的报告包含了有效的证据。尽管如此，反对麻风树的利益集团利用对生物燃料和其他资本主义投资对当地生计和其他地方的粮食安全影响带来的灾难性影响的害怕，构建了危机场景。然而，尽管关于项目大量的负面报道在加纳媒体传播，大多数村庄居民欢迎项目对当地生计和家庭粮食安全带来的衍生效应收益。因为"利益"决定了调查的内容（赫灵，2008），关于生物燃料的报告中呈现的信息应该谨慎对待。

结　论

175　　　本文引出这样的事实，由于延迪人口和生态条件以及生物燃料非洲有限公司的善意，生物燃料非洲麻风树项目改善了三个村庄的家庭粮食安全，它们的生计依赖被收购的土地。但是，在全球经济困难时期，生物燃料非洲有限公司的资金损失以及关于该项目的负面报道导致了其失败。本章得出结论，分析生物燃料对粮食安全的影响应该在特定的情形下，应该考虑当地土地用途模式的变化、土地可得性、耕作季节、家庭结构、生计的可适用性、生物燃料投资者的战略以及生物燃料原料的生态特征。

　　这是因为这些因素决定了从粮食生产转移到生物燃料生产的资源数量，并且这也决定了生物燃料和粮食之间的竞争程度。因为生物燃料和粮食安全之间的关系非常复杂，重新考虑生物燃料的叙事至关重要，它们有助于更多地了解生物燃料和粮食安全争论的知识。

结论：非洲土地掠夺、小农户以及农业投资者驱动的农业变化的意义

普罗斯珀·B. 马通迪　　谢尔·海威尼维克

阿塔基尔特·贝耶内

引　言

非洲的土地掠夺、粮食安全相关问题、寻找替代能源的主   176
题已经将相关学术言论的中心转移到一方面全球经济和权利关
系持续性的问题，另一方面为小农户的贫穷、不公平和"逼
迫"。① 气候变化和经济衰退的问题也显著地成为全球言论的
特征，这似乎在非洲和世界其他国家之间的历史关系呈现持续
性。这个迷似乎是大多数参与者（包括国际机构）对农业投

---

① "压榨"的意思是在非洲小农户部门还没有得到更大的认可，尽管事实
上，大部分的非洲人取决于它。与大规模的商业部门相比，它得到国家
的大部分补贴，并可以进入国际金融、投入和产出市场。通过土地掠夺，
小农户通常是受损方，因为许多的土地可能用于生物燃料的扩张。

资的快速兴趣和增长没有充分准备好的借口，寻找能源和粮食安全导致意想不到强度的土地掠夺与威胁破坏与整体发展目标相关的贫穷、土地权利和环境问题的影响同时存在。这加剧了国际机构在必须收购的大片土地地方为其农业投资疯狂搜索"指导方针"和"最佳实践"、"负责任的"、"双赢"的方法。当前研究通常更多地集中在土地掠夺的全球特征，很少关注对非洲小农户的影响。通过非洲案例研究，该书通过考察农业燃料（麻风树、甘蔗、大豆等）的投资和几个国家的粮食产品出口，呈现了土地掠夺的的发现。我们从不同角度考察生物燃料、粮食安全和能源，包括环境和生态问题、农村发展和农业变化、政治科学和机构。

177   在今天的非洲，土地征用似乎是 19 世纪晚期殖民土地征收行为的再现，当时受到资本主义扩张的驱动并与欧洲国家为获取土地、劳动、自然资源和市场的竞争有关。这造成非洲经济、社会、文化和政治的浩劫，变化的内生性过程和国家形成被破坏（基·泽博，1995）。非洲土地掠夺的派别之争由商业（钱）而非武力（武器）驱动。这个过程被视为富裕外国的战略，急于提供它们的粮食和能源安全，同时通过投资和有国家背景的公司为本国公民创造财富。这次争夺非洲土地和资源的范围扩大了，包括亚洲具有大量人口的转型国家，具有丰富石油美元但是粮食生产能力有限的阿拉伯国家，自诩具有生物燃料加工和使用最长经验和最高技术水平的巴西。尽管全球进程，例如，石油峰值、气候变化和粮食安全，是当前农业发展的必要驱动因素，我们强调这对非洲当地居民产生影响，不能凭空而论。在结束的时候，许多非洲国家是影响这些过程的关键利益相关者。吸引，甚至争夺外商直接投资以"现代化"它们的农业以及降低对进口石油依赖的渴望，正在推动非洲国家匆忙为生物燃料生产推广指导方针和政策。导致这样一个情形，跨国公司和外国可以获得非洲农村土地和资源（包括劳动）的地方正在逐渐增加，并受到保护。问题是，此时非洲土地和自然资源的治理还没有解决。这个尚未解决的问题不仅是围绕非洲土地使用权矛盾的主要来源，而且它也允许非洲国家以牺牲它们自己的百姓为代价来分配土地。

生物燃料、土地掠夺和在全球关系中的叙事

生物燃料投资和与土地相关的活动围绕南北和南南关系已经产生了新的争论。在非洲出现的一种政治观点是由于在过去十年里受到来自转型国家如中国、印度、巴西和阿拉伯国家日益增长的竞争，北方主要对控制资源产生兴趣。这可能也解释为什么北部国家回避执行 2005 年的巴黎宣言，其旨在更多影响援助接受国自己的发展战略（参考 2008 年阿克拉协议少量的结果）。

生物燃料的叙事，在一些重要方面，由新兴转型经济体形成，因此激发许多非洲领导人寻找其他联盟和新的未来发展路径。一个典型的例子是巴西—— 世界最人的生物乙醇生产国。生物乙醇在巴西的发展也是建立在许多问题前提之上，例如，热带森林的侵入、劳动问题、单一种植、土地退化、土地集聚和失地的增加（霍兰德，2010）。

转型国家的经济和社会进步以及不断增长的城市人口，增　178

加了对粮食和能源的需求。然而，这样的增长也导致全球价格波动以及国际贸易体系的不断增加的不信任。在双边投资条约和协定的情况下，对寻找替代能源和粮食做出了回应。在非洲和其他地方的土地掠夺也是基于对不断上升的能源和粮食世界价格的担忧，使土地、水和相关资源成为关键并日益稀缺的资源。这使这些资源在南北关系中日益重要。然而，也有一些全球风险资本通过快速并购进行的土地投机活动，期望获得大量的资本收益。

然而，土地掠夺的言论在全球关系持续性的背景下，提出并质疑有关非洲在全球政策言论中的话语权。仔细检查时，土地掠夺是全球化进程的一部分，非洲土地具有两个主要功能：①它成为资本、投资和贸易国际化的一部分；②它构成发达国家和转型国家提高粮食和能源安全的一个组成部分。这个过程通过那些现金丰裕但是自身未来的能源和粮食供给脆弱的国家保护非洲土地，与商品贸易、殖民主义和新殖民主义相关的历史范式保持相似。在新一轮"争夺"非洲的过程中，发达国家和转型国家的政府，鼓励私人投资者、国有企业、大型投资和主权资金收购、租赁或购买非洲的土地。

然而，这一过程背后存在更深的"安全叙事"。这些促使为生物燃料和粮食寻找土地，反映的事实是强大的国家不能为了经济自由化、市场和贸易抛弃安全。因此，为生物燃料和粮食进行的土地掠夺的叙事常常作为一个贫穷大陆的"发展"而被介绍和传播。这可能得到与"保护"和"环境问题"的次叙事的支持，目的是说服大众和持怀疑态度的纳税人，例如，生物燃料扩张也应对气候变化。但是，许多北方纳税消费者，他们的资源补贴是寻找更清洁的能源，通常不赞成企业和市属公司为了利润推动一个议程，尤其是超出自己的边界。

南北差异在 2009 年哥本哈根气候变化会议上也有所缓解。发展中国家要求货币补偿，而发达国家也准备好仅在有限程度上妥协。叙事不仅由政策制定者，还有由研究人员和科学家决定。问题范围从对气候变化数据和证据的怀疑到对遏制温室气体建议的不确定性（其中生物燃料特征作为一种替代选择）。在这种背景下，有关气候变化的讨论转变为生物燃料的"优点"，需要将南方"闲置"的土地利用上。正是在这种背景下，拥有目标土地的国家坚持一般货币补偿作为回应。然而，为非洲土地进行的这样补偿确实表明存在土地交易市场。然而，超过 90% 的非洲土地在各种土地保有制度下（习惯、租赁、自由保有权和许可）所有，这不同于西方所有权的类型。这意味着没有标准的全球补偿措施。

生物燃料成为北方发展的限制

在过去的几十年里，虽然大部分非洲人住在农村，但对非洲农业和农村发展的兴趣正在逐渐下降。尽管技术进步和全球经济发展（虽然国家之间的区别在不断增大），在非洲的百姓依然陷入贫困。在 20 世纪 80 和 90 年代，一系列学术研究出现，询问关于促进非洲经济自由化新自由主义议程的"积极"前景。哈维克和其他学者对坦桑尼亚写道：来自上面发展的局限性（1993）和非洲农业和世界银行（2007），详细地说明了新自由主义议程是如何失败的，并没有促进坦桑尼亚和撒哈拉以南非洲的农业和全面发展。今天，我们可能像"来自北方发展的局限性"，以同样的风格描述了土地掠夺的特征。由于实施了外部导向型经济改革项目，许多非洲国家是脆弱的（哈维克等。2007）。但是，特定的北方世界观，在转型国家的支持下，在过去大约十年时间形成了生物燃料叙事。为什么对此如此看重？

关于为什么以及具体什么时间生物燃料开始在全球争论中起到主要作用存在一个有争议的观点。因为生物燃料，以乙醇为形式，在北方和南方都有着悠久的历史。那些对生物燃料游说的人指出，乙醇在小范围内已经实现了充分的发展，考虑到气候变化，对生物燃料的需求已经成为当务之急。支持生物燃料的游说团体认为，那些反生物燃料的人没有充分了解生物燃料在技术和经济发展的作用。支持生物燃料的人承认：2007～2008 年世界粮食危机阻碍了生物燃料不断上升的发展。反生物燃料的运动利用粮食危机作为基础，通过与粮食不安全联系在一起攻击生物燃料发展。桑戈斯等（2010：18）发现：

180   实际工作者也提到生物燃料在公众眼中的形象，已经
          改变了过去几年向更坏发展的境况。其中一个受访者说：
          "在粮食危机发生之前，生物燃料是环保的替代品。"或
          者，如另一位实际工作者所说："2004 年、2005 年开始，
          人们将生物燃料看作为'解决所有问题'；有利于气候、
          贸易和农民；差不多对一切都好。"暗示具有更积极的作
          用……

只有当粮食危机发生时，才对负面影响产生关注。我在报纸上看到是一种咒语，当生物燃料出现在媒体上时，总是有这样的看法"但是它有问题：森林和粮食。"我说的是 2007 年和 2008 年，这些话总被提及。"农业对于生物燃料"的叙事主要是在"农业—出口商"模型范围内，以市场化发展的新自由主义逻辑，自然资源（例如，土地、水、森林和动植物）私有化和转变为基础。该模型假设投资者的利润最大化，以土地为基础的出口生产的增加和农业现代化。该模型不是由于国家政治过程出现的，针对社区福利和农村能源清洁来源的供给。新自由主义模型的逻辑导致土地、资源和人口不断积聚和控制在非洲上层集团和外部利益的手中。对粮食和自然资源的价值链的影响也逐渐掌控在少数跨国公司手中（吉本和庞特，2005）。

这种发展使非洲对于现金充裕的国家呈现一种新的重要性。德·舒特（2009：5）表明，"资源贫乏但现金充裕的国家为了实现粮食安全已经转向大规模的土地收购或租赁"。发达国家和新兴国家基于战略政治利益的考虑，为生产生物燃料和粮食进行土地掠夺竞争。非洲国家大部分是（或愿意成为）外国投资的接受者。非洲人期望接受外国投资和外部创新，因为大陆被认为是贫穷和落后的。因此，当私人企业进入该大陆时，他们不希望非洲质疑投资应该带来的发展。生物燃料生产迄今为止仍被推崇为"老大哥"的姿态，像殖民的历史关系。非洲和非洲人被认为"下等的和落后的"，需要来自外部的发展。因为发展援助在过去四十年里没有能够在非洲环境下实现，兴趣已经转向外国直接投资追求活力和经济增长。这种世界观在西方和转型国家以及全球企业机构中根深蒂固，并使全球推广生物燃料合法化。

181　　　在西方和转型国家，率先进行生物燃料投资的企业机构也强烈宣称，世界需要清洁和廉价的能源（见第 3 章）。然而，存在很少有关积极的技术转移，小农户的真正参与，甚至外部和国内投资者之间任何接近平等关系的证据。国内投资者有机会分析股权的一部分（例如，在坦桑尼亚为 1.5%），而他们为了获得投资的主要资源（土地和劳动）需要承担修路的责任（见第 6 章）。

　　　在过去三十年，非洲农业系统的投资已经严重缩减——从某种程度上说，世界银行的《世界农业发展报告》（2007）呼吁，国际援助团体和非洲国家更多地关注农业。在这种背景下，有人认为，可再生能源，以生物燃料为首，作为扭转这种趋势的一个机会，将非洲农业转换为一个动态以及在全面发展中占主导地位的部门。2010 年，世界银行与其他国际组织如国际农业发展基金会和国际货币基金组织一起，决定为在外国土地进行的土地收购提供自愿原则（世界银行，2010）。事实上，它主张土地治理是公开的，尤其是对公共采购和租赁。世界银行根据政府工作人员和机构如何获得并行使他们权利定义治理。在土地管理方面，它指出与土地产权和交换这些权利（以及它们的转换）有关的政府工作人员的行为至关重要。公共机构对监督土地使用、管理和税收承担重大的责任。公众对土地如何管理应该有足够的信心，并且明确知道什么是国有土地以及土地如何收购或处理的。事实上，土地所有权的性质和质量信息对大众的可获得性，它们可以获得或修改的便利性是问责制和透明度的重要因素。这些指导方针的发展来自大量贫困非洲人口居住在农村地区的现实。因此，尽管非洲农业的现代化可以帮助减少贫困，但是如果这些土地收购是隐藏的，这些人仍然面临更大的负面影响（非洲之友，2005）。尽管世界银行提出的论点听起来合理，但是它们如何发展的程序仍存在问题。治理原则的发展在很大程度上来自北方（包括主要的金融机构和援助者），如果没有充分的咨询，它将对"政治"动机产生质疑。

挑战土地掠夺的新自由主义范式

虽然自从 20 世纪 70 年代末非洲危机爆发以来农村经济活动的多样化和城乡移民已经有所增加，但是，撒哈拉以南非洲地区大量的人生活在农村并将农业作为主要的生计。土地问题在许多方面仍然至关重要：土地权利、身份、地位和习惯权利的认可（形式化和认证过程），"公共"、国家和受保护土地的使用权。

我们的评价需要超越一个弱国收益的言辞——一个在 20世纪 80 年代非洲新自由主义框架追求的思想。当该思想被确认不能实现时，追求该思想的强度在 20 世纪 80 年代末和 90年代初有所减弱。这个对部分国家放弃的观点使社区接触当地上层集团，准备分享在生物燃料和粮食安全允诺投资的战利品。政府需要在土地交易中承担更核心的作用，并确保农村的权利和利益不受到投资者的影响。这要求加强与使用权改革，土地分配和土地归相关的土地管理的法律和政策，许多非洲国

182

家在过去二十年中始终在努力发展。外部投资者、银行和金融机构的游说对许多非洲政府来说很难给外国企业和投资者达成具有明确规定职责的土地政策，考虑到产权在国际范围的敏感性。例如，在坦桑尼亚，20世纪90年代初提出的十年国内土地政策和法律程序变得不清楚，当时外部援助者（这里是挪威援助机构）与该国的总统一起，使坦桑尼亚成为非洲两个领先者之一（另外一个是埃及）。坦桑尼亚政府交给赫南多·德·索托，《资本的秘密》的作者，一个任务，即想办法加快城镇土地所有权的过程。就这样，没有适当的咨询当前的土地法律，新混乱出现在村庄土地认证过程。

因为全球和国家对农产品（能源和粮食）需求给土地增加了更大的压力，因此，大面积的土地分配给投资者用于粮食和生物燃料可能是有问题的。德·舒特（2010：39）写道：

> 全球人口每年增加大约7 500万人，饮食的变化要求更多的动物蛋白。但是，这些事实只有在某种程度上与发达国家消费的不可持续水平有关——尤其是对肉的需求和农业能源的渴求——他们导致自然资源的压力不断增加，接着鼓励投机土地并大规模剥夺最贫穷和最脆弱的人，尤其是缺乏足够保护和政府支持的小农户和本地社区。不是通过生产更多使我们有效地对抗饥饿，而是通过保护那些当前受饥饿的人，受饥饿因为他们被剥夺权利并被边缘化。

183　　观察为了获得粮食和能源进行的土地收购过程，需要联系到非洲国家更广泛的土地使用政策和农村状况。我们已经表明，用于生物燃料的土地包括习惯拥有的土地和在自由保有权下的土地。许多国家的政府也放弃它们一些法定的土地，将其租赁给生物燃料公司。与所谓的"未被利用"土地的习惯土地所有权有关的问题，在非洲已经引起了巨大的争议，因为农村人很难理解任何土地是未被利用的。一些被认为是闲置的土地被用于畜牧，并且一些用于获得对人们的生计重要的自然资源。此外，许多农村人视他们自己为后代的土地管家。未被利用的土地将会被使用的。

回到种植园农业的陷阱

在许多情况下，土地的大规模收购也凸显了对种植园为基础农业的兴趣重燃。它的产生由于人们对市场机制和国际贸易，在保障获得基本粮食和能源供给有效性不断增加的怀疑。莱昂温森（1992：3）提醒我们："粗暴的土地侵占、农民耕作的破坏和频繁奴隶被迫招募、佃户或工薪劳动力是种植园农业早期发展的标志。"历史表明，小型家庭农场比大规模农场更有效率（世界银行，2007）。种植园农业取代当地生产者。如果当地生产者被给予一个农业政策环境以及适当的学习平台和通信网络，他们通常具有可持续生产的知识以及知道谁合适做这些获得更高产量。

这意味着大量的非洲土地面积用于经济和组织形式，目的是促进有效的和大规模的粮食和能源原料的生产，这可能不适用于小农场。然而在非洲大规模种植历来面临着特定的困难。

大型农场只有当 p 它们可以获得某种形式的公共补贴时才能在非洲兴旺发达。许多迁移到非洲大陆其他地方的大规模商业津巴布韦农民发现，没有国家补贴他们的生活很拮据。

然而，生物燃料生产的经济意义仍然是不确定的，因为投资受到很大程度上的补贴，这意味着它们在经济上没有竞争力。生物燃料投资的经济可持续性实际上并不清楚（第 3 章）。目前，生物燃料产品，在很大程度上，受到补贴的资助。如果收取"真实的价格"，不包括税收减让和其他福利，生物乙醇可能比今天的石油贵得多。（也就是说，化石燃料在某种程度上也受到补贴，因为它们对环境和健康的负面影响的成本——由于它们的生产和消费——没有包括在价格中）。

184　　　世界银行的《世界发展报告》（2007），强调了非洲小农户面临的困境是努力在全球市场上竞争。在农村地区的贫困水平仍然很高并随着移民扩散到城镇地区。在农村创收的机会已经减少。在这种情况下，生物燃料对于农村地区的就业和收入创造具有战略性的重要性，并且它们可能有助于遏制农村到城镇的移民。但是，在很大程度上，粮食不安全正在增加。非洲国家不断上升的粮食进口和饥荒可以证明这一点。非洲政府和西方援助者呼吁重新投资农业，同时关注全球价值链、私人资本、合同农业和不同规模农场的重要性。

建议小农户应该通过生产者组织扩大他们的投入采购和技术使用。关注生物燃料和粮食生产，农业生产规模和营销的问题再次被视为关键因素，尤其是在不受欢迎的地区。然而，小农户面临多种威胁。其中之一——来自廉价进口的竞争——常常削弱本土的农场并迫使人们迁移到城镇地区，否则周期性地作为工薪阶层。

推动人们走向工薪阶层或迁移，迫使他们不断增加购买进口粮食或者粮食由大型农场生产。部门与出口市场的联结经常给农村贫困人口创造不断增加的压力，使其为了就业放弃农业。在本书的大部分章节中，我们提供的背景和见解表明，大部分取决于生物燃料相对于大型或小型农业生产单位如何"胜出"。一方面，在农业商业当前的趋势鼓励"高效"，大规模和资本型生物燃料生产，而不是分散的，小规模的农场；另一方面，如果效率优先，排除福利方面，大部分农村人口的公平和生计可能受损。

生物燃料冲击了粮食安全和穷人的主权

非洲的农村地区正在经历全球化、商品化和货币化的进程。在本书的不同章节，我们试图理解与生物燃料和粮食安全相关的全球过程和关系是如何影响非洲的。富裕国家为了生物燃料和粮食安全寻找土地，不再采用隐藏掠夺资源的形式，以殖民时期前"文明"动机为基础。

相反，获得非洲土地和资源的新形式，通过富裕国家试图维持本国经济的经济"利益"表现出来，它们以大量和较高的资源消费为特征。在许多国家出现的一个关键问题是，有限的土地满足本国人口的粮食需求。在一个人为导致经济危机消耗的世界里，这就引发了涌向非洲土地。艾德（2008：12）得出结论。

任何从粮食或饲料生产向能源生物质生产的土地转移，从一开始会影响粮食价格，因为两者为相同的投入竞争。赤裸裸地说，"粮食对燃料"的游戏可以使发达国家的一个车主用来自200千克玉米生产的生物燃料充满他或她的油箱，这些玉米可能足够养活一个人一年。车主的购买力当然大大高于发展中国家一个有粮食危机感的人的购买力；在一个不受监管的世界市场，谁会赢，毫无悬念。

许多非洲国家在农村和城镇都拥有大量的失业人口。尽管艾滋病毒和艾滋病似乎在一定程度上导致人口增长的放缓，尤其是在非洲南部，从总体上看高增长率仍在维持。正如引言和第1章中指出，土地和自然资源为劳动密集型粮食生产提供了机会。在农村地区的许多非洲人仅在有限的程度上受到货币经济的约束，交换在信用和关系的基础上非正式发生。因此，尽管他们可能没有过着复杂的生活，他们的粮食是安全的。因此，当外国公司收购土地时，如在埃塞俄比亚（第5章），人类的粮食和生物权利就受到损害。

我们还注意到，许多外国土地收购，为了获取暴利并且大部分用于出口。这意味着接受此类投资的国家可能看到工农业生产模式被建立。在津巴布韦和加纳的例子中，大规模机械化紧跟着为可耕庄稼生产进行的大规模土地清除。这个过程对生态产生了破坏，并将对小气候产生深远的影响。土地、水和森林形成了生态系统，它提供了广泛的"服务"，从清洁自然环境到水（水资源），再到水果，等等，这些都会被土地清除或者为大规模灌溉修建的水坝破坏。如果应急保护措施不到位，将会导致营养丰富的土壤的巨大损失，生物多样化的破坏和释放大量的二氧化碳。

农业投资取决于他们增加农业生产的假定能力。然而，正如过去努力促进"绿色革命"显示，农业的现代化可能产生更多的粮食生产，不意味着为当地社区增强粮食安全。事实上，经济作物单一栽培的扩张对当地现有的粮食会产生严重的影响，因为它将生产粮食的资源和劳动转移到生产经济作物。事实上，社区被迫依赖于市场，受到价格波动的摆布。当地可用粮食的缺乏以及高度依赖从其他地方获得的粮食也降低社区饮食的质量和种类，改变他们的饮食习俗。

自然遗产和环境叙事

在另一个层面上，本书的所有章节讨论能源和粮食生产的政治如何影响当地人民的生活。这与获得和使用自然资源有关。尽管看起来以生物燃料和粮食安全为目标的土地很少，但是由于石油峰值和气候变化，它的比例将随着时间而增加。气候变化似乎进一步加深并且可能减少适合农业生产的地区。这意味着大规模、资本密集型和能源依赖的农业生产系统与小农户在最有生产力的土地上竞争。这可能加剧土地冲突。与此同时，随着农业侵占潮湿和生态生产地区，生态系统栖息地（动植物）最有可能成为资源竞争的牺牲品。

"公地"的退化也用来证明土地分配给大规模用户是有道理的，理由是小农户无法调动资金。同时也指出小农户滥用自然资源，因为牲畜和人类活动引起了每单位土地压力。在当地生活背景下，技能和知识转移被嵌入当地社区的生活过程。这以本土知识体系为特征，更容易与单一栽培种植园被放弃。大规模农场的投资者很少像关心当地居民一样关心动植物。

小农户相对于大规模生产者可能更具有适应优势，原因如下：（1）深入了解他们本地区的环境；（2）他们的农村，呈现分散的生产单位提供多样化，分散的实验；（3）他们生活和商业经济作物的组合，使他们习惯种植一行庄稼和饲养牲畜产品，这为实验提供了多样化的基础，可以降低生活风险。大规模生产，另一方面，常常不了解当地情况任意支配，并倾向单一栽培。以规模经济为基础的昂贵农业投资，在气候不确定的情况下，可能证明是判断失误并不可持续的。

经济和社会公平问题

187　　在非洲，小农户在农村人口中占据大部分份额，并构成非洲农村经济、社会和文化支柱。非洲政府关于他们的小农户种植问题面临多重压力，机遇和威胁也不断涌现。政策制定者很难平衡非洲的土地和劳动分配，能源依赖和粮食供给，他们经常停止参与项目，例如，没有充分可行性分析的生物燃料（见第6章）。非洲人经常缺乏基本的服务和经济机会。给非洲人投资生物燃料的机会对于造福非洲是有限的，原因是市场约束以及大多数人难以获得粮食的现状。当地人主要关心改善他们的生活条件，并对他们自己的地区负责。在非洲，收入和非收入不均衡很高，在农村不平等的水平较低。具有较高初始收入不平等的国家，发现经济增长在减贫方面效率很低。假如不平等上升的抑制效应没有紧跟着经济增长，减贫的速度可能很显著。

许多非洲国家将农业商业化看作为实现经济发展的契机，从而激励他们与周边国家的贸易关系。但是，也存在对这个过程如何有助于减少农村贫困的担忧。对于许多非洲国家，一个主要的风险是他们过于依赖土地作为吸引外国投资者的激励。事实上，本书的第 5 章显示，许多国家甚至提供大片的土地用于租赁或收购，低土地租金和长期租赁条款吸引对生物燃料感兴趣的公司。发展援助在非洲失败以后，私人投资的视角越来越成为主流话语。这有助于促进他们的假设、观念和利益形成投资政策。但是，这种投资言论，包括生物燃料的言论，过于狭隘地关注技术和经济变化，不考虑机构、社会和行为问题，影响当地人对技术创新的看法。一般来说，当前的投资政策很难在农村生活中嵌入生物燃料，例如，通过提供清洁和可负担得起的家庭能源，改善农村卫生，或者加强农村能源对性别和环境的影响。这些政策不能通过本土化生物燃料消费，或通过农村农业环境的技术、企业家和组织需求，在农村转变的过程中为农业燃料设想一个角色。

尽管一个"失败大陆"的悖论和概念化，农村非洲人展现了生产自己的粮食，为城镇地区提供粮食和劳动力以及维持本土和正规教育体系，忍受贫困和重建经济和社会系统的能力。他们可能没有按照国家或全球政策制定者希望的速度和形式做这个。

生物燃料的引入对性别、劳动力和代际划分产生特定的影响，所有这些最终影响家庭的福利。生物燃料投资特定关注商

188

业生产以及女性小农户在农业中占主导的大陆。最有可能的
是，男人会愿意为了在种植园的车间劳动放弃他们的土地，这
导致（在其他事情之中）劳动力迁移的性别差异（尤其是男
性迁出）。与此同时，当合同种植和承包计划被引入时，土地
拥有者——通常是男性——将获益（尽管只在短期）。介绍了
合同承包种植计划农业时，通常是地主——人——谁将获得
（尽管通常只在短期内）。不定期（但至关重要）的收入存在
真正可能的下降，这些收入是妇女从农业中获得并用于她们家
庭的福利和粮食安全。在更广泛的社区层面，非洲人生活在结
构化的村庄，遵循着特定的文化规范和规则。这些许多可能被
以农业投资农场为中心的新经济系统破坏或者弱化，不会产生
可以为农村提供有意义的生活和社会取向的新的和可持续规则
和规范。

　　个人主义可能会取代社区集体努力和规则，因此破坏了从
以前继承的有序但不公正的资源管理系统。这些管理系统，没
有文书工作复杂，以口头传统为基础，有效地确定土地所有
权、照管自然资源和分配土地。相反，大规模农业现代化，围
绕土地更多的竞争和冲突将出现在家庭和社区，因为他们通过
从事投机行为、利润竞争和牺牲家庭和社区为代价显示合同关
系重要性，向传统挑战。因此，在长期，非洲很可能看到社区
责任的损失，包括获取和传播知识、权利辩护和磋商、赢家和
输家之间关系的调节。这种发展很可能发生，因为对于大多数
农村非洲人来说，摆脱贫困的选择很有限。失去的土地，当工
业化生产能力很弱时，为冲突创造了理由，这可能对生物燃料
公司产生不利的影响。

在非洲形成生物燃料决策的复杂性

关于在发展中国家形成决策的叙事和思想问题，斯科特（1985：318）写道：

> 如果存在一个主导、支配的思想意识……［它］会要求农村的上层集团的信仰和价值渗透并主导穷人的世界观，目的是诱使他们同意并赞同一种农村秩序，这实际上不符合他们的目标利益。它的作用可能会隐藏或歪曲阶级利益的真实冲突……并且利用穷人，实际上是他们自己受伤害。

在非洲，大规模生物发展的支持者正在利用政策漏洞并对小农户产生持久的影响。在非洲，对外国直接投资的争夺（见第4章）已经看到政策制定者甚至凌驾于他们自己的政策，因为他们试图吸引投资者。决策的过程不是线性或有序的，因为在这些计划幕后，各种交易商正在积极进行土地收购。本书的章节确定决策过程是非线性的、复杂的并且增加的，受到实践者、利益集团、参与者和政策网络的影响，其中东道国的农业投资者和政治领导起到重要的作用。

外部投资者看到非洲土地为他们在非洲快速赚到钱提供了机会，而没有受到严格的管制（见世界银行，2010）。此外，廉价的土地也是公司和东道国政府激励因素。宽松的土地和环境法律意味着保护当地权利、利益和福利的机制往往被忽视。

189

非洲政策制定者正逐渐对生物燃料投资的外部压力做出反应，使其在他们自己的国家与人脱离。国家利益和议程正处于危急关头，尤其当他们受到金钱诱惑的考验，朝向稳固大多数人生活的农业时。外部投资者和非洲上层国内投资者之间新出现的联盟在农业投资的背景下高度保密。

一些非洲国家曾试图周密制定可以吸引外国投资的政策，仍存在与涉及国家利益的土地相矛盾的政策。国内阶级利益造成的不对称权利关系很难看到（否则明显）需要小农户拥有土地的法律保护。在任何情况下，外国投资者已经识别出当地土地管理系统的漏洞。土地和指标政策的缺少反映出的缺点需要考虑，当公共土地的目标是为准备进行不正当交易创造条件。在大多数情况下，政府工作人员已经向公司投资谈判者诱惑的金钱投降。有时，公司谈判者直接找到村民和他们的传统领导者，他们好像缺乏来自严格政策和一个警惕政府部门的保护（在大多数非洲国家很难找到）。

毫无疑问，非洲确实需要经济发展和外部投资，为它自己人民释放其土地和资源的更大经济价值。但是，当前的轨迹一直受到在大规模种植园农业的投资的控制，它常常取代并破坏非洲人民的生计。机械化使在种植园的工薪阶层感到恐慌，只有少量（如果有的话）来自这种农业形式的收入被投入到小农户农业或者以其他方式用于改善农村人口的福利。一个相关的问题需要提出：非洲在什么价格下应该放弃它的土地？

190 因此，政治和管理背景——在投资国和东道国——形成了有关土地掠夺的言论和叙事（罗，1991）。在土地掠夺中，投资者在不同背景下演习复杂的政治过程，因为他们争夺有限的土地和资源。通常，外部投资者或公司寻找有意愿的东道主、联盟和合作伙伴，在商业和政治上，使他们获得土地成为可能。有时，当地的"东道主"也作为他们和受到掠夺影响人之间的一个缓冲角色。

新出现的公民和社区抵制生物燃料生产

在非洲内部和外部的一系列民间社会组织重新调整了他们激进的议程，以反对大规模的非洲土地掠夺——代表小农户。非洲已经看到许多这样的组织，包括区域咨询和信息网络系统（加纳）和与国际网络合作的其他组织。在国际层面，粮食第一信息和行动网络，野生动物基金，基督教倡导联盟，GRAIN等在生物燃料、粮食安全和土地掠夺信息和知识的传播中都发挥了重要的作用。多边机构，以世界银行和联合国粮农组织为首，在为农业投资双赢解决方案建立自愿指导方针方面走在最前沿。

在前面的章节中，通过不同的作者，我们借助于田野调查的方法，讨论社区和当地政策制定者是如何对土地掠夺做出回应的。一般来说，媒体和学者已经理解生物燃料和土地掠夺言论并强烈反对明显的轨迹——大规模的土地掠夺，增加的粮食不安全和更大的贫困——并将这个预测到未来。穷人没有参与关于土地问题和外国投资者的公共辩论，然而投资被认为对他们有利。相反，约定在国际层面上正在发生，以有关生物燃料在非洲当地社区做过的情况的有限知识为基础。

在非洲，参与宣传的非政府组织注意到，越来越多的人反对跨国公司进行的土地掠夺。来自受土地掠夺影响的人们的反对没有遵循任何推理过程，而是基于他们面临的实际情况，他们的生态系统和资源消失，土地被清除。而 Boamah（见第 8 章）认为，在加纳，有证据表明公民社会在缺乏根据的情况下已经建立了反生物燃料叙事。村庄妇女的声音暗示：

191

看着你们已经砍掉的所有西树果树木，想到我在一年里收集的坚果提供给我一年的布以及少量钱的事实。我可以将我微薄的收入投资一头羊，有时在一个好年头，我可以买一头牛。现在你们已经破坏了树木并且你们承诺给我一些你们不愿意给的东西。你们想让我去哪里？你们想让我干什么？（尼亚里，2008：6）。

但是，坦桑尼亚的例子揭示（见第 6 章），存在一个有知识的社区促进生物燃料，从为清洁燃料能源而战的环保主义者到大规模投资者和行业协会。他们积极地提出问题，设计辩论，列出可能性并游说政府、部门和机构。不幸的是，他们的信息是支持生物燃料的倡导者提供的，政府在关于他们是否愿意阻止损害穷人利益的土地掠夺的问题上，弱于回应和不做承诺。但是，跟踪掠夺问题的积极分子和研究者，在西方国家呈现他们对生物燃料及其对非洲人的影响观点时非常谨慎。

此外，人权问题、粮食和营养权利和生态问题，在公共领域里一直处于较高的位置，迫使多边机构通过精心设计他们所谓的"行为规范"，重新思考农业投资。然而，问题是：当这些框架被应用到农村和地方层面时，这意味着什么？在非洲，贫困、文盲、缺乏民主自由和经济不完善的组合难以实施行为规范。此外，行为规范是自愿的，不受到机构或资源的监督和强制服从。我们担心的是，这类资源的指导方针，针对"事情应该怎样做"，将转移对正在发生事情的关注（见第 1 章）。

为保护小农户权利设定议程

许多研究表明，提高所有者经营的小农户农业生产力的投资对增长和减贫产生极大的影响。带来这样的生产力提高的投资，在非洲的历史上达到的数量只有亚洲在"绿色革命"鼎盛时期花费的一小部分。这常被看作非洲在农业增长和农村发展方面惨淡记录的原因之一。在农村地区的投资，以非洲农村发展为愿景，可以填补这个空白。面临的挑战是确保这些投资尊重现在土地使用者的权利，并按照经济发展和减贫的现有战略增加产量和福利，但不能进一步扩大收入差距。

在农业部门的私人投资，为补充公共资源提供了巨大的潜力，许多具有合理运行市场的国家从这里获得巨大的收益。与此同时，有证据表明，如果权力不明确，管理宽松以及那些受影响的人失去发言权，这样的投资存在相当大的风险。投资可能会导致当地居民的迁移；削弱或否定现有的权利；腐败、粮食不安全、当地和全球环境破坏；弱势群体失去生计或获得土地的机会；营养不良、社会极化和政治不稳定。在过去，许多大型农业企业均告失败。错误地信奉农业生产的规模经济而不是价值附加，在历史上已经使许多国家承受依赖补贴的大型农场部门的负担，这些部门提供很少的经济或社会效益。

192

农村创业和组织问题提供另一个关键的纬度。农村生产者不会作为单个和独立的参与者对政治和经济规则做出反应。农村人的创业和组织方面在技术和管理知识的传播、获得农业资金并与潜在市场联系中至关重要。形成被正式或国家体制（如公司和经济参与者）认同的经济协会的权利是走向保障获得不同资源的关键一步。

增强非洲人的能力

很明显，当前非洲的土地掠夺正发生在一个没有充分形成或根本都不存在的政策环境下。例如，许多国家政府正在"蒙混过关"，对于如何最恰当地应对几乎没有任何的指导，考虑到投资（技术）语言的复杂性，当地政府机构可能不熟悉。土地谈判缺少清晰说明，要求进行和研究建立一个土地掠夺和农业投资多维度的知识库。在非洲存在一个不断增强的共识，需要新的发展框架以及制定减贫和粮食安全加强战略，解决非洲土地使用权和农村改革问题。在非洲外部和内部，农业对农村生计和广泛的国家和全球经济发展的重要性越来越得到认可。但是，这种认可还没有转换为公司政策规划指导非洲的土地交易。事实上，农业作为一个分部门，仍然缺乏资金，而土地所有制改革计划还没有建立或者在实施过程中还存在主要的问题。

193　　在本书的章节中，我们已经证明土地交易与政府协商。然而，只有来自非洲的机构和知识分子的微弱回应。全球的媒体只有在 2007～2008 年粮食和能源危机席卷全球时关注这个问题。在非洲，土地交易的地方，直到 2009 年，非洲联盟才开始讨论土地交易的行为准则。在非洲从事这些事情的能力弱，缺乏进一步妥协的问题的平台和机会。此外，它已成为常态，发明和技术解决方案，比如有关生物燃料，在发达国家，几乎没有对非洲的环境和权利。

在能力方面，以当今非洲为特征的经济衰退已经变为有限的研究机会，并对非洲的知识体系发展产生不利的影响。重要的是，这样的一个知识体系应该在技术上理解非洲社会文化背景；它还应该理解生物燃料生产的条件和潜力。从南方到北方的"人才流失"加剧了这些问题，导致非洲公共机构缺乏能力，无法对国家的政策发展作出贡献。讽刺的是，影响生计的环境已经经历了巨大的压力并发生了显著的变化，所以，这需要更深层次的知识。新的理论结构已经建立，它可以加强对农村变化过程的理解。但是，理论和方法途径，尽管它们已经变得非常全面，但是很大程度上是不连贯的和分立的。利用非洲土地掠夺的例子，我们证明了生计、自然资源使用权、管理和环境可持续之间复杂的关系。

很明显，需要进一步考察土地掠夺，因为对全面影响的认识仅处于起步阶段。这需要技术咨询；研究项目需要被委托；随着农业投资的进行，需要监督政策的制定和实施。与此同时，需要发展一种来自非洲内部的质疑声音，这样交易确保更广泛的非洲社会获得可持续的好处。问题是识别出什么起作用，然后按照它更好地为非洲人民工作的方式扩大它。这需要关于土地掠夺影响的知识，并作为非洲小农户发展的选择包分享。非洲需要识别出可以更广泛地传播效益的行动，尤其是在穷人和被边缘化人群之间。支持积极的变化，因此需要研究更具有针对性的方法，重点是学习一线的成功实验和经验，尤其是与关键成功因素有关，包括制度创新。

逐字逐句的说法

194 　　我们的书主要关心的是，提供关于与土地掠夺有关的外国投资现在和未来是如何影响小农户的背景、故事和叙事，并解释为什么这些过程需要一个预防的方法。大多数章节强调了生物燃料对小农户生计的积极和消极影响，他们也反映了生物燃料生产在全球、国家和地方层面的政策意义。

　　作者也重新考察了影响非洲小农户的关键问题，当大陆走向一个以利用自然支撑全球经济和生活方式为特征的"生物经济"。根据经济、社会和政治正义分析了这些问题，生物燃料似乎破坏了现在和未来几代非洲人的粮食安全。为改善提出的建议以及解决方法，倾向在发展中国家和发达国家的关系建立一个更加公平的竞争环境。我们希望这些建议有助于为非洲建立一个新的议程，它包含了真正的双赢局面，避免世界、国家和地方层面的零和博弈。

　　更高和更频繁变动的商品和石油价格，人口增长和城市化，全球化和气候变化的组合可能意味着生物燃料需求和投资在未来呈现更大的重要性。在非洲，为了生物燃料、粮食和其他战略原因而进行的土地掠夺问题，提出关于全球关系的政治和经济问题。很明显，非洲各国的条件（经济、政治、社会和生态），需要获得关于这一"新"现象的意义和影响的准确本地知识。

　　显然，外国私有公司，受到他们政府的支持，正进入非洲与东道国政府进行土地交易，使它很容易冒险进入大规模的商业农业庄稼生产。表面上，在许多国家（例如，津巴布韦，埃塞俄比亚和坦桑尼亚），农业用地的缺乏在未来几十年证实不利于在非洲推行雄心勃勃的土地掠夺计划。但是，由于战略和安全的原因，发达国家和转型国家，例如，中国、印度和巴西，将强烈地推动获得控制南方的自然资源和土地。

　　寻求一个更公平的竞争环境，在很大程度上取决于粮食、生物燃料和经济作物农业生产中技术进步的速度和方向。甚至更多地取决于设计综合的模拟自然生态系统的粮食生产系统的能力，而不是推行单一栽培。在土地使用权，小农户获得土地，设计知识和劳动密集型（与此同时淘汰繁重体力劳动）并能够节约资本和资源的生产职能和组织的领域，主要的困难可能会增加。随着土地掠夺在非洲大陆和其他地方逐步扩大，研究者和积极分子需要解决这些问题。

参考文献

Aal, W., L. Jarosz and C. Thompson (2009) "Response to P. Collier, 'Politics of Hunger'", Foreign Affairs, November/December.

奥尔，W.，L. 贾洛斯茨和 C. 汤普森（2009），"对 P. 科利'尔饥饿'政治的回应"，外交，11 月／12 月。

ABN (African Biodiversity Network) (2007) Agrofuels in Africa: The impacts on land, food and forests, available at www. bio-fuelwatch. org. u k/docs/ABN_ Agro. pdf.

ABN（非洲生物多样性网络）（2007），《非洲的农业燃料：对土地、粮食和森林的影响》，见 www. bio-fuelwatch. org. u k/docs/ABN_ Agro. pdf.

Achten, W. M. J., W. H. Maes et al. (2010) "Jatropha: From global hype to local opportunity", Journal of Arid Environments, 74 (1): 164 ~ 165.

阿切特，W. M. J.，W. H. 梅斯等（2010），"《麻风树：从全球炒作到当地机会》"，《干旱环境》杂志，74（1）：164 ~ 165。

Action Aid (2009) SEKAB-Etanol till varje pris? Hur SEKABs biobransleprojekt i Tanzania drabbar lokalbefolkningen, October, Stockholm.

行动援助（2009），《SEKAB － 乙醇不惜任何代价?》Hur SEKABs biobransleprojekt i Tanzania drabbar lokalbefolkningen，10 月，斯德哥尔摩。

ActionAid-Ghana (2009) "Re: The biofuel debate: Action Aid-Ghana

206

responds to Rural Consult's allegations", Daily Graphic (Ghana), 6th July.

行动援助——加纳 (2009),《关于生物燃料的讨论:行动援助——加纳对农村咨询指控的回应》,《每日画报》,7 月 6 日。

ActionAid International (2008) Food, Farmers and Fuels: Balancing global grain and energy policies with sustainable land use, Johannesburg.

行动援助国际 (2008),《粮食、农民和燃料:通过土地可持续利用平衡全球粮食和能源政策》,约翰内斯堡。

Action Aid International (2010) Meals per Gallon: The impact of industrial biofuels on people and gobal hunger, January, available at: www. actionaid. org. uk/doc_ lib/meals_ per_ gallon_ final. pdf.

行动 (2010)《每加仑饮食:工业生物燃料对人类和全球饥饿的影响》,1 月,见: www. actionaid. org. uk/doc_ lib/meals_ per_ gallon_ final. pdf.

Adger, N. W. , T. A. Benjaminsen, K. Brown and H. Svarstad (2001) "Advancing a political ecology of global environmental discourses", Development and Change, 32: 681 ~ 715.

阿杰尔, N. W. , T. A. 本杰明森, K. 布朗和 H. 斯瓦斯塔 (2001),《推动全球环境话语的政治生态学》,发展和变化,32: 681 ~ 715。

Agrawal, A. (2005) Environmentality: Technologies of government and the making of subjects. Durham, NC and London: Duke University Press.

阿格拉沃尔, A. (2005),《环境性:治理和理解问题的技术》,达拉谟, NC 和伦敦:杜克大学出版社。

Aide, E. (2008) The Right to Food and the Impact of Liquid Biofuels (Agrofuels), Right to Food Studies, Rome: FAO.

艾德, E. (2008),《食物权和液体生物燃料 (农业燃料) 的影响》,《食物权研究》,罗马:粮食及农业组织。

Alemayehu Lirenso (1992) "Economic reform and agricultural de-cooperativisation in Ethiopia: Implications for agricultural production in the 1990s", in Mekonen Taddesse (ed.), The Ethiopian Economy: Structure, problems and policy issues, Proceedings of the First Annual Conference on the Ethiopian Economy, Addis Ababa, Ethiopia, pp. 81 ~ 104.

阿莱马耶胡·利仁索（1992），《埃塞俄比亚的经济改革和农业去合作社：对 20 世纪 90 年代农业生产的影响》，麦克楠·塔德塞（著），《埃塞俄比亚：结构、问题和政策发布》，第一届埃塞俄比亚经济年会论文集，亚的斯亚贝巴：81 ~ 104。

Alemneh Dejene (1987) Peasants, Agrarian Socialism, and Rural Development in Ethiopia, Oxford: Westview Press.

阿莱姆纳·德杰内（1987），《埃塞俄比亚的农民、农村社会主义和农村发展》，牛津大学：西维尤出版社。

All Africa News (2010) "Petroleum companies to build ethanol blending plants", 27th March, available at: http://en. ethiopianreporte r. com/index. php? option = com_ content & task = view & id = 2423 & ltemid = 26.

全非洲新闻（2010），"石油公司建立乙醇混合工厂"，3 月 27 日，见：http://en. ethiopianreporte r. com/index. php? option = com_ content & task = view & id = 2423 & ltemid = 26。

Amanor, K. S. (1999) Global Restructuring and Land Rights in Ghana, Uppsala: Nordiska Afrikaininstitutet.

阿莫阿诺，K. S. (1999)，《全球重组和加纳的土地权利》，乌普萨拉：北欧非洲研究所。

Amigun, B., R. Siamoney and H. Blottniz (2008) "Commercialisation of biofuel in Africa: a review", Renewable Energy & Sustainable Energy News, 12: 690 ~ 711.

阿米古，B.，R. 锡莫尼和 H. Blottniz（2008），《非洲生物燃料的商业化：一个综述，可再生能源 & 可持续能源新闻》，12：690 ~ 711。

Anderson, T and M. Belay (eds) (2008) Rapid Assessment of Biofuels Development Status in Ethiopia and the Proceedings of the National Workshop on Environmental Impact Assessment and Biofuels, Publication No. 6, Addis Ababa: Melca Mahiber.

安德森，T. 和 M. 贝莱（著）（eds）（2008），《埃塞俄比亚生物燃料发展的快速评估以及环境影响评估和生物燃料国际研讨班的进展》，第6号出版物，亚的斯亚贝巴：梅拉卡·玛.

AREX（Department of Agricultural Research and Extension）（2006）Jatropha Production，Harare.

AREX（农业研究与推广部）（2006），《麻风树生产》，哈拉雷。

Ariza-Montobbio，p.，S. Lele et al.（2010）"The political ecology of jatropha plantations for biodiesel in Tamil Nadu，India"，Jourrzal of Peasant Studies，37（4）：875～897.

阿瑞扎·蒙托比鱼.p.，S. 勒乐等.（2010），《印度泰米尔纳德邦生物柴油麻风树种植园的政治生态学》，37（4）：875～897

Arndt，C.，R. Benfica et al.（2008）"Biofuels，poverty and growth：A computable general equilibrium analysis of Mozambique"，IFPRI Discussion Paper 00803，October，Washington，DC：IFPRI.

阿恩特.C. 和 R. 本菲卡等.（2008），《生物燃料、贫困和增长：莫桑比克的一个可计算一般均衡分析》，国际食物政策研究所研讨论文00803，10月，华盛顿特区：国际食物政策研究所。

Atakilte Beyene（2003）"Soil conservation，land use and property rights in Nortnern ethiopia：Understanding environmental change in smallholder farming systems"，PhD thesis，Swedish University of Agricultural Sciences，uppsala，Sweden.

阿塔科特·贝耶人（2003），《北部埃塞俄比亚的土壤保持、土地使用和财产权：了解小农户农业系统的环境变化》，博士论文，瑞典农业科学大学，乌普萨拉，瑞典。

Baackstrand，K. and E. Lovbrand（2007）"Climate governance beyond 2012：Competing discourses of green governmentality，ecological modernization and civic environmentalism" in M. E. Pettenger（ed.），The Social Construction of Ctimate Change：Knowledge，norms，discourses，Ashgate eBook.

207

巴科斯兰德 . K. 和 E. 拉夫布兰德 . （2007），《2012 年之后的气候治理：绿色治理、生态现代化和公民环境保护论的竞争话语》，在 M. E. Pettenger （ed.），气候变化的社会建构：知识、规范和话语，Ashgate 电子书。

Barrow, C. S. （1997）Environmental and Social Impact Assessment, London：Arnold.

巴罗，C. S. （1997），《环境和社会影响评估》，伦敦：Arnold。

Barry, J. （1999）Environment and Social Theory, London and New York：Rout ledge.

贝瑞，J. （1999），《环境和社会理论》，伦敦和纽约：Rout ledge。

Benjaminsen, T A. and I. Bryceson （2009）, "Klimakolonialismen", Dagbladet （Norway）, 28h January.

本杰明森，T. A. 和 I. 布赖森 （2009）每日新闻，（挪威），1 月 28 日。

Benjaminsen, T. A. , I. Bryceson and F. Makanga （2008）Climate Change in Tanzania：Trends, policies and initiatives, Aas, Norway：Norwegian University of Life Sciences.

本杰明森，T. A. , I. 布赖森和 F. 马康佳 （2008），《坦桑尼亚的气候变化：趋势，政策和措施》，Aas，挪威：挪威生命科学大学。

Benjaminsen T. A. , I. Bryceson, A. Dahlberg et al. （2009）"Svenskt bistand ska radda milj ofarligt etanolproj ekt", Dagens Nyheter （Sweden）, 14th April.

本杰明森 T. A. , I. 布赖森，A. 达伯格等 . （2009），《每日新闻》（瑞典），4 月 14 日。

Berry, R. A. and W. R. Cline （1979）Agrarian Structure and Productivity in Developing Countries, Baltimore, MD：Johns Hopkins University Press.

贝瑞 R. A. 和 W. R. 科琳 （1979），《发展中国家的农业结构和生产力》，巴尔的摩，马里兰州：约翰·霍普金斯大学出版社。

Berry, S. (1993) No Condition is Permanent: The social dynamics of agrarian change in sub-Saharan Africa, Madison: University of Wisconsin Press.

贝瑞 S. (1993),《没有不变的环境:撒哈拉以南非洲农村变化的社会动因》,麦迪逊:威斯康辛大学出版社。

Binswanger, H. and J. Mclntire (1987) "Behavioral and material determinants of production relations in land-abundant tropical agriculture", Journal of Economic Development and Cultural Change, 36 (1): 73~99.

宾斯万格, H. 和 J. 麦克因特里 (1987),《在土地丰足的热带农业上生产关系的行为和物质因素》,《经济发展和文化变化杂志》, 36 (1): 73~99。

BioFuel Africa Ltd (2008) "BioFuel Africa (Ltd.) gains EPA approval for the cultivation and planting of Jatropha", press release, available at: www. biofuel. no.

生物燃料非洲有限公司 (2008),《生物燃料非洲 (有限公司) 获得 EPA 批准栽培和种植麻风树》,《新闻稿》,见 www. biofuel. no。

Biofuels Digest (2009) "A Biofuels Digest Special Report", 23rd January.

生物燃料文摘 (2009),《生物燃料文摘特别报道》, 1 月 23 日。

Boamah, F. (2010) "Competition between biofuel and food? The case of a jatropha biodiesel project and its effects on food security in the affected communities in Northern Ghana", Master's thesis, University of Bergen.

博阿马, F. (2010),《生物燃料与粮食之间的竞争? 一个麻风树生物柴油项目及其对北部加纳受影响社区粮食安全的影响》,硕士论文,卑尔根大学。

—— (2011) "Livelihood impacts of biofuels: Analyses of evidence from hot spots of biofuel investments", presentation made at Energy Center, College of Engineering, Kwame Nkrumah University of Science and Technology, January 2011.

— (2011),《生物燃料对生计的影响：生物燃料投资热点证据的分析》，在克瓦米·恩克鲁玛科技大学工程学院能源中心的演讲，2011 年 1 月。

Bohler, T. (2004) "Vindkraft, landskap och mening", PhD thesis, Department of Environmental and Regional Studies of the Human Conditions, Human Ecology section, Gothenburg University.

波勒，T. (2004)，Vindkraft, landskap och mening，博士论文，《哥德堡大学人类生物学部人类处境的环境与区域研究系》。

Bolwig, S., P. Gibbon and S. Jones (2009) "The economics of smallholder organic contract farming in tropical Africa", World Development, 37 (6).

博威格，S.，P. 吉本和 S. 琼斯 (2009)，《热带非洲小农户绿色合同农业的经济学分析》，《世界发展》，37 (6)。

Borras, S. M., P. McMichael and I. Scoones (2010) "The politics of biofuels, land and agrarian change: editors' introduction", Journal of Peasant Studies, 37 (4): 575 ~ 92.

博拉斯，S. M.，P. 麦克迈克尔 and I. 斯库恩斯 (2010)，《生物燃料的政治、土地和农村变化：编者的介绍》，《农民研究杂志》，37 (4): 575 ~ 592。

Bruce, J. and S. Migot-Adholla (eds) (1994) Searching for Land Tenure Security in Africa, Washington, DC, and Iowa: World Bank and Kendall/Hunt.

布鲁斯，J. 和 S. 米格特·阿德霍拉 (eds) (1994)，《研究非洲的土地所有制安全》，华盛顿特区和爱荷华州：世界银行和 Kendall/Hunt。

Buch-Hansen, M. and H. Marcussen (1982) "Contract farming and the peasantry: Cases from Western Kenya", Review of African Political Economy, 9 (23): 9 ~ 36.

布克·汉森，M. 和 H. 马库森 (1982)，《合同农业和农民：来自肯尼亚西部的例子》，《非洲政治经济评论》，9 (23): 9 ~ 36。

Burley, H. and H. Griffiths (2009) Jatropha: Wonder Crop? Experience from Swaziland, Friends of the Earth, available at: www. foe. co. uk/resource/reports/jatropha_ wonder_ crop. pdf.

伯雷, H. 和 H. 格里菲思 (2009):《麻风树: 奇效的作物?》来自斯威士兰, 地球之友的经验, 见 www. foe. co. uk/resource/reports/jatropha_ wonder_ crop. pdf。

Byerlee, D. and A. de Janvry (2009) "Smallholders unite", Foreign Affairs, March/April.

柏恩里, D. and A. 德·汉维里 (2009),《小农户联合》, 外交事务, 3/4 月份。

CAADP (Comprehensive Africa Agriculture Development Programme) (2002) New Partnership for Africa's Development (NEPAD), November 2002, available at: ftp://ftp. fao. org/docrep/fao/meeting/005/y8023e/y8023e00. pdf.

CAADP (非洲农业发展综合计划) (2002),《非洲发展的新伙伴 (NEPAD)》, 2002 年 11 月, 见 ftp: //ftp. fao. org/docrep/fao/meeting/005/y8023e/y8023e00. pdf。

Campbell, C. J. (2005) "The end of the first half of the age of oil", presentation at the ASPO conference, Lisbon, May.

坎贝尔, C. J. (2005),《石油时代上半期的结束》, 在石油峰值研究协会上的演讲, 里斯本, 5 月。

Campbell, C. J. and J. H. Laherrere (1998) "The end of cheap oil", Scientific American, March.

坎贝尔, C. J. 和 J. H. 拉和芮 (1998),《廉价石油的终结》, 科学美国人, 3 月。

Carney, A. (1994) "Contracting a food staple in the Gambia", in P. Little and M. Watts (eds), Living under Contract: Contract farming and agrarian transformation in sub-Saharan Africa, Madison: University of Wisconsin Press.

208

卡尼，A.（1994），《承保冈比亚的一种主要粮食》，在 P. Little and M. Watts（eds），《生活在合同下：撒哈拉以南非洲合同农业和农村的转变》，麦迪逊：威斯康辛大学出版社。

Chakrabortty，A.（2008）"Fields of gold"，Guardian，16th April.

查克拉博蒂，A.（2008），《金色大地》，《卫报》，4 月 16 日。

Chikari，O.（2008）"Mugabe to grow sugarcane in Lowveld"，Zimbabwe Times，31st October.

奇可力，O.（2008），《穆加贝准备在南部低地种植甘蔗》，津巴布韦时报，10 月 31 日。

Cline，W. R.（2007）Global Warming and Agriculture – Impact Estimates by country，Washington，DC：Center for Global Development/Peterson Institute for International Economics.

克莱恩，W. R.（2007），《全球变暖和农业——国家影响评估》，华盛顿特区：全球发展中心/彼得森国际经济研究所。

Cocks，F. H.（2009）Energy Demand and Climate Change：issues and resolutions，Weinheim：Wiley-VCH Verlag.

科克斯，F. H.（2009），《能源需求和气候变化：问题和解决方法》，魏恩海姆：Wiley-VCH Verlag。

Cohen，J. and D. Weintraub（1975）Land and Peasants in Imperial Ethiopia：The social background to a revolution，Assen，Netherlands：Van Gorcum.

科恩，J. 和 D. 韦乔伯（1975），《埃塞俄比亚帝国的土地和农民：革命的社会北京》，荷兰：Van Gorcum。

Colchester，M and M. F. Ferrari（2007）"Making FPIC work：Challenges and prospects for indigenous peoples，" Forest peoples programme，available at：www. forestpeoples. org/documents/ asia _ pacific/ bases/ philippines，shtml.

科尔切斯特，M 和 M. F. 费拉里（2007），《使 FPIC 发挥作用：原住民的挑战和前景》，森林居民项目，见 www. forestpeoples. org/documents/

asia_ pacific/bases/philippines，shtml。

Collier，P. （2008）"The politics of hunger"，Foreign Affairs，Novermber/December.

科利尔，P. （2008），《饥饿的政治》，外交事务，11/12 月。

Colombant，N. （2010）"Activist，researchers raise alarm on Africa's "Land Grab"，Pan Africa，28 January.

科伦班特，N. （2010），《积极分子、研究人员对非洲的"土地掠夺"敲响警钟》，泛非洲，1 月 28 日。

Comar，V. and J. M. Gusman Ferraz （2007）"Brazil's sugarcane ethanol：villain or panacea?" Institute for Environment and Development and EMBRAPA/CNPMA，mimeo.

科马尔，V. 和 J. M. 古斯曼·费拉斯 （2007），《巴西的甘蔗乙醇：罪犯或灵丹妙药?》环境与发展研究所和巴西农业研究机构/ CNPMA，油印。

COMPETE （2009）. "Summary" of COMPETE International Conference on Bioenergy Policy Implementation in Africa，Fringilla Lodge，Zambia，May.

竞争 （2009），《非洲生物燃料政策实施 COMPETE 国际会议的"总结"》，燕省雀小屋，赞比亚，5 月。

Cotula，L. and B. Neves （2007）"The drivers of change，in L. Cotula （ed），Changes in 'Customary' Land Tenure Systems in Africa"，London：IIED.

科图拉，L. 和 B. 内维斯 （2007），《变化的驱动因素，在 Cotula （ed），非洲"惯例"土地所有制的变化》，伦敦：国际环境与发展研究所。

Cotula，L.，N. Dyer and S. Vermeulen （2008a）"Bioenergy and land tenure：The implications of biofuel for land tenure and land policy"，Land Tenure Working Paper 1，FAO.

科图拉，L.，N. 代尔和 S. 韦尔默朗 （2008a），《生物燃料和土地所

有制：生物燃料对土地所有制和土地政策的影响》，土地所有制工作论文
1、粮食及农业组织。

— （2008b） Fuelling Exclusion? The biofuels boom and poor people's access to land, London：FAO and IIED.

— （2008b）《燃料排外？生物燃料激增和穷人获得土地的权利》，伦敦：粮食及农业组织和国际环境与发展研究所。

Cotula, L., S. Vermeulen et al. （2009） Land Grab or Development Opportunity? Agricultural investment and international land deals in Africa, London/Rome：IIED/FAO/IFAD.

科图拉，L.，S. 韦尔默朗等（2009），《土地掠夺或发展机遇？非洲的农业投资和国际土地交易》，伦敦/罗马：国际环境与发展研究所/粮食及农业组织/国际农业发展基金。

Council for Agricultural Science and Technology （2006） Convergence of Agriculture and Energy：Implications for research and policy, CAST Commentary QTA 2006 - 3, available at：www. cast-science. org/ websiteUploads/publicationPDFs/QTA20063. pdf.

农业科学技术委员会（2006），《农业和能源的融合：对研究和政策的影响》，CAST 评论 QTA 2006 - 3，见 www. cast-science. org/ websiteUploads/publicationPDFs/QTA20063. pdf。

Coyle, W. （2007）"The future of biofuels：A global perspective", AmberWaves, November, available at：www. ers. usda. gov/ Amber Waves/ November07/Features/

科伊尔，W. （2007），《生物燃料的未来：一个全球视角》，AmberWaves，11 月，见 www. ers. usda. gov/ Amber Waves/November07/ Features/。

CSDI, TASGA et al. （2008） The Sugarcane Smallholder/Outgrower Scheme （suso） in Tanzania：A concept for inclusion of potential small and large scale farmers in a sugarcane production scheme in Tanzania, Final Report, prepared for SEKAB Bio-Energy Tanzania Ltd, produced by Centre for

Sustainable Development Initiatives, Tanzania Sugarcane Growers Association and Katani Ltd, Dar es Salaam.

CSDI, TASGA et al. (2008),《坦桑尼亚的甘蔗小农户/承保种植方案 (suso)：在坦桑尼亚甘蔗生产计划中潜在小规模和大规模农场引入的概念》，最终报告，提交给 SEKAB 生物—能源坦桑尼亚有限公司，由可持续发展引导中心，坦桑尼亚甘蔗种植协会和达累斯萨拉姆 Katani 有限公司制作。

D1 Oils (2009) "Agreement with BP on Di-BP fuel crops: 17th July, available at: www. diplc. com/ news. php? article = 197.

D1 Oils (2009),《与英国石油公司在 Di-BP 燃料作物的协议：7 月 17 日》，见 www. diplc. com/ news. php? article = 197。

Dakarai, M. (2009) "BIPPA and policy position presentation at Ministry of Lands and Rural resettlement (MLRR) conference Towards a Comprehensive Land Policy in Zimbabwe, Caribbea Bay Hotel, Kariba, 11st ~ 13rd June.

达卡雷，M. (2009),《在土地与农村重新安置部 (MLRR) 会议上对津巴布韦综合土地政策的双边投资促进与保护协议和政策立场报告》，加勒比湾度假饭店，卡里巴，6 月 11 ~ 13 日。

DANIDA (2010) Zimbabwe Transitional Programme, Phase II: 2010 ~ 2012, Agro-based Private Sector Recovery (APRISER), Harare: Ministry of Foreign Affairs.

丹麦国际开发署 (2010),《津巴布韦过渡项目》，二期：2010 ~ 2012，农业私营部门恢复 (APRISER)，哈拉雷：外交部。

Dauvergne, p. and K. J. Neville (2010) "Forests, food, and fuel in the tropics: The uneven social and ecological consequences of the emerging political economy of biofuels", Journal of Peasant Studies 37 (4): 631 ~ 660.

达瓦涅，p. 和 K. J. 奈维尔 (2010),《热带地区的森林、粮食和燃料：生物燃料新兴政治经济学不平等的社会和生态影响》,《农民研究杂志》，37（4）：631~660。

De Keiser，S. and H. Hongo （2005） "Farming for energy for better livelihoods in Southern Africa-FELISA", presentation at the PfA-TaTEDO Policy Dialogue Conference on the Role of Renewable Energy for Poverty Alleviation and Sustainable Development in Africa, Dar-es-Salaam, 22nd June.

德·凯瑟，S. 和 H. 霍戈（2005），《在南部非洲种植能源作物以获得更好的生活—FELISA》，在 PfA-TaTEDO 政策对话会议上有关可再生能源对于非洲减贫和可持续发展作用的报告，达累斯萨拉姆，6 月 22 日。

De Schutter, O. （2009） "Large-scale land acquisitions and leases: a set of core principles and measures to address the human rights challenges", 11st June, available at: wwwz. ohchr. org/ english/ issues/food/d ocs/ BriefingNoteland-grab. pdf .

德·舒特，O. （2009），《大规模土地收购和租赁：解决人权挑战的一套核心原则和措施》，6 月 11 日，见：wwwz. ohchr. org/ english/ issues/food/d ocs/BriefingNoteland-grab. pdf .

— （2010） "Responsibly destroying the world's peasantry: Land grabbing's grim reality", in Right to Food Watch, Land Grabbing and Nutrition: Challenges for global governance, available at: www.

rtfn-watch. org/fileadmin/media/rtfn-watch. org/ENGLISH/pdf/Watch _ 2010/watch_ engl_ innen_ final_ a4. pdf.

—（2010），《对破坏世界农民负有责任：土地掠夺的残酷现实》，在食物监测权利，土地掠夺和营养：全球治理的挑战，见 www. rtfn-watch. org/fileadmin/media/rtfn-watch. org/ENGLISH/p d f/Wa tch_ 2010/watch_ engl_ innen_ final _ a4. pdf.

De Soto, H. （2000） The Mystery of Capital: Why capitalism triumphs in the west and fails everywhere else, London: Black Swan.

德·索托，H. （2000），《资本的秘密：为什么资本主义在西方胜利，而在其他地方遭遇了滑铁卢》，伦敦：Black Swan。

Dean, M. (1999) Governmentality: Power and rule in modern society, London: Sage.

迪恩，M. (1999)，《治理术：现代社会的权利和规则》，伦敦：Sage。

Dehue, B. a Black Swan and W. Hettinga (2008) The GHG Performance of jatropha Biodiesel, Utrecht, Netherlands: Ecofys.

德于，B. a 布莱克·斯旺和 W. 黑廷加 (2008)，《麻风树生物柴油的温室效应气体表现》，乌特勒支，荷兰：Ecofys。

Dessalegn Rahmato (1996) Land and Agrarian Unrest in Wollo, Northeastern Ethiopia, Pre-and Post-Revolution, IDR Research Report No. 46, Addis Ababa University.

德萨莱尼·拉哈马托 (1996)，《埃塞俄比亚东北部革命前后沃洛地区的土地和农民动乱》，斯亚贝巴大学 IDR 第 46 号研究报告。

DfID (Department for International development) (forthcoming) Zimbabwe Market Opportunities Study Report, London.

DfID (国际发展部) (即将出版)，《津巴布韦的市场机会》，研究报告，伦敦。

Djurfeldt, G., H. Holmen, M. Jirstrom and R. Larsson (2005) The African Food Crisis: Lessons from the Asian Green Revolution, Wallingford: CABI publishing.

迪费尔德，G.，H. 霍门，M. 吉斯特龙和 R. 拉尔森 (2005)，《非洲粮食危机：亚洲绿色革命的教训》，沃林福德：CABI 出版社出版。

Dove (2007) Jatropha curcas L. An International Botanical Answer to Biodieseal Production and Renewable Energy, Dove Biotech, available to order from: www. dovebiotech. com.

德芙 (2007)，麻风树。《生物柴油生产和可再生能源的国际植物学解释》，《德芙生物工程》，见 www. dovebiotech. com。

Downs, Erica (2006) China, Brookings Energy Security Series, New York: Brookings Institution.

唐斯·埃丽卡（2006），《中国、布鲁金斯能源安全系列》，纽约：布鲁斯学会。

Dryzek, J. S. （1997）The Politics of the Earth：Environmental discourses, Oxford：Oxford University Press.

德雷泽克，J. S. （1997），《地球的政治学：环境话语》，牛津：牛津大学出版社。

Dufey, A., S. Vermeulen and B. Vorley （2007）Biofuels：Strategic Choices for Commodity Dependent Developing Countries, London：Common Fund for Commodities, Institute for Environment and Development.

杜费，A., S. 韦尔默朗和 B. 沃勒（2007），《生物燃料：依赖发展中国家的商品战略选择》，伦敦：商品共同基金，环境和发展研究所。

Duvail, Stephanie and Olivier Hamerlynck （2007）"The Rufiji River flood：Plague or blessing?", Journal of Biometeorology, 52：33~42.

杜韦，斯蒂芬妮和奥立弗·哈默林克（2007），《鲁菲吉河洪水：灾害或福音?》，《生物气象学杂志》，52：33~42。

Earley, J. and A. McKeown （2009）Smart Choices for Biofuels, Washington, DC：Worldwatch Institute/Sierra Club.

厄尔利，J. 和 A. 麦基翁（2009），《生物燃料的明智选择》，华盛顿特区：世界观察研究所/塞拉俱乐部。

Eaton, C. and A. Shepherd （2001）Contract Farming.：Partnerships for growth, FAO Agricultural Services Bulletin No. 145, Rome：FAO.

伊顿，C. 和 A. 谢泼德（2001），《合同农业：为了增长合作，粮食及农业组织农业服务第 145 号公告》，罗马：粮食及农业组织。

EIA （US Energy Information Administration）（2009）International Energy Outlook 2009, Washington, DC：US Department of Energy.

EIA （美国能源信息管理局）（2009），《国际能源展望 2009 年》，华盛顿特区：美国能源部。

Eicher, C. K. （1995）"Zimbabwe's maize-based Green Revolution：Preconditions for replication", World Development, 23：805~818.

艾彻，C. K. （1995），《津巴布韦玉米绿色革命：复制的前提条件》，世界发展，23：805～818。

— （2001） "Africa's unfinished business: Building sustainable agricultural research systems", Staff paper No. 2001 – 10, Department of Agricultural Economics, Michigan State University.

— （2001），《非洲未竟事业：建立可持续农业研究系统》，工作人员 2001–10 号文件，农业经济部，密歇根州立大学。

Eide, A. （2008）The Right to Food and the Impact of Liquid Biofuels （Agrofuels）, Rome：FAO.

艾德，A. （2008），《食物权和对液体生物燃料（农业燃料）的影响》，罗马：粮食及农业组织。

Ellis, F. （1982） "Agricultural pricing policy in Tanzania", World Development, 10 （4）：263～283.

埃利斯，F. （1982），《坦桑尼亚的农业定价政策》，《世界发展》，10 （4）：263～283。

— （1993） Peasant Economics：Farm households and agrarian development, Cambridge：Cambridge University Press.

— （1993）《农民经济学：农户和农业发展》，剑桥：剑桥大学出版社。

Elobeid, Amani and Chad Hart （2007） "Ethanol expansion in the food versus fuel debate：How will developing countries fare?", Journal of Agricultural & Food Industrial Organization, Special Issue, 5 （6）.

埃尔奥贝德，阿曼尼和查德·哈特 （2007），《乙醇在粮食和燃料辩论中扩张：发展中国家将会怎样?》，《农业和粮食工业组织杂志》，特刊，5 （6）。

ENA （Ethiopian News Agency）（2010） "84 investors to engage in bio-fuel development ", 11st August, available at：www. ena. gov. et/EnglishNews/2010/Aug/11Aug10/1190021. htm.

ENA （埃塞俄比亚通信社）（2010），《84 位投资者从事生物燃料发

210

展》，8 月 11 日，见 www. ena. gov. et/EnglishNews/2010/Aug/11Aug10/1190021. htm。

Engstrom，L.（2009）"Liquid biofuels opportunities and challenges in developing countries"，Sida Helpdesk for Environmental Assessment，MKB-centrum，available at：www. soLslu. se.

恩斯特龙，L.（2009），《发展中国家液体生物燃料的机遇和挑战》，瑞典国际开发署环境评估服务台，MKB-centrum，见 www. soLslu. se。

EU Renewable Energy Directive（RED）（2009）"Environmental sustainability criteria for biofuels and other bio-liquids"，Article 17，23rd April.

欧盟可再生能源指令（RED）（2009），《生物燃料和其他生物液体的环境可持续标准》，第 17 条，4 月 23 日。

Europa Regional Surveys of the World（2009）"Africa South of the Sahara 2009"，London：Routledge.

欧洲世界地区调查（2009），《2009 年撒哈拉以南非洲》，伦敦：Routledge。

Fairhead，J. and M. Leach（1995）"False forest history，complicit social analysis：Rethinking some West African environmental narratives"，World Development，23（6）.

费尔黑德，J. 和 M. 利奇（1995），《虚假的森林史，串通一气的社会分析：反思西部非洲的一些环境叙事》，世界发展，23（6）。

Fanon，F.（1965）The Wretched of the Earth，Harmondsworth：Penguin.

法农，F.（1965），《地球上的不幸者》，哈芒斯沃斯：企鹅。

FAO（2006）Compendium on Food and Agricultural Indicators 2006，Rome.

粮食及农业组织（2006），《20006 年粮食和农业指标简表》，罗马。

——（2007）FAO press conference on the Sustainable Energy Report，Rome，May.

——（2007），《粮食及农业组织可持续能源报告发布会》，罗马，5月。

——（2008）The State of Food and Agriculture. BIOFUELS：prospects, risks and opportunities, Rome.

——（2008）粮食和农业状况，《生物燃料：前景、风险和机遇》，罗马。

——（2010a）"CFS is requesting action against hunger and the price variability for foodstuffs", FAO Press, 20th October.

——（2010a），《CFS正请求采取行动应对饥饿和粮食价格的变化》，粮食及农业组织出版社，10月20日。

——（2010b）"Rising food prices can lead to import costs of over one billion dollars", FAO Press, 17th November.

——（2010b），《上升的粮食价格可能导致进口成本超过十亿美元》，粮食及农业组织出版社，11月17日。

FAO, IFAD, UNCTAD and the World Bank Group（2010）"Principles for responsible agricultural investment that respects the rights, livelihoods and resources", discussion paper, available at：http：//siteresources. worldbank. org/INTARD/U45741UU38388661/22453321/ Principles _ Extend ed. pdf.

粮食及农业组织、国际农业发展基金、联合国贸易和发展会议和世界银行集团（2010），《负责任的农业投资原则尊重权利、生计和资源》，讨论稿，见：http：//siteresources. worldbank. org/INTARD/U45741UU38388661/ 22453321/Principles_ Extend ed. pdf。

FAO, IIED and IFAD（2009）Land Grab or Devetopment Opportunity？ Agricultural investment and international land deals in Africa, available at：www. fao. org/ docrep/ou/ak24ie/akz4ieoo. htm。

粮食及农业组织、国际环境发展研究所和国际农业发展基金（2009），《土地掠夺或发展机遇？非洲的农业投资和国际土地交易》，见www. fao. org/ docrep/ou/ak24ie/akz4ieoo. htm。

FARA (Forum for Agricultural Research in Africa) (2007/08) "Bimonthly bulletin", December/ January, p. 2.

FARA (非洲农业研究论坛) (2007/08),《双月公报》, 12/1月: 2。

— (2008) "Bioenergy value chain research and development. Stakes and Opportunities", discussion paper, Ouagadougou, Burkina Faso.

— (2008),《生物燃料价值链研究和发展》。风险和机遇, 讨论稿, 瓦加杜古, 布基纳法索。

Fargione, J., J. Hill et al. (2008) "Land clearing and the biofuel carbon debt", Science, 319: 1235 ~ 1238.

法钟尼, J., J. Hill et al. (2008),《土地清理和生物燃料碳债务》, 科学, 319: 1235 ~ 1238。

Fischer, G., H. van Velthuizen and F. Nachtergaele (2002) Global Agro-Ecological Assessment for Agriculture in the 21st Century, Rome: FAO.

菲舍, G., H., 冯·维尔图岑和 F. 纳克加勒 (2002),《21 世纪全球农业生态评估》, 罗马: 粮食及农业组织。

Fischer, G., E. Hizsnyik et al. (2009) Biofuels and food security, OPEC Fund for International Development (OFID) and International Institute for Applied Systems Analysis (IIASA).

菲舍, G., E. 希斯恩夷克等 (2009),《生物燃料和粮食安全: 欧佩克国际发展基金 (OFID) 和国际应用系统分析研究所 (IIASA)》。

Flammini, A. (2008) Biofuels and the Underlying Causes of High Food Prices, Global Bioenergy Partnership Secretariat.

弗拉米尼, A. (2008),《生物燃料和粮食价格高企的潜在原因》, 全球生物燃料合作秘书处。

Follath, E. and A. Young (eds) (2006) The new Cold War- the struggle for raw material, Munich: German publishing house.

弗拉特, E. 和 A. 杨编著 (2006) <新冷战: 原料的战争> 慕尼黑: 德国出版社。

Follath, E. and A. Jung (eds) (2006) Derneue kalte Krieg-Kampf um die Rohst-offe, Munich: Deutsche Verlags-Anstalt.

弗拉特，E. 和 A. 荣格（eds）（2006），Derneue kalte Krieg-Kampf um die Rohst-offe, Munich: Deutsche Verlags-Anstalt.

Fones-Sundell, M. (2009) "ESIA as a tool for public participation in decision making. Some experiences from Bagamoyo, District", presentation at seminar on Biofuel and Smallholders in Africa, Nordic Africa Institute, Uppsala, 17 September.

方恩斯·森德尔，M.（2009），《ESIA 作为公众参与决策的工具，来自巴加莫约地区的一些经验，在非洲生物燃料和小农户研讨会上的报告》，北欧非洲研究所，乌普萨拉，9 月 17 日。

—— (n. d.) "Lessons learned from ESIA implementation in Africa with special reference to the bioenergy sector (in Tanzania)", mimeo.

——（无日期），《来自 ESIA 在非洲生物燃料部门（坦桑尼亚）实施的经验教训》，油印。

Foucault, M., M. Bertani et al. (2003) "Society Must be Defended": Lectures at the College de France, 1975～1976. New York: Picador.

傅科，M.，M. 贝尔塔尼等（2003），《社会必须得到捍卫：法兰西学院的讲座》，1975～1976. 纽约：Picador。

Franco, J., L. Levidow et al. (2010) "Assumptions in the European Union biofuels policy: frictions with experiences in Germany, Brazil and Mozambique", Journal of Peasant Studies, 37 (4): 661～698.

弗兰科，J.，L. 莱维道等（2010），《欧盟生物燃料政策的假设：在德国、巴西和莫桑比克的摩擦与经验》，农民研究杂志，37 (4)：661～698。

Franzel, S., L. Dadi, K. Colburn and G. Degu (1992) "Grain-marketing policies and peasant production", in S. Franzel and H. Houten (eds), Research with Farmers: Lessons from Ethiopia, Addis Ababa: Institute of Agricultural Research.

211

弗郎塞，S.，L. 达蒂 K. 科尔伯恩和 G. 德固（1992），《粮食销售政策和农民生产，在 S. 弗兰策尔和 H. 霍滕（eds）》，农民研究：来自埃塞俄比亚的经验，亚的斯亚贝巴：农业研究所。

Gallagher, E.（2008）The Gallagher Review of the Indirect Effects of Biofuels Production, Renewable Fuels Agency, available at：www. unido. org/fileadmin/user_ media/UNIDO_ Heade r_ Site/Subsites/Green_ Industry_ Asia_ Conference_ MaanilajGCi3/Gallagher_ Report. pdf.

加拉格尔，E.（2008），《加拉格尔对生物燃料生产间接影响的评论》，可再生燃料机构，见 www. unido. org/fileadmin/user_ media/UNIDO _ Header _ Site/Subsites/Green _ Industry _ Asia _ Conference _ MaanilajGCi3/Gallagher_ Report. pdf.

Garcez, C. A. G. and J. N. D. S. Vianna（2009）, Brazilian biodiesel policy：Social and environmental considerations of sustainability", Energy, 34（5）

加尔塞斯，C. A. G. 和 J. N. D. S. 维安纳（2009），《巴西生物柴油政策：可持续性的社会和环境影响》，能源，34（5）。

Gasela, R.（2009）"Zimbabwe dilemma：growing food for people, or cars?", New Zimbabwean, 11December, available at：www. newzimbabwe. com/pages/farm7z. 18220. html.

加塞拉，R.（2009），《津巴布韦的困境：种植粮食，为人还是为汽车?》，新津巴布韦人，11 月 11 日，见：www. newzimbabwe. com/pages/farm7z. 18220. html。

General Motors（2010）"GM partners with US Department of Energy to develop jatropha-to-biodiesel project in India", PR Newswire, 30th March, available at：http：//www. prnewswire. com/news-releases/gm-partners-with-us-department-of-energy-to-develop-j atropha-to-biodiesel-proj ectinindia – 89531022. html.

通用汽车（2010），《通用汽车与美国能源部在印度合作开发麻风树转换生物柴油项目》，美通社新闻专线，3 月 30 日，见：http：//

www. prnewswire. com/news-releases/gm-partners-with-us-department-of-energy-to-develop-j atropha-to-biodiesel-proj ectinindia – 89531022. html。

Ghana Local Government （2006） "Ghana districts: A public-private partnership programme between Ministry of Local Government and Rural Development and Maks Publications & Media Services", available at: www. ghanadistricts. com/districts/? news&F6&_ =91.

加纳当地政府 （2006），《加纳地区：地方政府农村发展部与 Maks 出版和媒体服务之间的公私合作项目》，见 www. ghanadistricts. com/districts/? news&F6&_ =91。

Giampietro, M. , S. uigiati and D. Pimentel （1997） "Feasibility of large-scale biofuel production", BioScience, 47 （9）.

詹彼得罗，M. , S. 尤贾蒂和 D. 皮门特尔 （1997），《大规模生物燃料生产的可行性》，生物科学，47 （9）。

Gibbon, P. （1992） "The World Bank and African poverty 1973 ~ 1991", Journal of Modern African Studies, 30 （2）.

吉本，P. （1992），《世界银行和非洲贫困 1973 ~ 1991 年》，现代非洲研究杂志，30 （2）。

Gibbon, P. and S. Ponte （2005） Trading Down. Africa, Value Chains, and the Global Economy, Philadelphia, PA: Temple University Press.

吉本，P. 和 S. 庞特 （2005），《降格销售非洲、价值链和全球经济》，费城：Temple 大学出版社。

Giles, J. （2007） "Climate Change 2007: How to survive a warming world", Nature, 446: 716 ~ 717。

贾尔斯，J. （2007），《气候变化 2007：如何在全球变暖下生存》，自然，446: 716 ~ 717。

GRAIN （2007a） "The new scramble for Africa", Seedling, July, availbale at: www. grain. org.

GRAIN （2007a），《新一轮争夺非洲》，《秧苗》，7 月，见：www. grain. org。

—（2007b）"Jatropha the agro-fuel of the poor", Seedling, July, available at: www. grain. org.

—（2007b），《麻风树穷人的农业燃料》，《秧苗》，7 月，见：www. grain. org。

—（2008）"Seized: The 2008 land grab for food and financial security", GRAIN Briefing, available at: www. grain. org/briefings/? id = 212

—（2008）《挪用：2008 年为了粮食和金融安全进行的土地掠夺》，《GRAIN 简报》，见 www. grain. org/briefings/? id = 212。

—（2010）"Stop land grabbing now", available at: www. grain. org/o/? id = 102。

—（2010），《停止现在的土地掠夺》，见 www. grain. org/o/? id = 102。

Greenpeace（2006）"Eating up the Amazon", available at: www. greenpeace. org/ international/press/reports/eating-up-the-amazon.

绿色和平组织（2006），《吞噬亚马逊》，见 www. greenpeace. org/ international/press/reports/ eating-up-the-amazon。

—（2007）"How the palm oil industry is cooking the climate", 8h November, available at: www. greenpeace. org/international/en/publications/reports/cooking-the-climate-full/。

—（2007），《棕榈油行业是如何烹饪气候的》，11 月 8 日，见：www. greenpeace. org/international/en/publications/reports/cooking-the-climate-full/。

GTZ（German Technical Cooperation）（2005）Liquid Biofuels for transportation in Tanzania: Potentials and implications for sustainable agriculture and energy in the 21st century, Dar es Salaam.

GTZ（德国技术公司）（2005），《用于坦桑尼亚交通的液体生物燃料：21 世纪的潜力以及对可持续农业和能源的影响》，达累斯萨拉姆。

Hajer, M.（1996）"Ecological modernisation as cultural politics", in S. Lash, B. Szerszynski and B. Wynne（eds）, Risk, Environment and

Modernity：Towards a new ecology, London：Sage.

哈耶尔，M.（1996），《文化政治的生态现代化》，在 S. 拉什，B. 斯泽斯恩斯基和 B. 怀恩（eds），《风险、环境和现代性：迈向一个新生态学》，伦敦：赛捷。

— （2009）"Ecological modernisation as cultural politics", in A. P. J. Mol, D. A. Sonnenfeld and G. Spaargaren, The Ecological Modernisation Reader：Environmental Reform in Theory and Practice, Oxford and New York：Routledge.

— （2009），《文化政治的生态现代化》，在 A. P. J. 摩尔，D. A. 索南费尔德和 G. 斯帕日伽任，《生态现代化读者：环境改革的理论和实践》，牛津和纽约：鲁特莱奇。

Hall, R.（2010）"Background and introduction", presentation to the regional workshop on the Commercialisation of Land and "Land Grabbing" in Southern Africa, Clara Anna Fontein Game Reserve and Country Lodge, Cape Town, South Africa, 24～25 March.

哈尔，R.（2010），《背景和概述，在南部非洲土地商业化和土地掠夺的地区研讨会上的报告》，克拉拉·安娜·冯泰恩 度假村和旅馆，开普敦，南非，3 月 24～25 日。

Hamza Abdurezak and Azanaw Tadesse（1995）"structural adjustment policy and Ethiopian agriculture：An assessment of short-terms response and structural problems", in Dejene Aredo and Mulat Demeke（eds），Ethiopian Agriculture：Problems of transformation. Proceedings of the Fourth Annual Conference on the Ethiopian economy, Addis Ababa, Ethiopia.

韩萨·阿布杜拉扎克和阿赞纳·塔德塞（1995），《结构调整政策和埃塞俄比亚农业：短期反应和结构问题的评估》，在德杰内·阿雷多和穆洛托·德梅克（eds），转型问题。《第四届埃塞俄比亚经济会议公报》，都亚的斯亚贝巴，埃塞俄比亚。

212   Harvey, D.（2006）Spaces of Global Capitalism, London：Verso.

哈维，D.（2006），《全球资本主义的空间》，伦敦：韦索。

Haugen, Hans Morten （2008） " Biofuel potential and FAO's estimate of available land: The case of Tanzania", mimeo.

豪根, 汉斯·莫滕 （2008）,《生物燃料潜力和粮食及农业组织对可用土地的评估: 以坦桑尼亚为例》, 油印。

Havnevik, K. （1987） The IMF and the World Bank in Africa. Conditionalities, impact and alternatives, Uppsala: Nordic Africa Institute.

哈维克, K. （1987）,《国际货币基金组织和世界银行在非洲》。制约性, 影响和替代品, 乌普萨拉: 北欧非洲研究所。

— （1993） Tanzania: The limits to development from above, uppsala, Sweden: Nordic Africa, Institute.

— （1993）《坦桑尼亚: 自上发展的局限性》, 乌普萨拉, 瑞典: 北欧非洲研究所。

— （2006） " Successful community based forest management in northern Tanzania: Reflections and theoretical implications ", in Kjell Havnevik, Tekeste Negash and Atakilte Beyene （eds）, Of Global Concern-Rural livelihood dynamics and natural resource governance, Sidastudies No. 6, Stockholm.

— （2006）,《坦桑尼亚北部基于森林管理的成功社区: 反思和理论意义》, 在科杰尔·哈维克, 泰凯斯特·内加什和阿塔基尔特·贝耶内 （eds）,《全球焦点——农村生活的动态和自然资源治理》, 瑞典国际开发署研究第 6 号文件, 斯德哥尔摩。

— （2010） " Guidelines for biofuel expansion-the legitimizing of new forms of colonialism?", introduction to panel at Nordic Africa Days, Abo, Finland, 20 September ~ 1 October.

— （2010）《生物燃料扩张指南—新殖民主义的合法化?》, 在北欧非洲日向专门小组的介绍, 奥布, 芬兰, 9 月 20 日 ~ 10 月 1 日。

Havnevik, K., D. Bryceson, L. – E. Birgegard, P. Matondi and Atakilte Beyene （2007） African Agriculture and the World Bank.

Development or impoverishment? Policy Dialogue No. 1'Uppsala: Nordic Africa Institute.

哈维克，K.，D. 布赖森，L. - E. 伯杰加德，P. 马通迪和阿塔基尔特·贝耶内（2007），《非洲农业和世界银行，发展或贫困?》，政策对话1 号文件，乌普萨拉：北欧非洲研究所。

Hazell, P. （2007）"Bioenergy: Opportunities and challenges", presentation to the Sweet Sorghum Consultation, IFAD, Rome, November.

哈泽尔，P. （2007），《生物燃料：机遇和挑战》，在甜高粱咨询会上的报告，国际农业发展基金，罗马，11 月。

Hermann, S. M. and C. F. Hutchinson （2005）"The changing contexts of the desertification debate", Journal of Arid Environments, 63.

赫曼，S. M. and C. F. 哈钦森 2005），《沙漠化辩论不断变化的环境》，干旱环境杂志，63。

Herring, R. J. （2008）"Whose numbers count? Probing discrepant evidence on transgenic cotton in the Warangal district of India", International Journal of Multiple Research Approaches, 2.

赫灵，R. J. （2008），《谁的数字具有价值? 探究印度瓦朗加尔地区转基因棉花的差异证据》，多重研究方法国际杂志，2。

Hien, O. （2008）"Biofuels: Danger or new opportunity", Mail and Guardian （South Africa）, 9 December, available at: http://mg. co. za/article/zo07 - 12 - og-biofuels-danger-or-new-opportunity

希恩，O. （2008），《生物燃料：危险或新机会》，Mail and Guardian （南非），12 月 9 日，见 http://mg. co. za/article/zo07 - 12 - og-biofuels-danger-or-new-opportunity。

Hoag, H. （2003）"Designing the delta: A history of water and development in the Lower Rufiji Basin, Tanzania, 1945 ~ 1985", PhD dissertation, Boston University, Graduate School of Arts and Sciences.

霍格，H. （2003），《规划三角洲：坦桑尼亚下鲁菲吉河盆地水的历史和发展》，1945 ~ 1985，博士学位论文，波士顿大学，艺术与科学研究生院。

Hollander, G. (2010) "Power is sweet: sugarcane in the global ethanol assemblage," Journal of Peasant Studies, 37 (4): 699~721.

霍兰德, G. (2010),《电力是甜的:全球乙醇组合物中的甘蔗》,《农民研究杂志》, 37 (4): 699~721。

Hoogvelt, A. (2001) Globalization and the Postcolonial World, the New Potitical Economy of Development, Basingstoke: Palgrave.

胡格威特, A. (2001),《全球化和后殖民时期的世界》, 发展的新政治经济学, 贝辛斯托克:帕尔格雷夫。

Horta, L. (2008) The Zambezi Valley: China's first agricultural colony? Washington, DC: Centre for Strategic International Studies, available at: http://foru ms. csis. org/africa/? p = 120.

奥尔塔, L. (2008),《赞比亚流域:中国第一个农业殖民地?》, 华盛顿特区:战略国际研究中心, 见:http://foru ms. csis. org/africa/? p = 120。

Hubbert, M. K. (1974) "Oil, the Dwindling Treasure", National Geographic, June.

哈伯特, M. K. (1974),《石油,缩水的财富》,《国家地理》, 6 月。

Huber, J. (2008) "Technological environmental innovations (TEIs) in a chain-analytical and life-cycle-analytical perspective", Journal of Cleaner Production, 16 (18): 1980~1986.

休伯, J. (2008),《价值链分析和生命周期分析视角下的技术环境创新 (TEIs)》,《清洁生产杂志》, 16 (8): 1980~1986。

Hunsberger, C. (2010) "The politics of Jatropha-based biofuels in Kenya: Convergence and divergence among NGOs, donors, government officials and farmers", Journal of Peasant Studies, 37 (4): 939~962.

亨斯伯格, C. (2010),《肯尼亚以麻风树为基础的生物燃料的政治学:非政府组织、援助者、政府官员和农民之间的趋同和分歧》,《农民研究杂志》, 37 (4): 939~962。

IEA（International Energy Agency）（2002）"World oil outlook to 2030", available at：www. iea. org/speech/zooi-zooz/birol. pdf.

IEA（国际能源署）（2002），2030 年世界石油展望，见 www. iea. org/speech/zooi-zooz/birol. pdf。

—（2009）World Energy Outlook 2009，Paris：OECD/IEA.

—（2009）《2009 年世界能源展望》，巴黎：经济合作及发展组织/国际能源署。

IFAD（International Fund for Agricultural Development）（2009）"Governing Council roundtables：Challenges and opportunities for smallholder farmers in the context of climate change and new demands on agriculture", available at：www. ifad. org/events/gc/32/roundtables/index. htm.

IFAD（国际农业发展基金会）（2009），《管理委员会圆桌会议：在气候变化以及对农业新需求的背景下小农户的挑战和机遇》，见：www. ifad. org/events/gc/32/roundtables/index. htm。

213　　IFPRI（International Food Policy Research Institute）（2007a）IFPRI's Africa Strategy：Toward food and nutrition security in Africa，available at：www. ifpri. org/publication/ifpris-africa-strategy-to-ward-food-and-nutrition-security-africa.

IFPRI（国际粮食政策研究所）（2007a），《国际粮食政策研究所战略：面向非洲的粮食和营养安全》，见：www. ifpri. org/publication/ifpris-africa-strategy-to-ward-food-and-nutrition-security-africa。

—（2007b）"The World Food Situation：New driving forces and required actions"，IFPRI's bi-annual overview of the world food situation presented to the CGIAR Annual General Meeting，Beijing，3 December.

—（2007b）《世界粮食形势：新驱动力和必须的行动》，国际粮食政策研究所对世界粮食形势一年两次的概况提交给国际农业研究咨询组周年大会，北京，11 月 3 日。

—（2008）Biofuels and Food Security：Balancing needs for food，energy and feed，Washington，DC.

—(2008),《生物燃料和粮食安全：粮食、能源和饲料需求的权衡》，华盛顿特区。

IPCC（Intergovernmental Panel on Climate Change）（2000）Land Use, Land-Use Change and Forestry, edited by R. Watson et al. , Cambridge, Cambridge University Press, available at：www. ipcc. ch/ipccreports/scres/lamd_ use/index. php? idP = o.

IPCC（政府间气候变化专门委员会）（2000），《土地用途，土地用途变化和林业》，由 R. Watson et al. ，编写，剑桥，剑桥大学出版社，见 www. ipcc. ch/ipccreports/scres/lamd_ use/index. php? idP = o。

—（2005）Special Report on Carbon Dioxide Capture and storage, edited by Bert Metz et al. , New York：Cambridge University Press.

—（2005），《二氧化碳捕获和存储特别报道》，由伯特梅茨等编写，纽约：剑桥大学出版社。

—（2007a）Climate change 2007：The physical science basis, edited by Susan Solomon et al. , New York：Cambridge University Press.

—（2007a），《气候变化 2007：自然科学基础》，由 Susan Solomon et al. 编写，纽约：剑桥大学出版社。

—（2007b）Climate change 2007：Synthesis report-summary for policymakers, available at：www. ipcc. ch/.

—（2007b），《气候变化 2007：综合报告——为决策者提供的概述》，见：www. ipcc. ch/。

IRIN（2010）"In brief：Cereal export ban lifted in Ethiopia," IRIN News, 13 July, available at：www. irinnews. org/Report. aspx? Reported = 898u.

IRIN（2010），《简言之：埃塞俄比亚谷物出口禁令解除》，IRIN 新闻，7 月 13 日，见：www. irinnews. org/Report. aspx? Reported = 898u。

Irwin, S. H. and D. R. Sanders（2010）"The impact of index and swap fund on commodity futures markets：Preliminary results", OECD Food, Agriculture and Fisheries Working Papers No. 27, available at：www. oecd-ilibrary. org/agriculture and food/the-impact-of-index _ and-swap-funds-on-commodity futures_ markets_ 5kmd40wht5f-en.

欧文，S. H. 和 D. R. 山德斯（2010），《指标和互换基金对大宗商品期货市场的影响：初步结果》，经济合作与发展组织粮食、农业和渔业第27号工作论文，见：

www. oecd-ilibrary. org/agriculture and food/the-impact-of-index _ and-swap-funds-on-commodity futures_ markets_ 5kmd40wht5f-en。

Jayne, S. , D. Mather and E. Mghenyi（2006）"Smallholder farming under increasingly difficult circumstances：Policy and public investment priorities for Africa," MSU International, Development Working Paper No. 86, Michigan State University, USA.

杰恩，S. ，D. 马瑟和 E. 梅根伊（2006）《小农户农业的处境越来越困难：非洲享有政策和公共投资的优先权》，密歇根州立大学国际发展第86号工作论文，密歇根州立大学，美国。

Joireman, S. （2000）Property Rights and Political Development in Ethiopia and Eritrea, East African Studies, Oxford：James Currey.

乔雷曼，S. （2000），《埃塞俄比亚和厄立特里亚的财产权和政治发展》，东非研究，牛津：詹姆斯·柯里。

Jones, P. D. and M. E. Mann （2004）"Climate over Past Millennia", Reviews of Geophysics, 42（RG2002），May.

琼斯，P. D. and M. E. 曼恩（2004），《过去几千年的气候》，《地球物理学评论》，42（RG2002），5 月。

Kahiya, V. （2009）"Party big wigs locked in Nuanetsi Ranch turf war", Zimbabwe Independent, 17 December.

卡希亚，V. （2009），《党内大人物在姆韦内济农场地盘之争中陷于僵局》，津巴布韦独立，12 月 17 日。

Kamanga, K. C. （2008）The Agrofuel Industry in Tanzania：A critical enquiry into challenges and opportunities, Final version, Land Rights Research and Resources Institute and Joint Oxfam Livelihood Initiative for

Tanzania, March.

卡曼卡，K. C. (2008)，《坦桑尼亚的农业燃料行业：对挑战和机遇的关键调查》，最终版本，土地权利研究和资源研究所以及坦桑尼亚联合乐施会生计活动，3月。

Kanter, J. (2008) "Europe may ban imports of some biofuel crops", New York Times, 15 January.

坎特，J. (2008)，《欧洲可能会禁止进口一些生物燃料作物》，《纽约时报》，1月15日。

Kawadza, S. (2010) "U. S. $600 million ethanol plant under construction", The Herald, 5 March.

卡瓦捷，S. (2010)《美国6亿美元的乙醇工厂在建》、《先驱报》，3月5日。

Kennedy, A. (2007) "Concept and measurement of human development", HDRO/ RBA Regional Technical workship on Measuring Human development, Nairobi, September.

肯尼迪，A. (2007)，《人类发展的概念和测量》，HDRO/ RBA 测量人类发展区域技术研讨会，内罗毕，9月。

Kidane, W., M. Maetz and P. Dardel (2006) Food Security and Agricultural Development in sub-Saharan AFica: Building a case for more public support, Rome：FAO.

基达尼，W.，M. 梅茨和P. 达代尔 (2006)，《撒哈拉以南非洲的粮食安全和农业发展：为更多的公众支持建立实例》，罗马：粮食及农业组织。

Kirsten, J. and K. Sartorius (2002) "Linking agribusiness and small-scale farmers in developing countries：Is there a new role for contract farming?" Development Southern Africa, 19 (4)：503 ~ 529.

柯尔斯顿，J. and K. 萨特里厄斯 (2002)，《连接发展中国家的农业企业和小农户：对合同农业有新作用吗?》发展南部非洲，19 (4)：503 ~ 529。

Ki-Zerbo, J. (1995)" Which way Africa?" Reflections on Basil Davidson's "The Black Man's Burden", Development Dialogue No. 2, Uppsala: Dag Hammarskjold Foundation.

基·泽博. J. (1995),《非洲将走向何处? 反思 Basil Davidson 的黑人的负担》,发展对话第 2 号文件,乌普萨拉:达格·哈马舍尔德基金会。

Kofi, T. and A. Desta (2008) The Saga of African Underdevelopment: A viable approach for Africa's sustainable development in the 21st century, Trenton, NJ: Africa World Press.

科菲, T. and A. 德斯塔 (2008),《非洲贫困的故事:21 世纪非洲可持续发展的一个可行方法》,特伦顿,新泽西州:非洲世界新闻。

Kreft, H. (2007), "China's Politic der Energie-und Rohstoffsicherung als Herausforderung fur den Westen", Internatzonale Politic und Gesellschaft, Heft 2.

克列夫特, H. (2007), "China's Politic der Energie-und Rohstoffsicherung als Herausforderung fur den Westen", Internatzonale Politic und Gesellschaft, Heft 2.

Kreft, H. (2007), China's policy of energy and raw materials security as a challenge for the West ', International politics and society, Issue 2.

克雷夫特, H. (2007), "中国应对西方在能源和原料安全方面的挑战的政策"《国际政治和安全,第二期》.

Kuchler, M. (2010) " Unravelling the argument for bioenergy production in developing countries: A world-economy perspective", Ecological Economics, 69 (6): 1336 ~ 1343.

库赫勒, M. (2010),《阐述发展中国家生物燃料生产的理由:世界经济视角》,《生态经济》, 69 (6): 1336 ~ 1343。

Lakew, H. and Y. Shiferaw (2008) " Rapid assessment of biofuels development status in Ethiopia", in T. Anderson and M. Belay (eds), Rapid Assessment of Biofuels Development Status in Ethiopia and Proceedings of the

National Works-shop on Environmental Impact Assessment and Biofuels, Addis Ababa: Melca Mahiber, available at: www. melca-ethiopia. org/Biofuel% 20Dev't. html. pdf.

拉克夫, H. and Y. 希费劳 (2008),《埃塞俄比亚生物燃料发展现状快速评估》, 在 T. 安德森和 M. 贝莱 (eds),《埃塞俄比亚生物燃料发展现状的快速评估与环境影响评估和生物燃料国家研讨会进展》, 亚的斯亚贝巴: 梅尔卡·马希贝, 见: www. melca-ethiopia. org/Biofuel% 20Dev't. html. pdf。

Lane, J. (2010) "Jatropha 2. 0 arrives: Koch's FHR, LIFE Technologies invest in SG Biofuels", 14 September, available at: http://biofuelsdigest. com/bdigest/2010/09/14/jatropha－2－o-arrives-kochs-fhr-life-technologies-invest-in-sg-biofuels

兰恩, J. (2010),《麻风树 2. 0 来临: Koch's FHR, LIFE 技术对种子基因组生物燃料公司进行投资》, 9 月 14 日, 见: http://biofuelsdigest. com/bdigest/2010/09/14/jatropha－2－o-arrives-kochs-fhr-life-technologies-invest-in-sg-biofuels。

Langhelle, O. (2009) "Why ecological modernization and sustainable development should not be conflated" in A. P. J. Mol, D. A. Sonnenfeld and G. Spaargaren (eds) The Ecological Modernisation Reader: Environmental reform in theory and practice, Oxford: Routledge.

朗赫勒, O. (2009),《为什么生态现代化和可持续发展不应该混为一谈?》, 在 A. P. J. 摩尔, D. A. 索南费尔德和 G. 斯帕日伽任 (eds), 生态现代化读者: 环境改革的理论和实践, 牛津: Routledge。

Lawrence, R. Z. (2010) "How good politics results in bad policy: The case of biofuel mandates", Discussion Paper 2010－10, Belfer Center for Science and International Affairs/CID Working Paper No. 200, Center for International Development, Cambridge, MA: Harvard University, available at: http://belfercenter. ksg. harvard. edu/files/Law-rence % 20Biofuels % 20Mandates % 20DP % 20final% 20for% 20web. pdf.

劳伦斯，R. Z. （2010），《好的政治如何导致坏的政策：以生物燃料授权为例》，研讨论文 2010 - 10，贝尔弗科学与国际事务中心/CID 工作论文第 200 号，国际发展中心，剑桥：哈弗大学，见：http：//belfercenter. ksg. harvard. edu/files/Law-rence % 20Biofuels % 20Mandates % 20DP % 20final% 20for% 20web. pdf。

Leahy, S. （2009） "Foreigners lead global land rush", IPS News website, 5 May, available at：http：//ipsnews. net/news. asp? idnews = 46724.

利希，S. （2009），《外国人引领全球土地热潮》，IPS 新闻网站，5 月 5 日，见：http：//ipsnews. net/news. asp? idnews = 46724。

Lopold, A. （2009） "Agrofuels：Discursive shifts and discursive rifts over time and space", paper prepared for the 4th Interpretive Policy Analysis Conference "Discourse and Power in Critical Policy Studies", 25 ~ 27 June, Kassel, Germany.

利奥波德，A. （2009），《农业燃料：在时间和空间的不规则变化和不规则分裂》，论文准备提交给第 4 届诠释性政策分析国际研讨会 "批判性政策研究中的话语与权力"，6 月 25 ~ 27 日，卡塞尔，德国。

L'Essor （2008） "Projet MCA-Malid'Amenagement a l'Office du Niger：5ha, dont 2 gratuits", 13 August.

振兴计划 （2008），"尼日尔办事处的 MCA - Malid 土地整治项目，共 5 公顷，其中 2 公顷无偿提供"，8 月 13 日。

Little, P. and M. Watts （eds） （1994） Living under Contract：Contractfarming and agrarian transformation in sub-Saharan Africa, Madison：University of Wisconsin Press.

利特尔，P. and M. 沃茨 （eds） （1994），《生活在合同下：撒哈拉以南非洲合同农业和农村转型》，麦迪逊：威斯康辛大学出版社。

Lockwood, M. and J. Davidson （2010） "Environmental governance and the hybrid regime of Australian natural resource management", Geoforum, 41 （3）：388 ~ 398.

洛克伍德，M. and J. 戴维森（2010），《澳大利亚自然资源管理的环境治理和混合体制》，地球论坛，41（3）：388～398。

Loewenson，R.（1992）Modern Plantation Agriculture：Corporate wealth and labour squalor, London：Zed.

洛温索，R.（1992），《现代种植园农业：企业富裕和劳动力贫穷》，伦敦：Zed。

Lund，C.（2000）"Questioning some assumptions about land tenure", in T. A. Benjaminsen and C. Lund（eds），Politics，Property and Production in the West African Sahel，Uppsala：Nordic African Institute.

隆德，C.（2000），《质疑土地所有权的一些假设》，在 T. A. Benjaminsen 和 C. Lund（eds），西非萨赫勒地区的政治、财产和生产，乌普萨拉：北欧非洲研究所。

Mackenzie，J. M.（1997）"Empire and the ecological apocalypse：The historiography of the imperial environment", in T. Griffiths and L. Robin（eds），Ecology and Empire：Environmental history of settler societies，Keele University Press and University of Natal Press.

玛肯琪，J. M.（1997），《帝国和生态启示录：帝国环境史》，在 T. 格里菲恩和 L. 罗宾编著的，《生态和帝国：移民社会的环境史》，基尔大学出版社和纳塔尔大学出版社。

Mandebvu，L.（2010）"Chiefs embrace ethanol project", The Herald，28 June.

曼德武，L.（2010），《酋长同意乙醇项目》，《先驱报》，6 月 28 日。

Mapako，M.（1998）"Energy applications of jatropha curcas oil", in N. Foidl and A. Kashyap（eds），Exploring the Potential of jatropha curcas in Rural Development，21（1）.

马帕科，M.（1998），《麻风树油的能源应用》，在 N. 福伊德尔和 A. 布什亚普（eds），《探索麻风树油在农村发展的潜力》，21（1）。

Mathews，J. A.（2007）"Biofuels：What a biopact between north and south could achieve", Energy Policy, 35 (7): 3550 ~ 3570.

马修斯, J. A. (2007), 《生物燃料: 南北之间什么样的 Biopact 可以实现》, 能源政策, 35 (7): 3550 ~ 3570。

Matinga, M. (2008) "A biofuels prenuptial: questions for policy makers before the marriage," Renewable Energy for Development, 21 (1).

马廷加, M. (2008), 《生物燃料结婚前: 在结婚之前质疑决策者》, 可再生能源发展, 21 (1)。

215 　　Matondi, P. B. (2010) "Agro-investment and land grabbing in Zimbabwe" presentation at the regional workshop on the Commercialisation of Land and "Land Grabbing" in Southern Africa, Clara Anna Fontein Game Reserve and Country Lodge, Cape Town South Africa, 24 ~ 25 March.

马通迪, P. B. (2010), 《津巴布韦的农业投资和土地掠夺, 在南部非洲土地商业化和土地掠夺区域研讨会上的报告》, 克拉拉·安河源保护区和乡村别墅, 开普敦, 南非, 3 月 24 ~ 25 日。

Matondi, P. B., P. Masanganise, C. T. Khombe and C. Sukume (2011) "Complexities of understanding agricultural production outcomes in Mazowe, Shamva and Mangwe Districts", in Prosper B. Matondi (ed.), Inside the Political Economy of Redistributive Land and Agrarian Reforms in Mazowe, Shamva and Mangwe Districts, in Zimbabwe, Harare, Zimbabwe (forth coming).

马通迪, P. B., P. 马圣加尼塞, C.T. 孔贝和 C. 苏库梅 (2011), 《了解马佐埃, 沙姆瓦和曼圭地区农业生产结果的复杂性》, 在普罗斯珀·B. 马通迪 (ed.), 津巴布韦马佐埃, 沙姆瓦和曼圭地区的再分配土地和土地改革, 哈拉雷, 津巴布韦 (即将出版)。

Maxwell, S. and M. Smith (1992) "Household food security: A conceptual review", in S. Maxwell and T R. Frankenberger (eds), Household Food Security: Concepts, indicators and measurements, United Nation's Children's Fund and International Fund for Agricultural Development.

马克斯韦尔, S. and M. 史密斯 (1992), 《家庭粮食安全: 一个概念考察》，在 S. 马克斯韦尔和 T. R. 弗兰肯伯格编者的家庭粮食安全：概念，指标和测量，联合国儿童基金和国际农业发展基金。

McCann, J. (1995) People of the Plow: An agricultural history of Ethiopia, 1800 ~ 1990, Madison: University of Wisconsin Press.

麦卡恩，J. （1995），犁地的人：《埃塞俄比亚的农业历史 1800：1990》，麦迪逊：威斯康辛大学出版社。

McMichael, P. (2010) "Agrofuels in the food regime", Journal of Peasant Studies, 37 (4): 609 ~ 629.

麦克迈克尔，P. （2010），《粮食政权中的农业燃料》，《农民研究杂志》，37 （4）：609 ~ 629。

Mebratu, D. (1998) "Sustainability and sustainable development: Historical and conceptual review", Environmental Impact Assessment Review 18 (6): 493 ~ 520.

梅布拉图，D. （1998），《可持续性和可持续发展：历史和概念考察》，环境影响评价辑要，18 （6）：493 ~ 520。

Mebratu, D. and M. Tamire (2002) Energy in Ethiopia: Status, challenges and Prospects: Proceedings of the energy conference, Addis Ababa, Ethiopia.

梅布拉图，D. 和 M. 塔米尔 （2002），《埃塞俄比亚的能源：现状，挑战和前景：能源会议论文集》，亚的斯亚贝巴，埃塞俄比亚。

Meinzen-Dick, R. (2010) "Overview of 'land groups': Global trends, categories, outcomes" presentation to regional workshop on the Commercialisation of Land and "Land Grabbing" in Southern Africa, Clara Anna Fontein Game Reserve and Country Lodge, Cape Town South Africa, 24 ~ 25 March.

迈泽·迪克，R. （2010），《"土地小组"概述：全球趋势，分类和结果，在南部非洲土地商业化和土地掠夺区域研讨会上的报告》，克拉拉·安河源保护区和乡村别墅，开普敦，南非，3 月 24 ~ 25 日。

Meskir Tesfaye (2007) "Bio-fuels in Ethiopia", presentation to the

Eastern and Southern Africa regional workshop on bio-fuels, 28 ~ 29 June, Nairobi, Kenya.

梅斯克尔·特斯法耶（2007），《埃塞俄比亚的生物燃料，在生物燃料东南非洲区域研讨会上的报告》，6 月 28 ~ 29 日，内罗毕，肯尼亚。

Mittal, Anuradha (2010) "Land grabs: cheap deals for rich countries," Farming matters, September, interview available at: www. landcoalition. org/cpl-blog/? p = 8061.

米塔尔，安努拉哈（2010），《土地掠夺：发达国家的廉价交易》，农业问题，9 月，采访见：www. landcoalition. org/cpl-blog/? p = 8061。

MLRR (Ministry of Lands and Rural Resettlement) (2009) "Major themes proposed for the Kariba", planning retreat on Towards a Comprehensive Land Policy in Zimbabwe, Caribbea Bay Hotel, Kariba, 11 ~ 13 June.

MLRR（土地和农村重新安置部）（2009），《为卡里巴提出的主题，津巴布韦计划走向全面土地政策》，加勒比海湾酒店，卡里巴，6 月 11 ~ 13 日。

MME (Ministry of Mines and Energy) (2008) Ethiopian Biofuels Development and Utilization Strategy, Addis Ababa, Ethiopia.

MME（矿产能源部）（2008），《埃塞俄毕业生物燃料的开发和利用战略》，亚的斯亚贝巴，埃塞俄比亚。

Moe, Terry M. (2005) "Power and political institutions", Perspectives on Politics, 3: 115 ~ 133.

摩，特里·M.（2005），《权利和政治制度》，政治观点，3：115 ~ 133。

Mol, A. P. J. (2007) "Boundless biofuels? Between environmental sustainability and vulnerability", Sociologia Ruralis, 47 (4).

摩尔，A. P. J.（2007），《无限的生物燃料？环境可持续性和脆弱性之间》，Sociologia Ruralis, 47 (4)。

— (2010) "Environmental authorities and biofuel controversies", Environmental Politics, 19 (1): 61 ~ 79.

—（2010），《环保部门和生物燃料争议》，环境政治，19（1）：61~79。

Msangi, S. （2007）"Biofuel revolution threatens food security for the poor", SciDev. Net website, 6 December, available at：www. scidev. net/en/climate- change- and- energy/ biofuels/ opinions/ biofuel- revolution- threatens- foodsecurity- for-the. html.

姆桑吉，S.（2007），《生物燃料革命威胁穷人的粮食安全》，科学与发展网络，12 月 6 日，见：www. scidev. net/en/climate-change-and-energy/biofuels/opinions/ biofuel-revolution-threatens-foodsecurity-for-the. html。

Mwamila, Burton et al. （2008）"Feasibility of large-scale bio-fuel production in Tanzania", August, mimeo.

姆瓦米拉，波顿等（2008），《坦桑尼亚大规模生物燃料生产的可行性》，8 月，油印。

—（2009）"Feasibility of large-scale biofuel production in Tanzania. Study Report", April.

—（2009）《坦桑尼亚大规模生物燃料生产的可行性》，研究报告，4 月。

Neumann, R. P. （2004）"Nature-state-territory：Toward a critical theorization of conservation enclosures", in R. Peet and M. Watts（eds）, Liberation Ecologies：Environment, development, social movement, Oxford：Routledge.

诺伊曼，R. P.（2004），《自然—国家—领土：朝向一个保护区的关键理论》，在 R. 皮特和 M. 瓦特编著的解放生态：环境、发展和社会运动，牛津：Routledge。

Nhantumbo, I. and A. Salomao（2009）"Biofuels, land access and new business models for rural livelihoods in Africa-the Mozambican case", Maputo：Centro Terra Viva and IIED（unpublished）.

纳汉杜姆，I. and A. 萨洛芒（2009），《非洲生物燃料，土地使用权和农村生计的新商业模型—以莫桑比克为例》，马普托：特拉·雅瓦中心和 IIED（未出版）。

216   Nkomo, J. C. , A. O Nyong and K. Kulindwa（2006）"The impacts of climate change in Africa", commissioned research for the Stern Report, www. hmtreasury. gov. uk/media/3/A/Chapte r_5_The_Impacts_of_Climate_Change_in_Africa5. pdf.

恩柯摩，J. C. , A. O 尼永和 K. 库林达瓦（2006），《非洲的气候变化影响，斯特恩报告委托的研究》。www. hmtreasury. gov. uk/media/3/A/Chapte r_5_The_Impacts_of_Climate_Change_in_Africa5. pdf。

North, D. （1990）Institutions, Institutional Change, and Economic Performance, Cambridge：Cambridge University Press.

诺斯，D.（1990），《机构、制度变迁和经济表现》，剑桥：剑桥大学出版社。

Nyari, B. （2008）"Biofuel land grabbing in Northern Ghana", Report by Regional Advisory and Information Network Systems（RAINS）, available at：www. gaiafoundation. com.

尼亚里，B.（2008），《加纳北部的生物燃料土地掠夺》，区域咨询和信息网络系统（RAINS）的报告，见：www. gaiafoundation. com。

Obama, B. （2010）"Obama energy policy address", 1 April, available at：http：// biofuelsdigest. com/bdigest/2010/04/01/ complete-text-of-obama-energy-policy-address/.

奥巴马，B.（2010），《奥巴马能源政策讲话》，4 月 1 日，见：http：// biofuelsdigest. com/bdigest/ 2010/04/01/ complete-text-of-obama-energy-policy-address/。

oden, Bertil（2006）Bistandets Idehistoria. Fran Marshalthjalpen till mitleniemal, Studentlitteratur.

奥登，贝蒂尔（2006）Bistandets Idehistoria. Fran Marshalthjalpen till mitleniemal, Studentlitteratur.

OECD（Organisation for Economic Cooperation and Development）（2008）"Rising food prices：Causes and consequences", paper prepared for the DAC High-Level Meeting, 20~21 May. den。

OECD（经济合作与发展组织）（2008），《粮食价格上涨：原因和影响》，论文提交给 DAC 高级别会议，5 月 20~21 日。

oden, Bertil（2006）Bistandets Idehistoria. Fran Marshalthjalpen till mitleniemal, Studentlitteratur.

奥登·贝蒂儿（2006）从 Marshalthjalpen（援助项目名称）到 Mitleniemal（援助项目名称）的转述，学生必读书目。OFID（OPEC Fund for International Development）（2009）"Biofuels and food security implications of an accelerated biofuels production：Summary of the OFID study prepared by IIASA", Vienna, available at：www. ofid. org/publications/PDF/pamphlet/ofid_ pam38_ Biofuels. pdf.

OFID（欧佩克国际发展基金）（2009），《加速的生物燃料生产对生物燃料和粮食安全的影响：生物燃料和粮食安全》，IIASA 提交的欧佩克国际发展基金研究总结，维也纳，见：www. ofid. org/ publications/PDF/pamphlet/ofid_ pam38_ Biofuels. pdf。

Ohman, May-Britt（2007）"Taming exotic beauties. Swedish hydropower construction in Tanzania in the era of development assistance, 1960s ~ 1990s", doctoral thesis in History of Science, KTH, Stockholm.

奥曼，梅·布丽特（2007），《驯服异国美女。在发展援助时代瑞典在坦桑尼亚的水电建设》，20 世纪 60~90 年代。科学史博士论文，瑞典皇家理工学院，斯德哥尔摩。

Olkoshi, A.（1998）"The elusive Prince of Denmark：structural adjustment and the crisis of governance in Africa", Research Report No. 104, Nordic Africa Institute, Uppsala.

奥古希，A.（1998），《难以捉摸的丹麦王子：非洲的结构调整和治理危机》，研究报告第 104 号，北欧非洲研究所，乌普萨拉。

Oscarsson, P.（2009）"The land process in Tanzania", mimeo.

奥斯卡森，P.（2009），《坦桑尼亚的土地进程》，油印。

Oxfam（2008）"Another inconvenient truth：How biofuel policies are deepening poverty and accelerating climate change," Oxfam Briefing Paper 114, June, available at: www. oxfam. org. u k/resource s/policy/climate_ change/bpu4_ inconvenient_ truth. html.

乐施会 (2008)，《另一个令人尴尬的真相：生物燃料政策正在加深贫困并加速气候变化》，乐施会简报论文，第 114 号，6 月，见 www. oxfam. org. u k/resource s/policy/climate _ change/bpu4 _ inconvenient _ truth. html。

Oxfam Australia and Ruzivo Trust (2011) Mainstreaming Livelihoods into Gender, HIV and AIDS Programming, Harare, Zimbabwe (forthcoming).

乐施会澳大利亚和鲁兹冯信托 (2011)，《将生计纳入到性别、艾滋病毒和艾滋病项目中》，哈拉雷，津巴布韦 (即将出版)。

Palmer, R. (2010) "Would Cecil Rhodes have signed a Code of Conduct? Reflections on global land grabbing and land rights in Africa, past and present", paper delivered at the African Studies Association of the UK, biennial conference, Oxford, 16 ~ 19 September, available at: www. oxfam. org. uk/resources/learning/landrights/downloads/would_ cecil_ rhodes_ have_ signed_ a_ code_ of_ conduct. pdf.

帕玛尔，R. (2010)，《Cecil Rhodes 签署了一项行为准则吗?》反思非洲的土地掠夺和土地权利，过去和现在，论文提交给英国非洲研究联合会，两年一次会议，牛津，9 月 16 ~ 19 日，见 www. oxfam. org. uk/ resources/learning/landrights/downloads/would _ cecil _ rhodes _ have _ signed_ a_ code_ of_ conduct. pdf。

Partners for Africa (2005) "Developing African renewable energy sectors for poverty alleviation, emphasis on bioenergy", 14th European Biomass Conference, 17 ~ 21 october, Paris.

非洲之友 (2005)，《为了减贫发展非洲可再生能源部门》，强调生物燃料，第 14 届欧洲生物大会，10 月 17 ~ 21 日，巴黎。

Peskett L. , R. Slater, C. Stevens and A. Dufey (2007) " Biofuels, agriculture and poverty reduction: Natural resources", Perspectives，107.

佩斯克 L., R. 斯莱特, C. 史蒂文斯和 A. 杜费 (2007),《生物燃料, 农业和减贫: 自然资源, 观点》, 107。

Petroleum Economist (2006) "Addicted to oil", December.

石油经济学家 (2006),《离不开石油》, 12 月。

Pimentel, D. et al. (2009) "Food versus biofuels: Environmental and economic costs", Human Ecology, 37 (1), available as: DOI: 10.1007/s10745 – 009 – 9215 – 8.

皮门特尔, D. 等 (2009),《粮食与生物燃料: 环境与经济成本》, 人类生态学, 见: DOI: 10.1007/s10745 – 009 – 9215 – 8。

Platteau, J. – Ph. (1996) "The evolutionary theory of land rights as applied to sub-Saharan Africa: A critical assessment", in Development and Change, 27 (1): 29 ~ 86.

普拉托, J. – Ph (1996),《应用在撒哈拉以南非洲的土地权利进化理论》, 发展和变化, 27 (1): 29 ~ 86。

Porter, G. and K. Phillips-Howard (1997) "Comparing contracts: An evaluation of contract farming schemes in Africa", World Development, 37 (11).

波特, G. and K. 菲利普斯·霍华德 (1997),《比较合同: 非洲合同农业计划评估》, 世界发展, 37 (11)。

Practical Action Consulting (2009) "Smallscale bioenergy initiatives: Brief description and preliminary lessons on livelihood impacts from case studies in Asia, Latin America and Africa", PISCES and FAO, available at: www.pisces.o r.ke/pubs/pdfs/FAO-PISCES % 20Case% 20 Studies% 20 Executive% 20 Summary% 2005020g.pdf.

实际行动咨询 (2009),《小规模生物燃料倡议: 简介及对生计影响的初步经验》, 来自亚洲、拉丁美洲和非洲的案例研究, PISCES and FAO, 见 www.pisces.o r.ke/pubs/pdfs/ FAO-PISCES% 20Case% 20 Studies% 20 Executive% 20 Summary% 2005020g.pdf。

Prowse, M. and T Braunholtz-Speight (2007) "The first Millennium

217

Development Goal, agriculture and climate change", ODI Opinion, 85.

普劳斯, M. and T 布朗霍尔茨·斯佩特 (2007),《第一个千年发展目标》, 农业和气候变化, 海外舆论, 85。

Pye, O. (2010) "The biofuel connection: Transnational activism and the palm oil boom", Journal of Peasant Studies, 37 (4): 851~874.

派, O. (2010),《生物燃料、跨国行动主义和棕榈油繁荣》,《农民研究杂志》, 37 (4): 851~874。

Rajagopal, D. et al. (2007) "Challenge of biofuel: Filling the tank without emptying the stomach?", Environmental Research Letters, 2. available at: http://ecn r. be rkeley. edu/vfs/PPs/Sexto n-SteE/web/challenge. pdf.

拉贾格帕兰, D. 等 (2007),《生物燃料的挑战: 不排空胃装油》,《环境研究快报》, 2, 见: http://ecn r. be rkeley. edu/vfs/ PPs/Sexto n-SteE/web/challenge. pdf。

Reardon, T. and C. Barrett (2000) "Agro-industrialisation, globalization and international development: An overview of issues, patterns and determinants", Agricultural Economics, 23.

里尔顿, T. 和 C. 巴雷特 (2000),《农业工业化、全球化和国际发展: 问题、模式和决定因素概述》, 农业经济学, 23。

Republic of Mozambique (2009) Biofuels Policy and strategy, Resolution No. 22/2009, Ministry of Energy, Maputo: Ministry of Energy with support of DfID.

莫桑比克共和国 (2009),《生物燃料政策和战略》, 22/2009 号决议, 能源部, 马普托: 能源部与国际发展部的支持。

Republic of Zambia (2009) Revised Draft Policy Biofuels Strategy for Zambia.

赞比亚共和国 (2009),《津巴布韦生物燃料战略修订草案政策》。

Roberntz, P., T. Edman and A. Carlson (2009) "The Rufiji landscape. The sweet and bitter taste of sugarcane grown for biofuel", draft report prepared for World Wildlife Fund, Sweden.

罗本茨，P.，T. 埃德曼和 A. 卡尔森（2009），《鲁菲吉河风景，为获得生物燃料种植甘蔗的甜蜜和苦涩》，草案提交给世界野生动物基金会，瑞典。

Rodney W.（1964）How Europe Underdeveloped Africa, London：Macmillan Press.

罗德尼 W.（1964），《欧洲如何使非洲贫穷》，伦敦：麦克米伦出版社。

Roe, E.（1991）"Development narratives, or making the best of blueprint development", World Development, 19（4）.

罗，E.（1991），《发展叙事或充分利用蓝图发展》，世界发展，19（4）。

—（1999）Except Africa：Remaking development, rethinking power, Edison, NJ：Transaction Books.

—（1999），《非洲除外：重塑发展，反思权利》，Edison, NJ：Transaction Books。

Rukuni, M., P. Tawonezvi, C. Eicher, M. Munyuki-Hungwe and P. Matondi（eds）（2006）Zimbabwe's Agricultural Revolution, 2nd edn, Harare：University of Zimbabwe Publications.

鲁昆尼，M.，P. 塔华铎斯，C. 艾彻，M. 穆纽基 - 洪圭和 P. 马通迪（eds）（2006），《津巴布韦农业革命》，第二版，哈拉雷，津巴布韦大学出版物。

Runge, C. F. and B. Senauer（2007）"How biofuels could starve the poor", Foreign Affairs, May/June.

朗格，C. F. and B. 塞纳尔（2007），《生物燃料如何使穷人挨饿》，外交事务，5 月/6 月。

Rural Consult（2009a）"The biofuel debate", Daily Graphic（Ghana），10 June.

农村咨询（2009a），《生物燃料争论》，每日画报（加纳），6 月10 日。

— (2009b) "Action Aid and biofuels. Rural Consult responds yet again", Daily Graphic (Ghana), 23 July.

— (2009b),《行动援助和生物燃料,农村咨询再次显出效果》,《每日画报》(加纳),7 月 23 日。

Sawe, E. N., TaTEDO and WWF Tanzania (2008) "Scoping exercise on the biofuels industry within and outside Tanzania", Dar es Salaam, Energy for Sustainable Development, available at: www. wwf. se/source. phph203701/WWF_ Ta nzania_ Scoping_ Report_ Biofuels. pdf.

Sawe, E. N., TaTEDO and WWF Tanzania (2008),《研究坦桑尼亚内部和外部的生物燃料运动》,达累斯萨拉姆,能源可持续发展,见 www. wwf. se/source. phph203701/WWFTanzania _ Scoping _ Report _ Biofuels. pdf。

Scott, J. (1985) Weapons of the Weak: Every day forms of peasant resistance, New Haven, CT: Yale University Press.

斯科特, J. (1985),《弱者的武器:每天农民抵抗的形式》,纽黑文,CT:耶鲁大学出版社。

Searchinger, T et al. (2008) "Use of us croplands for biofuels increases greenhouse gases through emissions from land-use change", Science, 319 (29): 1238 ~ 1240.

舍琴格, T 等. (2008),《使用我们的生物燃料作物通过土地用途变化产生的排放增加温室气体》,科学,319 (29): 1238 ~ 1240.

SEI (Stockholm Environment Institute) (forthcoming) Biofuel: A Guide for the Confused, Norwegian Peoples Aid, SEI and Renetech AB.

SEI (斯德哥尔摩环境研究所) (即将出版)《生物燃料:困惑的挪威人类援助指南》,SEI 和 Renetech AB。

SEI/IRA (Institute of Resource Assessment, University of Dar es Salaam) (2009) "Initial assessment of socio-economic and environmental risks and opportunities of large-scale biofuels production in the Rufiji District", a report prepared for SEKAB T, Stockholm and Dar es Salaam.

SEI /IRA（斯德哥尔摩环境研究所/达累斯萨拉姆大学资源评估研究所）（2009），《鲁菲吉河地区大规模生物燃料生产的社会经济和环境风险及机遇初步评估》，该论文提交给 SEKAB T，斯德哥尔摩和达累斯萨拉姆。

SEKAB（2009a）"Hallbarhetspris till SEKAB", press release, 18 March.

SEKAB（2009a），Hallbarhetspris till SEKAB，新闻稿，3 月 18 日。

——（2009b）"Sustainability award for SEKAB", press release, 18 March.

——（2009b），《SEKAB 被授予可持续奖》，新闻稿，3 月 18 日。

——（2009c）"SEKAB sells subsidiaries in Tanzania and Mozambique to EcoDevelopment in Europe AB", press release, 23 October.

——（2009c），《SEKAB 将其在坦桑尼亚和莫桑比克的子公司出售给欧洲 AB 的 EcoDevelopment》，10 月 23 日。

SEKAB Bioenergy Tanzania（2009）"SEKAB BioEnergy Tanzania Ltd. - Application for Credit Enhancement Guarantee", Dar es Salaam, 28 July.

坦桑尼亚 SEKAB 生物燃料（2009），《坦桑尼亚 SEKAB 生物燃料有限公司——申请信用增级担保》，达累斯萨拉姆，7 月 28 日。

Sen, A.（1981）Poverty and Famine：An essay on entitlement and deprivation, Oxford：Oxford University Press.

森，A.（1981），《贫穷和饥荒：一篇关于权利和剥夺的文章》，牛津：牛津大学出版社。

Sengers, F., R. P. J. M. Raven and A. van Venrooij（2010）"From riches to rags：Biofuels, media discourses and resistance to sustainable energy technologies", paper delivered to the SPRU Energy Conference Programme, Sussex University, 25 ~ 26 January.

桑戈斯，F.，R. P. J. M. 瑞农 和 A. 冯·范路易（2010），《从贫穷到富裕，生物燃料、媒体话语和对可持续能源技术的抵制》，论文提交于苏塞克斯大学科学与技术政策研究所能源会议计划，1 月 25 ~ 26 日。

218　　　Sexton, S. and D. Zilberman (2010) "The economics of agricultural biotechnology adoption: Implications for biofuel sustainability", paper delivered to the National Bureau of Economic Research Conference, available at: www. nber. org/con fe r/2010/AGsio/Sexton. pdf.

塞克斯汀, S. and D. 齐尔伯曼 (2010),《农业生物技术应用的经济学: 对生物燃料可持续性的影响》, 论文提交于国家经济研究局会议, 见: www. nber. org/con fe r/2010/AGsio/Sexton. pdf。

Shut, M., M. Slingerland et al. (2010) "Biofuel developments in Mozambique. Update and analysis of policy, potential and reality", Energy Policy, 38: 5151~5165.

舒特, M., M. 斯林格兰等 (2010),《莫桑比克的生物燃料发展》. 更新和政策分析, 潜力和现实, 能源政策, 38: 5151~5165.

Sibanda, T (2010) "Villagers face eviction to make way for biofuel cultivation", SW Radio Africa News, 30 March.

斯班达, T (2010),《为了给生物燃料种植让路, 村民面临驱逐》, 西南非洲广播电台, 3 月 30 日。

Sida Helpdesk for Environmental Assessment (2009) "General environmental assessment comments", 30 September.

瑞典国际开发署环境评估服务台 (2009),《综合环境评估评论》, 9 月 30 日。

Sida's Department for Partnership Development/AKTSAM (2010) "Decision on assessment and preparation", 20 October.

瑞典国际开发署合作发展部/ AKTSAM (2010),《评估和准备决策》, 10 月 20 日。

SIRDC (Scientific and Industrial Research Development Council) (1998) "The potential of jatropha curcas in improving rural livelihoods and environmental protection-An exploration", concept paper-Final Draft, Harare, Zimbabwe.

SIRDC (科学与工业研究发展委员会) (1998),《麻风树改善农村生计和环境保护的潜力——探讨》，概念论文——最终稿，哈拉雷，津巴布韦。

Smith, G. (1993) Impact Assessment and Sustainabte Resource Management, London: Longman.

史密斯，G. (1993)，《影响评估和可持续资源管理》，伦敦：朗曼。

Stiglitz J. (2002) Globalization and Its Discontents, Cambridge, MA: Harvard University Press.

斯蒂格利茨 J. (2002)，《全球化及其不满》，剑桥：哈佛大学出版社。

Sulle, E. and F. Nelson (2009a) "Developing biofuels through securing local livelihoods and land rights", information brief, Tanzania Forestry Working Group, Tanzania Natural Resources Forum.

苏里，E. and F. 尼尔森 (2009a)，《通过确保当地生计和土地权利发展生物燃料》，信息简介，坦桑尼亚林业工作组，坦桑尼亚自然资源论坛。

— (2009b) Biofuels, Land Access and Rural Livelihoods in Tanzania, London: _ IED.

—(2009b)，《坦桑尼亚的生物燃料、土地使用权和农村生计》，伦敦：工程设计学会。

Sunday Mail (Zimbabwe) (2010) "Villagers, investor clash over land", 30 May.

礼拜地邮报 (津巴布韦) (2010)，《村民，投资者对土地的冲突》，5 月 30 日。

Svarstad, H. (2002) "Analyzing conservation-development discourses: The story of a biopiracy narrative", Forum for Development studies, 1.

斯瓦斯塔，H. (2002)，《分析保护—发展话语：一则有关生物剽窃叙述的故事》，《发展研究论坛》，1。

Swift, J. and K. Hamilton (2001) "Household food and livelihood securiy, in S. Devereux and S. Maxwell (eds), Food Security in Sub-Saharan

Africa，London：ITDG Publishing.

斯韦福特，J. and K. 汉米尔顿（2001），《家庭粮食和生计安全》，在 S. 德威瑞 and S. 麦克斯韦（eds），《撒哈拉以南非洲的粮食安全》，伦敦，ITDG 出版。

Teketel Abebe（1998）" 'Tenants of the state': The limitations of revolutionary agrarian transformation in Ethiopia，1974～1991"，dissertation，Lund，Sweden.

特基泰·奥比（1998），《国家的佃户，埃塞俄比亚土地革命转型的局限性》，1974～1991，论文，瑞典隆德大学。

Tigere，T A. et al.（2006）"Potential of jatropha curcas in improving smallholder farmers" livelihoods in Zimbabwe：An exploratory study of Makosa Ward，Mutoko District"，Journal of Sustainable Development，8.

蒂格雷，T A. et al.（2006），《在津巴布韦麻风树改善小农户生计的潜力：马克索病房的一项探索性研究》，穆托科地区，可持续发展杂志，8。

Todaro，M.（1993）Economic Development，Oxford：Oxford University Press.

托达罗，M.（1993），《经济发展》，牛津：牛津大学出版社。

Tompsett，C.（2010）"Fuelling development? A critical look at government-centered jatropha cultivation for biodiesel as promoted by the biofuel policy in Rajastan，India"，unpublished Master's thesis，University of Bergen.

汤普西特，C.（2010），《促进发展？批判审视在印度拉贾斯坦生物燃料政策推动的以政府为中心、获得生物柴油的麻风树种植》，未出版的硕士论文，卑尔根大学。

Toulmin，C.（2008）"Securing land and property rights in sub-Saharan Africa：The role of local institutions"，Land Use Policy，26.

图尔敏，C.（2008），《保护撒哈拉以南非洲的土地和财产权：当地机构的作用、土地使用政策》，26。

Toulmin, C. and J. Quan（eds）（2000）Evolving Land Rights Policy and Tenure in Africa, London：IIED.

图尔敏，C. 和 J. 夸（eds）（2000），《非洲形成中的土地权利政策和使用权》，伦敦：国际环境发展研究所。

Ulmanen, J. H., G. P. J. Verbong et al.（2009）"Biofuel developments in Sweden and the Netherlands：Protection and socio-technical change in a long-term perspective", Renewable and Sustainable Energy Reviews. 13（6 ~ 7）：1406 ~ 1417.

乌尔马宁，J. H.，G. P. J. 沃邦等（2009），《瑞典和荷兰的生物燃料发展：从长远看保护和社会技术变化，可再生和可持续能源评论》，13（6 ~ 7）：1406 ~ 17。

UN（2007）Sustainable Bioenergy：A framework for decision makers, available at：http：//e sa. u n. org/un-energy/pd f/susdev. Biofuels. FAO. pd f.

联合国（2007），《可持续生物燃料：决策者的一个框架》，见http：//e sa. u n. org/un-energy/pdf/su sdev. Biofuels. FAO. pdf。

UNAC & JA（2009）"Jatropha! A socioeconomic pitfall for Mozambique", Maputo：UNAC（Uniao Nacional de Camponeses）and JA（Justica Ambiental）.

UNAC&JA（2009），《麻风树！莫桑比克的社会经济陷阱》，马普托，UNAC（Uniao Nacional de Camponeses）and JA（Justica Ambiental）.

UNAC&JA（2009）'Jatropha! A socio-economic pitfall for Mozambique', Maputo：UNAC（national union of peasants）and JA（Justica Ambiental）.

UNAC&JA（2009）麻风树！莫桑比克马普托的政治经济学陷阱：UNCA（国家农民联盟）和 JA（环境制度）。

UNCTAD（2006）FDI in Least Developed Countries at a Glance, available at：www. unctad. org/en/docs/iteiia20057_ en. pdf.

联合国贸易和发展会议（2006），《最不发达国家的外国直接投资一览表》，见：www. unctad. org/en/docs/iteiia20057_ en. pdf。

—（2007）"Globalization for development：Opportunities and

challenges, Report of the Secretary-General of UNCTAD to UNCTAD XII", available at: www. unctad. org/en/docs/ td413_ en. pdf.

—（2007），《全球化的发展：机遇和挑战，联合国贸易和发展会议秘书长向联合国贸易和发展会议第十二届大会的报告》，见 www. unctad. org/en/docs/ td413_ en. pdf。

—（2008）World Investment Report 2008—Transnational Corporations and the Infrastructure Challenge, available at: www. unctad. org/en/docs/ wirzo08_ en. pdf.

—（2008），《世界投资报告 2008 年——跨国公司和基础设施挑战》，见 www. unctad. org/en/docs /wirzo08_ en. pdf。

—（2009）World Investment Report: transnational Corporations, Agricultural Production and Development, available at: www. unctad. org/en/ docs/wir2009_ en. pdf.

—（2009），《世界投资报告：跨国公司、农业生产和发展》，见：www. unctad. org/en/docs/ wir2009 _ en. pdf。

UNDP（2007）Human Development Report 2007/2008: Fighting climate change, Basingstoke: Palgrave Macmillan, available at: http: // hdr. undp. org/en/media/HDR_ 20072008_ EN_ Complete. pdf.

联合国开发计划署（2007），《人类发展报告 2007/2008：应对气候变化》，贝辛斯托克：帕尔格雷夫·麦克米伦，见：http: // hdr. undp. org/en/media/HDR_ 20072008_ EN_ Complete. pdf。

United Nations, Department of Economic and Social Affairs（2007）"Small-scale production and use of liquid biofuels in sub-Saharan Africa: Perspectives for sustainable development", Background Paper No. 2, DESNDSD/2007/2, New York.

联合国，经济和社会事务部（2007），《撒哈拉以南非洲液体生物燃料的生产和使用：可持续发展视角》，背景论文，第 2 号，DESNDSD/2007/2，纽约。

URT（United Republic of Tanzania）（2010）"Giudelines for available

219

liquid biofuels development in Tanzania", Dar es Salaam: Ministry of Energy and Minerals.

URT（坦桑尼亚联合共和国）（2010），《坦桑尼亚可用液体生物燃料发展指南》，达累斯萨拉姆：能源矿产部。

US Embassy（2009）"Partners for cleaner energy-alternative energy opportunities in Sweden", 30 June.

美国大使馆（2009），《清洁能源的合作伙伴——瑞典替代能源的机会》，6月30日。

Utete Report（2003）"Report of the Presidential Land Review Committee under the Chairmanship of Dr Charles M. B. Utete", Vol. 1: Main Report, Harare.

乌泰泰报告（2003），《Charles M. B. 博士主席任职时总统土地审查委员会报告》，乌泰泰，第 1 卷：主要报告，哈拉雷。

Via Campesina（2003）"What is food sovereignty?" 1 January, available at: www. viacampesina. org/IMG/_ article_ PDF/article_ 216. pdf.

农民之路（2003），《粮食主权是什么?》1 月 1 日，见 www. viacampesina. org/IMG/_ article_ PDF/article_ 216. pdf。

—（2007）"Small scale sustainable farmers are cooling down the earth, a Via Campesina background document on global warming", available at: www. viacampesina. org.

—（2007），《小规模的可持续农民正在使地球冷却，农民之路关于全球变暖的一份背景文件》，见：www. viacampesina. org。

Vidal, J. （2010）"How food and water are driving a 21st-century African land grab", Guardian, 7 March.

维达尔，J.（2010），《食物和水如何推动 21 世纪的非洲土地掠夺》，卫报，3 月 7 日。

von Braun, J. （2007）The World Food Situation: New driving forces and required actions.

冯·布劳恩，J.（2007），《世界粮食形势：新的驱动力和必须行动》。

Washington, DC：IFPRI, available at：www. ifpri. org/publication/
world-food-situation – 2.

《华盛顿特区：国际粮食政策研究所》，见 www. ifpri. org/publication/
world-food-situation – 2。

— (2008) Food and Financial Crises：Implications for agricultures and
the poor, Food Policy Report No. 20, Washington, DC：IFPRI.

— (2008)，《粮食和金融危机：对农业和穷人的影响》，第 20 号粮
食政策报告，华盛顿特区：国际粮食政策研究所政策简报。

Von Braun, Joachim and Ruth Meinzen-Dick (2009) "'Land grabbing'
by foreign investors in developing countries：Risks and opportunities", IFPRI
Policy Brief, 13 April.

冯·布劳恩，乔基姆 和露丝·迈泽·迪克 (2009)，《外国投资者在
发展中国家进行的 "土地掠夺"：风险和机遇》，《国际粮食政策研究所
政策简报》，4 月 13 日。

Von Braun, Joachim and R. K. Pachauri (2006) "The promises and
challenges of biofuels for the poor in developing countries", IFPRI, available
at：www. ifpri. org/sites/default/files/ publications/arose. pdf.

冯·布劳恩，乔基姆和 R. K. 帕乔里 (2006)，《生物燃料对于发展
中国家穷人的承诺和挑战》，国际粮食政策研究所，见：www. ifpri. org/
sites/default/files/ publications/arose. pdf。

Wall Street Journal (2009) "BP gives up on jatropha for biofuel",
available at：http：//blogs. wsj. com/environmentalcapital/2009/07/17/bp-
gives-up-on-jatropha-for-biofuel/.

华尔街日报 (2009)，《英国石油公司为了生物燃料放弃麻风树》，
见：http：//blogs. wsj. com/ environmentalcapital/2009/07/17/bp-gives-up-
on-jatropha-for-biofuel/。

Wamukoya, N. (2007) "Biofuels sustainability：Towards solutions",
paper presented at the High-level Biofuels Seminar in Africa, organized by the

African Union, the Brazilian Government and UNIDO, Addis Ababa, 30 July.

瓦姆古亚，N. (2007)，《生物燃料的可持续性：走向解决方案，论文提交于非洲高级生物燃料研讨会》，由非洲联盟、巴西政府和联合国工业发展组织共同组织，亚的斯亚贝巴，7月30日。

Warwick, C. (2008) "Environmental effects of biofuels crops must be weighed, researchers say", News Bureau Illinois website, available at: http://news. illinois. edu/NEWS/06/0922biofuels. html.

沃里克，C. (2008)，《必须重视生物燃料作物的环境影响》，研究人员说，伊利诺斯州新闻局网站，见：http://news. illinois. edu/NEWS/06/0922biofuels. html.

Watts, M. (2004) "Violent environments, petroleum conflict and the political ecology of rule in the Niger Delta, Nigeria", in R. Peet and M. Watts, Liberation Ecologies: Environment, development, social movements, Oxford: Routledge.

华滋，M. (2004)，《尼日利亚尼日尔三角洲暴力环境》，石油冲突和规则的政治生态学，在R. Peet and M. Watts，《解放生态：环境、发展和社会运动》，牛津：劳特利奇。

WCED (World Commission on Environment and Development) (1987) Our Common Future, New York.

WCED (世界环境和发展委员会) (1987)，《我们共同的未来》，纽约。

Weidemann Associates, Inc. (2010) Zimbabwe Agricultural Sector Market Study, Harare: USAID.

韦德曼公司 (2010)，《津巴布韦农业部门市场研究》，哈拉雷：美国国际开发署。

White, B. (1997) "Agroindustry and contract farmers in upland West Java", Journal of Peasant Studies, 24 (3): 100~136.

怀特，B. (1997)，《西爪哇高低的农工业和合同农民》，《农民研究学报》，24（3）：100~136。

White，B. and A. Dasgupta（2010）"Agrofuels capitalism: A view from political economy"，Journal of Peasant Studies，37（4）：593~607.

怀特，B. and A. 达斯古普塔（2010），《农业燃料资本主义：政治经济学观点》，《农民研究杂志》，37（4）：593~607。

《农业燃料资本主义：从政治经济》，《农民研究杂志》上，37（4）：593~607。

220　Widengard，M.（2009a）Personal notes from COMPETE International Conference on Bioenergy Policy Implementation in Africa，Fringilla Lodge，Zambia.

维登高，M.（2009a），《个人笔记来自 COMPETE 组织的非洲生物燃料政策实施国际会议》，Fringilla Lodge，赞比亚。

——（2009b）Seminar notes from May 25 on Aspects of SEKAB's plans for largescale biofuel production in Tanzania. Based on presentations and discussions in a seminar organized by the Nordic Africa Institute，Uppsala.

——（2009b）研讨会笔记来自有关 5 月 25 日《SEKAB 在坦桑尼亚进行大规模生物燃料生产的计划》，基于乌普萨拉北欧非洲研究所组织召开的研讨会报告和讨论。

——（2010a）Personal notes from seminar on Bioenergy Sustainability and Tradeoffs: Does Global Sustainability Threaten Local Sustainability?，Sida，Stockholm.

——（2010a），《个人笔记来自生物燃料持续性和权衡研讨会：全球可持续性威胁当地的可持续发展吗?》瑞典国际开发署，斯德哥尔摩。

——（2010b）Personal notes from WWF regional workshop on Renewable Energy – Biofuels in Southern Africa（Miombo），Victoria Falls，Zimbabwe.

——（2010b），《个人笔记来自 WWF 可再生能源区域研讨会——南部非洲（林地）的生物燃料》，维多利亚瀑布，津巴布韦。

Windfuhr，M. and J. Jonsen（2005）"Food sovereignty: Towards democracy in localized food systems"，FIAN Working Paper，ITDG

Publishing.

温德福赫，M. 和 J. 约恩森（2005），《粮食主权：面向本地化的食物系统民主》，信息和行动网工作论文，ITDG 出版社出版。

Wolde-Georgis T. and M. H. Glantz（2008）" People-focused biofuels development in Africa", Fragile Ecologies, 20 November, available at: www. fragilecologies. com/novzo_ 08. html.

沃尔德·乔治.T. 和 M. H. 甘特茨（2008），《非洲以人为本的生物燃料发展》，脆弱的生态，11 月 20 日，见 www. fragilecologies. com/novzo_ 08. html。

Wood，C.（2003）" Environmental impact assessment in developing countries: An overview", Conference on New Directions in Impact Assessment for Development: Methods and Practice, mimeo.

伍德，C.（2003），《发展中国家的环境影响评估：一个综述》，发展影响评估的新方向会议：方法和实践，油印。

World Bank（1989）Sub-Saharan Africa: From crisis to sustainabte growth, Washington, DC.

世界银行（1989），《撒哈拉以南非洲地区：从危机到可持续增长》，华盛顿特区。

—（2007）World Development Report: Agriculture for development 2008, Washington, DC.

—（2007），《世界发展报告：农业发展 2008 年》，华盛顿特区。

—（2010）Rising Global Interest in Farmland: Can it yield sustainable and equitable benefits? Available at: http: //site resou rces. worldbank. org/ INTARD/Resources/ESW_ Sept7_ final_ final. pdf.

—（2010）《全球对农田不断增加的兴趣：它可以产生持续和公平的收益吗?》见 http: //site resou rces. worldbank. org/INTARD/Resources/ESW_ Sept7_ final_ final. pdf。

World Resources Institute（2003）" Bio-diversity and protected areas – Tanzania", mimeo.

世界资源研究所（2003），《生物多样性和保护区——坦桑尼亚》，油印。

WWF（World Wildlife Fund）（2003）"Soy expansion-losing forests to fields", available at：http：//assets. panda. org/downloads/wwfsoyexpansion. pdf.

WWF（世界野生动物基金）（2003），《大豆生产扩大——失去森林》，见 available at：http：//assets. panda. org/downloads/wwfsoyexpansion. pdf。

Wyeth, P. （2002）Jatropha or Physic Nut：An industry and market study on six plant products in Southern Africa, Pullman：Washington State University, USA.

惠氏 P. （2002），《麻风树：对南部非洲6种植物产品的产业和市场研究》，铂尔曼：美国华盛顿州立大学。

York, R. and E. A. Rosa （2003）"Key challenges to ecological modernization theory", Organization and Environment, 16（3）：273~288.

约克，R. 和 E. A. 罗莎（2003），《生态现代化理论的关键挑战》，组织和环境，16（3）：273~288。

Young, J. （1997）Peasant Revolution in Ethiopia. The Tigray People's Liberation Front, 1975~1991, Cambridge：Cambridge University Press.

扬，J. （1997），《埃塞俄比亚农民革命，提格雷人民解放阵线》，1975~1991年，剑桥：剑桥大学出版社。

Young, O. R. , F. Berkhout et al. （2006）"The globalization of socio-ecological systems：An agenda for scientific research", Global Environmental Change, 16（3）：304~316.

扬，O. R. , F. 贝克豪特等（2006），《社会生态系统的全球化：科学研究议程》，全球环境变化，16（3）：304~316。

Ziegler, Jean （2007）"The right to food, Report of the Special Rapporteur on the right to food", UN General Assembly A/62/289, 22 August, available at：http：//www. righttofood. org/new/PDF/A6228g. pdf.

齐格勒，吉恩（2007），《食物权，特别报告员关于食物权的报告》，

联合国大会 A/62/289，8 月 22 日，见 available at：http：//
www. righttofood. org/new/PDF/ A6228g. pdf。

Zimbabwe Standard（2008）"Little oil trickles out of bio-diesel plant"，
22 November，available at：www. thestandard. co. zw/businesshg256—little-
oil-trickles-out-of-bio-diesel-plant. htm.

津巴布韦标准（2008），《生物柴油工厂流出的小油滴》，11 月 22
日，见 www. thestandard. co. zw/businesshg256—little-oil-trickles-out-of-bio-
diesel-plant. htm。

索引

（索引所标页码为原书页码，见正文页边。）

其他撰稿人

菲斯缇斯·博阿马（MSc），加纳人，拥有加纳大学地理和资源开发专业学士学位。他就职于加纳大学移民研究中心，并于2010年在挪威卑尔根大学获得资源和人类适应专业硕士学位。博阿马的研究方向是促进当代和历史"公认智慧"的反思，因为它与特定地方的环境、能源利用和发展分析有关，为有关全球化和气候变化的辩论作出贡献。

玛丽·维登高（MSc）是瑞典哥德堡大学全球研究学院的一名博士生。她的研究集中于生物燃料作为推动农村发展的可持续驱动力。她曾工作在喀麦隆、肯尼亚、马拉维、莫桑比克、纳米比亚、尼加拉瓜、南非、瑞典、赞比亚和津巴布韦。她的研究领域包括参与式研究和发展、公民社会、环境工程、生物法律、种子系统、需求驱动扩展和成人教育方法。

帕希斯·穆托波（MSc）是鲁兹冯信托在津巴布韦哈拉雷的一名项目研究员。她目前是德国科隆大学非洲研究中心的一名博士生。她的研究方向是性别研究、土地、环境治理、非洲人权的理论与实践。她是一名穷人的法律赋权网络的成员，该机构由环境和发展中心与挪威人权中心共同经营。

汉妮·哈兰德（博士）是挪威克里斯蒂安桑阿哥德大学发展研究中心的一名副教授。早期，她曾作为研究院代表在奥斯陆挪威自然研究工作，研究挪威和发展中国家与自然利用和保护有关的冲突。她在挪威生命科学大学获得博士学位，研究莫桑比克北部社区土地权利、身份和知识形态之间的关系。目前，她的研究方向主要为南部非洲的土地政治和小农户权利，以及在玻利维亚民主化过程中当地的迁移和社会运动。

如尼·斯卡斯泰因（博士）是特隆赫姆挪威科技与自然科学大学的一名副教授。他的专业特长是宏观经济学、发展经济学和政治经济学。多年来，他一直研究坦桑尼亚和其他非洲国家、阿根廷、印度和挪威地区农村和农业变化和更广泛的发展问题。斯卡斯泰因在挪威和国外已经出版了大量的书籍和文章。他是一位经验丰富的教师，在挪威和非洲指导过许多研究发展经济学的学生。

后　记

　　经过过去一年辛苦的努力，获悉《生物燃料、土地掠夺和非洲的粮食安全》译本一书即将出版，感触颇深。从最开始接到原文书稿、翻译、反复校稿、到最后定稿，这一路走来颇具艰辛，但收获颇多。

　　起初，翻译此书的目的是鉴于我的研究方向以及兴趣。我在攻读博士期间研究内容是有关发展中国家贸易、经济和环境的问题，工作之后由于所在单位的学科发展方向定位于中非经贸发展，因此想结合两个领域开始一些有关非洲经济与环境方面的研究。当前，气候变化、石油峰值和上涨的粮食价格使能源和粮食安全成为主要的全球政治问题。这激励人们寻找替代可再生能源，并且引发全球争相从各种农业原料中获得生物燃料。寻找能源和粮食安全导致意想不到的土地掠夺，并伴随着一系列威胁破坏与贫穷、土地权利和环境问题相关的整体发展目标的影响。《生物燃料、土地掠夺和非洲的粮食安全》一书以非洲为案例，讨论了生物燃料、粮食安全和土地掠夺的关系。正值非洲大陆争取获得投资之际，作者通过考察农业燃料（麻风树、甘蔗、大豆等）的投资和几个国家（如埃塞俄比

亚、坦桑尼亚、津巴布韦和加纳）粮食产品出口，呈现了对
非洲土地掠夺的调查结果，并重点讨论这一现象对非洲弱势小
农户产生的积极和消极影响。作者指出非洲为了释放土地和资
源的更大经济价值，确实需要经济发展和外部投资。但是，当
前农业的发展轨迹受到大规模种植园农业投资的控制，它常常
取代并破坏非洲人民的生计。作者呼吁为了创造一个更公平的
竞争环境，投资国、国际组织甚至研究机构需要重视为了获得
生物燃料和粮食安全引起对非洲土地掠夺的重视。

在结尾处，我向在翻译此书期间给予我最大支持的家人和
朋友表示诚挚的感谢，特别是我的丈夫郑建斌协助校稿、刚出
生女儿郑子芮小朋友的配合、以及浙江师范大学中非国际商学
院同事的宝贵建议！

浙江师范大学中非国际商学院

孙志娜

2015 年 12 月 10

写于南非开普敦